CONTEÚDO DIGITAL PARA ALUNOS
Cadastre-se e transforme seus estudos em uma experiência única de aprendizado:

1 Entre na página de cadastro:
www.editoradobrasil.com.br/sistemas/cadastro

2 Além dos seus dados pessoais e de sua escola, adicione ao cadastro o código do aluno, que garantirá a exclusividade do seu ingresso a plataforma.

5308492A5692463

3 Depois, acesse: **www.editoradobrasil.com.br/leb**
e navegue pelos conteúdos digitais de sua coleção :D

Lembre-se de que esse código, pessoal e intransferível, é válido por um ano. Guarde-o com cuidado, pois é a única maneira de você utilizar os conteúdos da plataforma.

CB035687

TeMpo De História

RENATO MOCELLIN
- Mestre em Educação
- Professor do Ensino Médio

ROSIANE DE CAMARGO
- Pós-graduada em História do Brasil
- Professora do Ensino Fundamental e do Ensino Médio

COLEÇÃO
TEMPO
HISTÓRIA
4ª edição
São Paulo, 2019.

Dados Internacionais de Catalogação na Publicação (CIP)
(Câmara Brasileira do Livro, SP, Brasil)

> Mocellin, Renato
>   Tempo de história, 6 / Renato Mocellin, Rosiane de Camargo. – 4. ed. – São Paulo: Editora do Brasil, 2019. – (Coleção tempo)
>
>   ISBN 978-85-10-07125-3 (aluno)
>   ISBN 978-85-10-07126-0 (professor)
>
>   1. História (Ensino fundamental) I. Camargo, Rosiane de. II. Título. III. Série.
>
> 19-23584   CDD-372.89

Índices para catálogo sistemático:
1. História: Ensino fundamental 372.89
Maria Alice Ferreira – Bibliotecária – CRB-8/7964

© Editora do Brasil S.A., 2019
Todos os direitos reservados

Direção-geral: Vicente Tortamano Avanso

Direção editorial: Felipe Ramos Poletti
Gerência editorial: Erika Caldin
Supervisão de arte e editoração: Cida Alves
Supervisão de revisão: Dora Helena Feres
Supervisão de iconografia: Léo Burgos
Supervisão de digital: Ethel Shuña Queiroz
Supervisão de controle de processos editoriais: Roseli Said
Supervisão de direitos autorais: Marilisa Bertolone Mendes

Supervisão editorial: Priscilla Cerencio
Edição: Agueda del Pozo e Andressa Pontinha
Assistência editorial: Felipe Adão e Ivi Paula Costa da Silva
Copidesque: Gisélia Costa, Ricardo Liberal e Sylmara Beletti
Revisão: Alexandra Resende, Andréia Andrade, Flávia Gonçalves e Elis Beletti
Pesquisa iconográfica: Priscila Ferraz
Assistência de arte: Lívia Danielli
Design gráfico: Andrea Melo
Capa: Megalo Design
Imagem de capa: Museu de História Natural, Viena, Alain Lacroix/Dreamstime.com, Cris Foto/Shutterstock.com
Ilustrações: Alex Argozino, André Toma, Carlos Caminha, Carvall, DAE (Departamento de Arte e Editoração), Fabio Nienow, Hugo Araújo, Leonardo Mathias, Luca Navarro, Mariana Pimenta Coan, Mauro Brosso, Paula Haydee Radi, Paulo César Pereira, Rafael Herrera, Renato Faccini e Rodval Matias, Rubens Lima, Rogerio Said
Produção cartográfica: Alessandro Passos da Costa, DAE (Departamento de Arte e Editoração), Sonia Vaz e Studio Caparroz
Coordenação de editoração eletrônica: Abdonildo José de Lima Santos
Editoração eletrônica: Adriana Tami
Licenciamentos de textos: Cinthya Utiyama, Jennifer Xavier, Paula Harue Tozaki e Renata Garbellini
Controle de processos editoriais: Bruna Alves, Carlos Nunes, Rafael Machado e Stephanie Paparella

4ª edição / 2ª impressão, 2022
Impresso na Meltingcolor Gráfica e Editora Ltda.

Rua Conselheiro Nébias, 887
São Paulo, SP – CEP 01203-001
Fone: +55 11 3226-0211
www.editoradobrasil.com.br

Prezado aluno,

Esta coleção foi pensada e escrita para você descobrir o prazer de estudar História.

Ao conhecer os fatos e as curiosidades do passado e entender os acontecimentos do presente, você perceberá que a história faz parte de seu cotidiano. Ao estudar História, somos convidados a observar a realidade e a procurar modificá-la de acordo com nosso papel na sociedade atual.

Esta coleção não esgota os assuntos e acontecimentos históricos, mas apresenta um panorama da história da humanidade, cujos fatos sempre podem ser revistos por meio da verificação das mesmas fontes ou reinterpretados à luz de novas descobertas. Portanto, a História está em constante processo de construção.

Desejamos que seu ano letivo seja de muitas descobertas e que esta obra o estimule a adquirir novos conhecimentos.

Os autores

SUMÁRIO

TEMA 1
Introdução à História 08

CAPÍTULO 1 – O estudo da História 10
- O que é História? 10
- Por que estudar História? 11
- O tempo na História 11
- **DIÁLOGO**
  - Os ciclos solar e lunar 13
- **ATIVIDADES** 15

CAPÍTULO 2 – Os discursos históricos 16
- As fontes históricas 16
- Como é construída a História? 18
- Patrimônio cultural 19
- **ATIVIDADES** 21
- **FIQUE POR DENTRO**
  - A preservação dos patrimônios culturais 22
- **LABORATÓRIO DA HISTÓRIA**
  - A linha do tempo 24
- **PANORAMA** 26

TEMA 2
O princípio da humanidade 28

CAPÍTULO 1 – Origens do ser humano 30
- Criacionismo 31
- Teoria da evolução 34
- **DIÁLOGO**
  - Pesquisa e viagem de Charles Darwin 36
- **ATIVIDADES** 37

CAPÍTULO 2 – Os primeiros grupos humanos 38
- Paleolítico e Neolítico 39
- África: o berço da humanidade 41
- As migrações dos *Homo sapiens* 43
- A expansão geográfica dos bantos 44
- **ATIVIDADES** 45

CAPÍTULO 3 – Povoamento da América 46
- Hipóteses sobre a ocupação da América 46
- Como viviam os antepassados americanos? .48
- Os primeiros grupos humanos do Brasil 49
- **ATIVIDADES** 51
- **FIQUE POR DENTRO**
  - O Tempo Pré-Histórico 52
- **EXPLORANDO**
  - O CINEMA Os Croods 54
- **PANORAMA** 56

TEMA 3
Antiguidade no Oriente 58

CAPÍTULO 1 – Revolução urbana 60
- As trocas comerciais 60
- Os primeiros núcleos urbanos 61
- **ATIVIDADES** 63

CAPÍTULO 2 – Povos mesopotâmicos 64
- O Crescente Fértil 64
- O Império Babilônico 67
- **DIÁLOGO**
  - Os telhados verdes: jardins suspensos da atualidade 68
- O cotidiano na Mesopotâmia 69
- **ATIVIDADES** 70

CAPÍTULO 3 – Povos hebreus 72
- Economia e sociedade 74
- Cultura hebraica 74
- **LINK**
  - A formação do Estado de Israel 76
- **ATIVIDADES** 77

CAPÍTULO 4 – Povos fenícios, medos e persas 78
- Fenícios 78
- Medos e persas 80
- **ATIVIDADES** 81
- **FIQUE POR DENTRO**
  - Os zigurates 82
- **LABORATÓRIO DA HISTÓRIA**
  - Interpretando um mapa histórico 84
- **PANORAMA** 86

TEMA 4
América e África Antigas ... 88

CAPÍTULO 1 – Povos mesoamericanos e andinos 90
Povos mesoamericanos 91
Povos andinos 96
LINK
Reduzir distâncias 100
ATIVIDADES 101

CAPÍTULO 2 – Primeiros habitantes do Brasil 102
Os sítios arqueológicos brasileiros 103
A ocupação do território 104
Os povos indígenas no Brasil 106
ATIVIDADES 107

CAPÍTULO 3 – Povos africanos 108
Egito Antigo 108
O Reino de Cuxe 112
ATIVIDADES 114
FIQUE POR DENTRO
Pirâmides da Antiguidade 116
EXPLORANDO
A ILUSTRAÇÃO O Tribunal de Osíris 118
PANORAMA 120

TEMA 5
Grécia Antiga 122

CAPÍTULO 1 – A formação da Grécia Antiga 124
As cidades de Creta e seus palácios 125
A sociedade micênica 126
A pólis grega 126
Escravidão na Grécia Antiga 128
A expansão colonial 128
ATIVIDADES 129

CAPÍTULO 2 – Esparta e Atenas 130
Esparta 131
Atenas 133
ATIVIDADES 135

CAPÍTULO 3 – Conflitos na Grécia 136
Guerras Greco-Pérsicas 136
A Guerra do Peloponeso 139
O Império Macedônico 140
ATIVIDADES 141

CAPÍTULO 4 – O cotidiano na Grécia Antiga 142
A religião grega 142
A mulher na Grécia Antiga 143
A arte grega 145
Observação e racionalidade 145
DIÁLOGO
Arquitetura a favor da arte 147
LINK
Os jogos olímpicos: passado e presente 148
ATIVIDADES 149
FIQUE POR DENTRO
Os jogos paraolímpicos 150
LABORATÓRIO DA HISTÓRIA
Representação teatral 152
PANORAMA 154

TEMA 6
Roma Antiga 156

CAPÍTULO 1 – A formação da Roma Antiga 158
A fundação de Roma 158
O período monárquico (753 a.C.-509 a.C.) ... 159
A República Romana (509 a.C.-27 a.C.) 160
ATIVIDADES 165

CAPÍTULO 2 – Império Romano 166
O Império em crise 168
Transformações no Império Romano 169
ATIVIDADES 171

CAPÍTULO 3 – O cotidiano na Roma Antiga 172
A cidade de Roma 172
Hábitos na Roma Antiga 173
Relações comerciais 174
Escravidão e servidão 174
O poder e a propriedade 175
O papel da mulher 176
Artes 177
DIÁLOGO
Os aquedutos romano e carioca 178
Religião 179
LINK
O uso político das arenas esportivas 180
ATIVIDADES 181

CAPÍTULO 4 – A formação da cristandade 182
- Primeiros passos 182
- Contestação e perseguições 183
- Institucionalização da Igreja Católica 184
- **ATIVIDADES** 185
- **FIQUE POR DENTRO**
  - Pompeia 186
- **EXPLORANDO**
  - A ARQUITETURA O Coliseu de Roma 188
- **PANORAMA** 190

TEMA 7
Império Romano do Oriente 192

CAPÍTULO 1 – A organização do Império Romano do Oriente 194
- Constantinopla, a capital 194
- A Dinastia Justiniana 197
- **DIÁLOGO**
  - A extensão geográfica do Império 198
- **ATIVIDADES** 199

CAPÍTULO 2 – Cotidiano no Império Romano do Oriente 200
- Cesaropapismo: política e religião juntas 200
- Arte bizantina 201
- As mulheres no Império 202
- **ATIVIDADES** 203

CAPÍTULO 3 – Transformações no Império Bizantino 204
- O Cisma do Oriente 204
- Da decadência ao fim do Império 206
- **LINK**
  - O legado do Império Romano do Oriente 207
- A formação do Império Otomano 208
- **ATIVIDADES** 209

CAPÍTULO 4 – Migrações para a Europa 210
- As migrações: diferentes abordagens ... 211
- Os diferentes povos 212
- Trocas e assimilações entre romanos e estrangeiros 214
- Fim ou continuidade? 216
- **ATIVIDADES** 217

- **FIQUE POR DENTRO**
  - A arquitetura do templo bizantino em São Paulo 218
- **LABORATÓRIO DA HISTÓRIA**
  - Código de leis 220
- **PANORAMA** 222

TEMA 8
Europa e África medievais 224

CAPÍTULO 1 – Reino Franco e Império Carolíngio 226
- Reino dos francos 226
- Império Carolíngio 227
- O processo de formação dos feudos ... 229
- Desagregação do Império Carolíngio ... 230
- **LINK**
  - Mitologia germânica 231
- **ATIVIDADES** 232

CAPÍTULO 2 – Nem "idade das trevas" nem época de sonhos 234
- A Idade Média 235
- O feudalismo 236
- **ATIVIDADES** 237

CAPÍTULO 3 – O cotidiano na Europa ocidental 238
- O papel da Igreja 238
- O imaginário medieval 239
- A arte românica e gótica 240
- O papel da mulher 241
- O trabalho e as relações comerciais 242
- **ATIVIDADES** 243

CAPÍTULO 4 – Os reinos africanos 244
- Reino de Gana 245
- Império Mali 245
- Reino de Songai 246
- Reinos de Ifé e Benin 246
- Reino de Axum 248
- **ATIVIDADES** 249
- **FIQUE POR DENTRO**
  - Banquetes medievais 250
- **EXPLORANDO**
  - A TIRA EM QUADRINHOS
    - Hagar, o Horrível 252
- **PANORAMA** 254
- **REFERÊNCIAS** 256

TEMA 1
Introdução à História

NESTE TEMA
VOCÊ VAI ESTUDAR:

- o que é História e por que estudá-la;
- os conceitos de tempo;
- quais são as fontes históricas;
- como a História é construída;
- a importância do patrimônio cultural.

↑ Castelo da Ilha Fiscal e, ao fundo, edifícios no centro da cidade do Rio de Janeiro (RJ), 2014.

Observe os diferentes prédios da fotografia. Quais são as semelhanças e diferenças entre eles?

Você consegue identificar se as construções são da mesma época?

Mesmo que não saibamos a data da construção de cada edifício, é possível notar qual é mais antigo e qual é mais recente. Por que temos essa percepção?

CAPÍTULO 1

O estudo da História

> Neste capítulo, você vai estudar o que é a História, entender como ela é organizada, compreender por que é importante estudá-la e conhecer as principais definições de **tempo**.

O que é História?

A palavra **história** tem mais de um significado: é a área do conhecimento científico que estuda o passado, o presente e suas relações (História); é o nome de uma disciplina escolar (História); e é também o objeto de pesquisa dessa área de conhecimento e de estudo dessa disciplina escolar (história).

A disciplina de História ensinada na escola aborda os diferentes **sujeitos históricos**, suas ações e os efeitos delas no tempo e no espaço. Uma ação praticada há muito tempo por uma pessoa ou grupo de pessoas, em determinado momento e local, pode gerar consequências na organização da **sociedade** atual.

Por exemplo, sabemos atualmente que o domínio do fogo pelos **hominídeos** levou ao aumento do consumo de carne. O acesso a essa informação foi possível por meio de uma investigação histórica. Estudos históricos, combinados com informações de outras áreas do conhecimento, como a Biologia e a **Arqueologia**, indicaram que o cozimento da carne possibilitou que ela fosse mais facilmente processada pelo organismo humano do que ao natural.

O **historiador**, profissional responsável por esse tipo de investigação, é quem nos apresenta interpretações de como determinados acontecimentos teriam ocorrido e como eles se relacionaram com outros eventos. Isso significa que o estudo da História não é apenas uma lista de acontecimentos, mas a análise dos eventos em seu **contexto**, com a percepção de que os acontecimentos não são isolados, mas fazem parte de um processo histórico.

GLOSSÁRIO

Arqueologia: área do conhecimento que estuda vestígios materiais deixados pelos seres humanos, que são a base para o estudo de culturas e povos.

Contexto: conjunto de fatos inter-relacionados que envolvem um evento particular.

Historiador: profissional formado em História que utiliza ferramentas, métodos de análise e pesquisa específicos para investigar o passado e o presente.

Hominídeo: compõe a família de primatas à qual pertencem os seres humanos e seus ancestrais, que viveram em eras muito distantes.

Sociedade: conjunto de pessoas que vivem em um mesmo território com costumes e leis comuns.

Sujeito histórico: aquele que, por meio de ações, colabora para a construção do processo histórico. Pode ser uma pessoa – famosa ou desconhecida – ou um grupo de pessoas.

↑ Representação artística de seres humanos pré-históricos fazendo uma fogueira para cozer a carne de um animal.

Por que estudar História?

O objetivo central dos estudos históricos é apresentar uma visão abrangente de como se formou a sociedade atual. Por isso, a pesquisa histórica busca entender o presente ao estudar o passado.

O historiador procura encontrar vínculos, também chamados de permanências: práticas que existiram no passado e continuam comuns atualmente. Ele também analisa as rupturas: práticas que deixaram de existir no decorrer de determinado processo histórico. Analisar os motivos que levaram a rupturas ou a permanências é muito importante para o entendimento do processo histórico.

Voltando ao exemplo da página anterior, o consumo de alimentos cozidos, iniciado após o domínio do fogo, é uma permanência histórica. O desenvolvimento dessa técnica (o cozimento) ampliou as formas de consumo dos alimentos pelos seres humanos. Além disso, com o passar dos séculos, descobriu-se que as altas temperaturas eliminam alguns microrganismos nocivos à saúde, o que reduziu a proliferação de doenças e contribuiu para o aumento da longevidade. Atualmente, o uso das propriedades do fogo é de primordial importância para a manutenção da sociedade em que vivemos.

↑ Almoço em família. São Paulo (SP). Nossos hábitos alimentares e práticas cotidianas também são resultado de um processo de transformações e permanências vividas por grupos humanos, estejam eles próximos ou distantes de nós.

O tempo na História

Mas, afinal, o que é **tempo**?

O tempo é um dos principais conceitos no estudo da História. Entender os significados e o funcionamento do tempo é essencial para compreendermos a lógica dos estudos históricos. Ao falarmos em passado e presente, momento anterior e posterior, permanência e ruptura, estamos nos referindo ao tempo.

A forma mais simples de perceber o tempo é pela observação da natureza: a sucessão de dias e noites, o ciclo de vida das plantas e dos animais, as estações do ano, as alterações em nosso corpo com o passar dos anos etc.

Com base nessas observações, os seres humanos criaram vários modos de medir o tempo, dentre eles os relógios e os calendários. Há evidências do uso do relógio de sol, por exemplo, no século IV a.C. Atualmente, o relógio faz parte da vida de grande parte da população e é utilizado de diferentes formas, como na parede de casa ou da escola, na tela do computador ou do celular, e nas ruas das grandes cidades.

↑ Supõe-se que os primeiros relógios de sol eram usados para calcular o tempo de trabalho.

↑ Atualmente há diversos tipos de relógio: de parede, de mesa, de pulso, de bolso, além de ser um recurso disponível em muitos aparelhos eletrônicos, como celulares.

Tempo é a duração de um ou mais acontecimentos ou o período entre um acontecimento e outro.

O tempo cronológico

Os relógios contam os segundos, os minutos e as horas. No entanto, há outras divisões do tempo que abrangem intervalos maiores. Veja no quadro ao lado o nome de diferentes intervalos de tempo.

O tempo que é contado em minutos, horas, dias, meses, anos, séculos etc. e é marcado nos relógios e calendários é chamado de **tempo cronológico**.

1 minuto		60 segundos
1 hora		60 minutos
1 dia		24 horas
1 semana		7 dias
1 mês	equivale a	30/31 dias
1 ano		12 meses
1 década		10 anos
1 século		100 anos
1 milênio		1 000 anos

Fevereiro é o único mês com duração de 28 dias, a não ser em anos bissextos, em que é adicionado um dia a ele.

O calendário

Os calendários são convenções sociais, estruturados de acordo com os conhecimentos, crenças, costumes e formas de organização das sociedades que os criaram.

Todos os grupos humanos que desenvolveram sistemas para contar o tempo elegeram uma data importante para iniciar a contagem. No Brasil, usamos o calendário gregoriano. Nele as datas são contadas a partir do ano em que se convencionou que Jesus Cristo nasceu. Muitos outros povos têm calendários próprios, como os chineses, judeus, japoneses, diferentes povos indígenas etc.

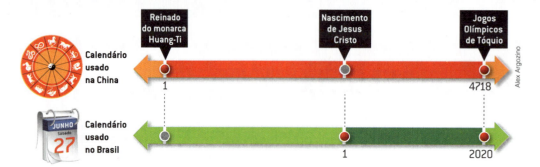

AQUI TEM MAIS

Os séculos em algarismos romanos

No estudo de História, o século é tradicionalmente representado em algarismos romanos.

No calendário gregoriano, o ano 1 é o ano do nascimento de Cristo. Portanto, após 100 anos, completou-se o século I, que corresponde ao ano 100. Observe duas regras do calendário gregoriano.

1. Quando o ano termina em 00 ou 000, tiramos os dois últimos zeros (00) e o numeral que sobra indica o século. Veja o exemplo:
   - 1200 = 12, ou seja, século XII (12).
2. Quando o ano não termina em 00, tiramos os dois últimos algarismos e somamos 1 ao numeral que sobra. Exemplo:
   - 1789 = 17, somando-se 1, temos 18, ou seja, século XVIII (18).

Essas regras valem também para as datações anteriores ao nascimento de Cristo.

1. Os anos 476, 1453, 1789 e 2000 correspondem respectivamente a quais séculos?

 **DIÁLOGO**

Os ciclos solar e lunar

O tempo pode ser contado de várias maneiras; uma delas é acompanhando o ciclo solar e/ou o ciclo lunar.

O Sistema Solar é formado pelo Sol, que é uma estrela e se localiza no centro dele, e pelos demais astros que giram a seu redor: oito planetas e seus satélites, um planeta-anão e bilhões de asteroides, que formam um cinturão.

A Terra realiza dois movimentos distintos. O movimento de rotação ocorre em torno de um eixo imaginário do próprio planeta e resulta na sucessão dos dias e noites. O outro é o movimento de translação, percurso orbital feito pela Terra em volta do Sol, que leva aproximadamente 365 dias e 6 horas, ou seja, um ano em nosso calendário.

A Lua é o satélite natural da Terra e exerce uma força de atração gravitacional sobre o planeta. Observando a Lua da Terra, podemos identificar quatro fases: nova, crescente, cheia e minguante. A ocorrência completa dessas quatro fases leva cerca de 28 dias.

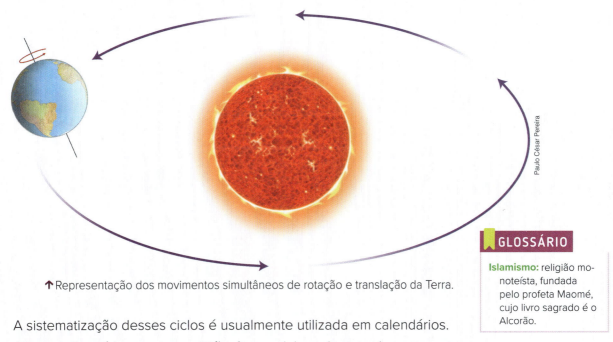

↑ Representação dos movimentos simultâneos de rotação e translação da Terra.

GLOSSÁRIO

Islamismo: religião monoteísta, fundada pelo profeta Maomé, cujo livro sagrado é o Alcorão.

A sistematização desses ciclos é usualmente utilizada em calendários.

Alguns calendários, como o cristão, foram elaborados com base nos movimentos da Terra em torno do Sol e os meses não têm conexão com o movimento da Lua.

O calendário **islâmico**, por sua vez, toma por base apenas os movimentos da Lua.

Há também calendários cuja contagem do tempo inter-relaciona os dois tipos de ciclo, como o calendário hebraico e o chinês.

1. Como o tempo é medido no ciclo solar e no lunar?

2. Em grupo, escolha um calendário diferente do que é utilizado na sociedade da qual você e seus colegas fazem parte e, juntos, identifiquem nele o ciclo usado como base para a sistematização do tempo cronológico. Em seguida, elabore uma redação sobre a organização do tempo segundo esse calendário.

O tempo histórico

A História não considera apenas o tempo cronológico e o da natureza. Há uma percepção de tempo própria dessa área de conhecimento, que varia de acordo com a duração de cada processo histórico estudado. Para os historiadores, é importante considerar os diferentes ritmos dos processos históricos.

Com o objetivo de facilitar o estudo da História, alguns historiadores do século XIX dividiram-na em períodos comumente conhecidos como **idades**. No infográfico a seguir, observe a diferença na duração dos períodos – ou idades.

Contudo, a divisão da História em fases – ou idades – determinadas não é um **consenso**. Uma das questões polêmicas é que essa divisão marca o início ou fim dos grandes períodos históricos com base em fatos relevantes para a sociedade europeia, desconsiderando os outros continentes, que só passam a ser relevantes quando entram em contato com o mundo europeu. Assim, não é considerada a diversidade na História.

Em relação à Pré-História, já é consenso que esse período não pode ser considerado "sem história" apenas pelo fato de os grupamentos humanos de então não utilizarem a escrita, pois outros **vestígios** podem ser tomados como fonte para investigações históricas. Por isso, os estudiosos consideram histórico esse período de pré-escrita.

Entretanto, como essa é ainda a divisão mais usual, a utilizamos para demarcar as linhas do tempo no decorrer deste livro sem, contudo, desconsiderar outras sociedades contemporâneas à europeia nos diferentes tempos históricos.

GLOSSÁRIO

Consenso: o que é de senso comum, aceito por todos.
Vestígio: o que restou, sinal ou marca deixada por alguma pessoa.

ATIVIDADES

SISTEMATIZAR

1. Na perspectiva histórica, o que significam **permanência** e **ruptura**? Dê um exemplo de permanência e um de ruptura em sua história pessoal.

2. Indique a grandeza de tempo que você utilizaria para medir os seguintes acontecimentos:
   a) a duração de uma aula;
   b) o verão;
   c) a idade de uma pessoa;
   d) o intervalo de tempo entre a chegada dos portugueses às terras que formariam o Brasil e os dias atuais.

3. Indique o século correspondente às datas relacionadas, conforme o exemplo.

   1323 → século XIV

   a) 1964
   b) 1789
   c) 1500
   d) 901
   e) 2017
   f) 2200

4. Em quais anos começam e terminam os séculos a seguir?
   a) XIV
   b) IV
   c) XXI
   d) X
   e) XX
   f) I

5. Quais são os motivos que levam vários países a adotar diferentes calendários?

6. A divisão da História em fases (Pré-História, Idade Antiga, Idade Média, Idade Moderna e Idade Contemporânea) é controversa, ou seja, não é aceita por todos os historiadores como definitiva.
   Que motivos geram essa polêmica?

REFLETIR

1. Leia o trecho de um texto do historiador Marc Bloch e, depois, responda à questão.

> A diversidade dos testemunhos históricos é quase infinita. Tudo o que o homem diz ou escreve, tudo o que fabrica, tudo o que toca pode e deve informar sobre ele. [...] Reunir os documentos que estima necessários é uma das tarefas mais difíceis do historiador.
>
> Marc Bloch. *Apologia da história: ou o ofício de historiador.* São Paulo: Zahar, 2002. E-book.

   - Se você fosse levantar informações necessárias para escrever sua própria história, que recursos usaria? Confiaria somente em sua memória ou procuraria informações em outros lugares e com outras pessoas? Explique sua escolha.

2. Historicamente, nos importamos em contar e dividir o tempo por vários motivos, na maioria dos casos, de ordem prática. Assim, muitas populações desenvolveram diversas formas de contar o tempo e de se relacionar com ele. Com base em seus conhecimentos históricos sobre a relação do ser humano com o tempo, faça o que se pede.
   a) Cite pelo menos dois outros calendários ou meios de contar o tempo que você conhece e os explique.
   b) Explique, com suas palavras, a diferença entre o tempo do relógio e o tempo histórico.

3. Podemos dizer que vivemos hoje na ditadura do relógio? Justifique e exemplifique sua resposta com situações cotidianas.

DESAFIO

1. Procure em casa, com a ajuda de um adulto, um objeto antigo ou uma fotografia de sua família. Traga o objeto ou uma imagem dele para a sala de aula e conte à turma como ele é (ou era) usado, a quem pertencia e por que continua com sua família até os dias atuais. No caso da fotografia, diga os motivos que levaram as pessoas a se reunirem na ocasião retratada.

CAPÍTULO 2
Os discursos históricos

No capítulo anterior, você estudou o que é História, além de seu conceito fundamental: o tempo. Neste capítulo, você estudará algumas ferramentas e formas de trabalho do historiador. Aprenderá também o que é patrimônio cultural e a importância de preservá-lo.

As fontes históricas

← O arquivista Charles Lesser, do Departamento de Arquivos e História da Carolina do Sul, manipula os primeiros documentos governamentais do estado da Carolina do Sul (EUA).

O trabalho do historiador tem como principal material para estudo os vestígios produzidos pelos seres humanos. Com base nesses vestígios, chamados de fontes históricas, ele elabora uma versão sobre os acontecimentos passados, construindo assim o conhecimento histórico.

Fonte histórica é tudo o que pode conter informações para o pesquisador, mesmo que não tenha sido produzido com a intenção de deixar informações para o futuro. Cabe ao historiador encontrar o significado das fontes, relacioná-las com quem as produziu e com seu contexto.

Portanto, as fontes não têm sentido isoladamente, dependem da investigação e da interpretação do pesquisador. Se vários historiadores analisarem a mesma fonte, podem obter informações diferentes.

O historiador deve analisar as fontes sem julgar as culturas ou os povos estudados. Cada sociedade tem regras que regem seu funcionamento; por isso, as diferenças entre o passado e o presente devem ser vistas com naturalidade. Quando julgamos povos antigos com base em nossos valores atuais, atribuímos a eles sentimentos e ideias que são de outra época e, portanto, não fazem sentido naquele contexto. Essa prática é chamada de anacronismo.

> Tudo o que o ser humano produz é uma fonte histórica que conserva informações, sua preservação é um desafio e também uma necessidade. Para evitar a perda da fonte, são necessários muitos cuidados na conservação do material.

As diferentes fontes históricas

As fontes históricas são classificadas de acordo com suas características.
Veja no quadro a seguir.

Tipo de fonte	Descrição	Exemplos	
Escrita	Documentos textuais, impressos ou digitais, que podem ser pessoais, pertencer a grupos específicos ou a toda a sociedade.	Certidões, atestados, cartas, registros civis e policiais, inventários, testamentos, jornais, revistas, livros, poemas, relatórios e diários, como este da fotografia ao lado.	LiliGraphie/Shutterstock.com
Visual	Material que tem na imagem (acompanhada ou não de som) o objeto de investigação.	Pinturas, gravuras, desenhos, quadrinhos, charges, filmes, programas de TV e fotografias, como a desta família, c. 1890.	Coleção particular
Material	Objetos produzidos pelo ser humano para uso pessoal ou coletivo.	Esculturas, monumentos, edifícios e artefatos de uso cotidiano (roupas, utensílios domésticos, móveis, ferramentas etc.), como este pote asteca de argila, c. 1469-1481.	Museu do Templo Maior, Cidade do México/Foto: Michel Zabe / AZA / INAH/ Bridgeman Images/Glow Images
Oral	Informação transmitida de forma oral, ou seja, contada por uma pessoa a outras.	Relatos pessoais obtidos por meio de entrevistas ou depoimentos e que tenham um suporte físico, como transcrição ou gravação em CD ou arquivo digital. Na fotografia ao lado, idoso indígena conta histórias a crianças guaranis na aldeia Pindo-Te, Pariquera-Açu, SP.	Renato Soares/Pulsar Imagens
Cultura imaterial	Toda e qualquer tradição que não é palpável, ou seja, que não se pode tocar.	Danças, festas, modo de fazer determinada comida ou objeto, lendas, mitos e práticas culturais, como a roda de capoeira retratada na fotografia ao lado, em Ruy Barbosa, BA.	Cesar Diniz/Pulsar Imagens

Diante das inovações tecnológicas das últimas décadas, novos tipos de fonte histórica têm surgido, e é trabalho do historiador estar atento a essas novidades para utilizá-las como objeto de estudo.

Como é construída a História?

Como vimos, os historiadores buscam nas fontes históricas informações sobre o passado da humanidade e as analisam para entender questões do presente.

Para analisar essas fontes, eles elaboram roteiros de perguntas para descobrir, por exemplo, o local e a data em que o vestígio foi produzido, quem o criou e com qual objetivo, qual é a informação transmitida por ele, onde e quando foi encontrado. Além dessas, outras questões podem ser feitas, dependendo do material analisado, pois cada tipo de fonte tem características próprias.

Ao analisar as fontes, o historiador também deve sempre confrontar as informações extraídas com outras fontes e com o máximo de dados já conhecidos sobre o tema ou período estudado. Essa etapa é de extrema importância porque toda fonte é parcial, ou seja, apresenta apenas uma versão do acontecimento.

É importante salientar que um fato ocorrido há 1 minuto ou há 1000 anos não pode ser alterado, mas interpretado e revisto. Por isso, não é possível estudar a História apenas com base nos fatos, é preciso considerar e interpretar os acontecimentos que levaram a eles e a seus desdobramentos.

Cada pesquisador pode estudar os acontecimentos e interpretá-los de acordo com a análise de fontes históricas, a leitura do que já se conhece sobre o assunto e as diferentes questões levantadas sobre as fontes. Outros olhares sobre o mesmo tema podem revelar novas versões para os **fatos históricos**. Por isso, não há apenas uma história, e sim diversas histórias.

Dessa maneira, podemos concluir que a História não é um conhecimento pronto e acabado, mas uma área em constante transformação e atualização. A descoberta de documentos e novos questionamentos feitos por pesquisadores são o motor dessa área de conhecimento.

> **GLOSSÁRIO**
>
> **Fato histórico:** acontecimento que é estudado e interpretado e, a partir desse processo, adquire importância histórica.
>
> **Paleontologia:** área do conhecimento que estuda os vestígios fósseis, ou seja, restos de seres vivos ou evidências de suas atividades biológicas preservados em diversos materiais.

A História e as outras áreas do conhecimento

Em razão da complexidade da tarefa de analisar diferentes tipos de fonte, os historiadores trabalham constantemente em parceria com outras áreas do conhecimento. Química, Geografia, Biologia, Matemática e Filosofia são alguns exemplos de ciências às quais os investigadores históricos recorrem para complementar suas descobertas.

Vestígios deixados por sociedades muito antigas foram e ainda são encontrados geralmente por profissionais da Arqueologia e da **Paleontologia**. Os cientistas dessas duas áreas lidam diretamente com a busca, descoberta, classificação e catalogação desses vestígios.

Vista das pirâmides de Gizé, Egito, 2018. Os estudos das pirâmides estão relacionados a outras áreas de conhecimento, como Geografia e Matemática. Para edificar uma pirâmide, era necessário conhecer características físicas desse espaço e também da matemática empregada na complexa engenharia.

Patrimônio cultural

↑ Indígenas da etnia barasana dançam no ritual *dabucuri* (oferenda das frutas), no município de Manaus (AM), 2014.

Toda produção humana resulta em cultura, que é o que caracteriza uma sociedade. A cultura pode ter uma função mais abrangente, como o uso do fogo por todos os seres humanos, ou características específicas de um povo ou uma sociedade, como os rituais religiosos.

A produção cultural, em suas variadas formas – objetos e construções, manifestações artísticas, organização do cotidiano das pessoas, da casa, do trabalho, dos **ritos**, das religiões etc. –, é importante para caracterizar determinado grupo ou povo. É por meio da cultura que os povos se diferenciam uns dos outros e sustentam o sentimento de identidade, ou seja, têm a consciência de que pertencem a determinado grupo.

Os produtos culturais são considerados bens e têm valor para a sociedade que os produziu.

Os bens que compõem o patrimônio cultural brasileiro estão definidos na nossa Constituição, como descrito no trecho a seguir.

> **GLOSSÁRIO**
> **Rito:** conjunto cerimonial seguido por religiões, seitas e cultos.

Art. 216 - Constituem patrimônio cultural brasileiro os bens de natureza material e imaterial, tomados individualmente ou em conjunto, portadores de referência à identidade, à ação, à memória dos diferentes grupos formadores da sociedade brasileira, nos quais se incluem:
I – as formas de expressão;
II – os modos de criar, fazer e viver;
III – as criações científicas, artísticas e tecnológicas;
IV – as obras, objetos, documentos, edificações e demais espaços destinados às manifestações artístico-culturais;
V – os conjuntos urbanos e sítios de valor histórico, paisagístico, artístico, arqueológico, paleontológico, ecológico e científico.
[...]

Brasil. Constituição (1988). *Constituição da República Federativa do Brasil*. Brasília: Senado Federal, 1988.
Disponível em: <www.senado.leg.br/atividade/const/con1988/CON1988_05.10.1988/CON1988.asp>. Acesso em: jan. 2019.

>  **FORMAÇÃO CIDADÃ**
>
> A cultura de determinado grupo inclui seus conhecimentos, costumes, hábitos, produções artísticas, crenças, aptidões e lei moral. No artigo 216 da Constituição, identifique o que compõe o patrimônio cultural brasileiro. Em seguida, pesquise na internet uma comunidade tradicional de seu estado – por exemplo, quilombolas – e elabore um texto sobre suas principais características.

Preservação do patrimônio cultural

Para garantir que o patrimônio cultural de uma sociedade não seja destruído nem perca suas características originais com o passar do tempo, toda sociedade procura, cada uma à sua maneira, conservá-lo.

No Brasil, há diversas políticas de incentivo à preservação do patrimônio cultural. O principal órgão público responsável por estabelecer regras e critérios para isso é o Instituto do Patrimônio Histórico e Artístico Nacional (Iphan). Cabe a ele definir, em todo o país, quais patrimônios culturais passarão pelo processo de tombamento, ou seja, ficarão protegidos pelo poder público e regidos por leis específicas que evitam sua destruição ou descaracterização.

Cataratas do Iguaçu, Foz do Iguaçu (PR).

↑ Centro histórico da cidade de São Luís (MA).

↑ Produção artesanal de panelas de barro na Associação das Paneleiras de Goiabeiras, no município de Vitória (ES).

Embora as três imagens representem elementos bem diferentes, todos são bens culturais tombados pelo Iphan, que tem a responsabilidade de zelar pelo patrimônio cultural brasileiro.

CURIOSO É...

Significado do termo "tombo"

A palavra **tombamento** significa "registrar em livro de tombo". Livro de tombo é o nome de um documento que registra todos os bens que pertencem a alguém ou a um país.

As expressões **tombamento** e **livro de tombo** são de origem portuguesa e foram incorporadas à nossa cultura. No início do século XIV, os registros dos arquivos em Portugal eram feitos na forma de inventário e ficavam guardados na Torre Albarrã do Castelo de São Jorge, em Lisboa, também conhecida como Torre do Tombo.

No Brasil, segundo classificação do Iphan, temos quatro livros de tombo: Livro do Tombo Arqueológico, Etnográfico e Paisagístico; Livro do Tombo Histórico; Livro do Tombo das Belas Artes; e Livro do Tombo das Artes Aplicadas.

ATIVIDADES

SISTEMATIZAR

1. De acordo com o que você estudou neste capítulo, explique a afirmação: "Não há apenas uma história, e sim diversas histórias".

2. O que é uma fonte histórica? Cite exemplos.

3. De que maneira as fotografias podem ser consideradas um registro histórico?

4. Segundo a Constituição, o patrimônio cultural brasileiro é composto de bens culturais de ordem material e imaterial. Cite dois exemplos de patrimônios materiais e dois de patrimônios imateriais.

5. Leia o texto a seguir, publicado no *site* do Iphan.

> Os bens tombados de natureza material podem ser imóveis como cidades históricas, **sítios arqueológicos** e paisagísticos e bens individuais; ou móveis, como coleções arqueológicas, acervos museológicos, documentais, bibliográficos, arquivísticos, videográficos, fotográficos e cinematográficos.
>
> Patrimônio Material. *Iphan*. Disponível em: <http://portal.iphan.gov.br/pagina/detalhes/276>. Acesso em: jan. 2019.

GLOSSÁRIO

Sítio arqueológico: local onde são encontrados vestígios de ancestrais de seres humanos que tenham vivido ali.

a) O que quer dizer "tombar" um patrimônio?

b) Qual é a diferença entre bens móveis e bens imóveis?

c) Os cuidados de preservação desses dois tipos de bem são iguais? Explique.

REFLETIR

1. Leia o texto a seguir e faça o que se pede.

Internet mudou o cotidiano do mundo

[...] **Estatísticas no Brasil**

O número de computadores nos domicílios cresceu nos últimos quatro anos em média 18%. A conexão com a Internet cresceu 16%, sendo que a conexão discada ainda supera o acesso por banda larga. Atualmente, existem 11 milhões de conexões de banda larga no país e 12 milhões de conexões discadas.

Segundo o IBGE, os internautas têm, em média, 28 anos, rendimento médio mensal domiciliar *per capita* de R$ 1.000 e escolaridade de 10,7 anos. Os acessos variam de ambientes como: casa (25,5 milhões), trabalho ou centros públicos ou privados. Cada internauta residencial permanece conectado cerca de 26 horas e 15 minutos por mês.

Internet mudou o cotidiano do mundo. *Serpro*, 15 maio 2009. Disponível em: <www.serpro.gov.br/menu/noticias/noticias-antigas/internet-mudou-o-cotidiano-do-mundo>. Acesso em: jan. 2019.

Copie o quadro a seguir no caderno e preencha-o com base na leitura do texto acima.

Que tipo de fonte histórica é essa?	
Quando esse texto foi produzido?	
Quem o escreveu?	
A quem ele é destinado?	
Quais são os pontos importantes a serem observados nessa fonte histórica?	

DESAFIO

1. O texto da atividade acima foi publicado anos atrás. Entre a data em que foi publicado e os dias atuais, houve muitas modificações. Siga as orientações do professor para pesquisar no *site* do IBGE as estatísticas atuais correspondentes às citadas no texto. Em seguida, elabore um texto informativo indicando as diferenças que você encontrou entre os dados do texto acima e os da atualidade.

2. Cite exemplos de monumentos históricos famosos que você conhece. Algum deles está localizado em sua cidade ou no seu bairro? Cole no caderno imagens ou fotografias deles para ilustrar sua resposta, localizando-os. Elabore uma pesquisa sobre a história desse monumento.

FIQUE POR DENTRO

A preservação dos patrimônios culturais

↑ Casario colonial com torre da Igreja do Rosário ao fundo, no município de Goiás, também conhecido como Goiás Velho (GO), 2014.

A sociedade tem um papel importante na escolha dos monumentos que fazem parte do patrimônio cultural, fragmentos preservados do passado. É ela quem escolhe o que se deve resgatar e preservar.

A preservação de patrimônios culturais pode ser feita em escala municipal, estadual, federal e mundial. Nos municípios e estados, a solicitação de tombamento é encaminhada ao setor responsável da prefeitura ou do governo do estado. Ela deve ser acompanhada de uma justificativa e da localização do bem. Os cidadãos podem fazer a solicitação detalhando os dados do bem que desejam preservar. Se for aprovada, instaura-se o processo de tombamento. Para a federação, já sabemos que o Iphan é o órgão governamental brasileiro que promove o tombamento e a conservação do patrimônio histórico nacional.

Em caráter mundial, o órgão responsável pela preservação dos patrimônios culturais é a Organização das Nações Unidas para a Educação, a Ciência e a Cultura (Unesco). A Unesco incentiva a preservação de patrimônios culturais que sejam significativos para toda a humanidade. Cabe aos países indicarem à organização quais patrimônios culturais consideram de importância para todos os povos. Dessa maneira, ela avalia caso a caso e, quando aceita a indicação, o patrimônio cultural passa a fazer parte da lista do Patrimônio Cultural Mundial.

> O Iphan preserva o patrimônio cultural nacional, já a Unesco é responsável pela preservação de patrimônios culturais da humanidade.

No Brasil, algumas cidades inteiras fazem parte do Patrimônio Cultural Mundial, como Ouro Preto (MG) e Olinda (PE). Em outras cidades, como São Luís (MA) e Goiás (GO), uma área foi tombada – em ambos os casos, o Centro Histórico. O texto a seguir aborda o reconhecimento do município de Goiás como Patrimônio Cultural Mundial.

Goiás (GO)

O reconhecimento de Goiás (antiga Vila Boa) como Patrimônio Cultural Mundial, pela Unesco, em dezembro de 2001, fez jus à história, arquitetura e cultura do primeiro núcleo urbano fundado no território goiano, no início do século XVIII. Na década de 1950, o Iphan classificou alguns de seus monumentos e prédios isoladamente e, em 1978, tombou o seu conjunto arquitetônico, paisagístico e urbanístico.

Esse extraordinário conjunto conserva mais de 90% de sua arquitetura **barroco-colonial** original, tornando-se, assim, um magnífico **mostruário** do Brasil oitocentista e um dos patrimônios arquitetônicos e culturais mais ricos do país. Localizado em uma região de rara beleza natural, o centro histórico de Goiás mantém, até hoje, o caráter primitivo de sua trama urbana, dos espaços públicos e privados, da escala e da **volumetria** das suas edificações.

A pacata cidade de Goiás – primeira capital do Estado e mais conhecida como Goiás Velho – possui um importante sítio histórico do período da expansão colonial, no século XVIII, resultado da exploração do ouro. Testemunha da ocupação e da colonização do Brasil Central, nos séculos XVIII e XIX, suas origens estão intimamente ligadas à história dos bandeirantes que partiram, principalmente de São Paulo, para explorar o interior do território brasileiro.

Primeiro núcleo urbano oficialmente reconhecido ao oeste da linha de demarcação do Tratado de Tordesilhas, que definiu, originalmente, as fronteiras da **colônia** portuguesa. A "autoconquista" do interior do Brasil significou o surgimento de cerca de 500 vilas, arraiais e povoados, edificados em terra (adobe, taipa de pilão, pau a pique). [...]

A rica tradição cultural inclui não somente a arquitetura e as técnicas construtivas, mas também a música, a poesia, a culinária e as festas populares. Entre elas se destaca a Procissão do Fogaréu, que ocorre todos os anos na quinta-feira da Semana Santa, e muitas dessas tradições ainda estão vivas e formam uma parte substancial da identidade cultural de Goiás.

Goiás (GO). *Iphan*. Disponível em: <http://portal.iphan.gov.br/pagina/detalhes/362/>. Acesso em: jan. 2019.

> **GLOSSÁRIO**
>
> **Barroco-colonial:** estilo artístico, desenvolvido entre o século XVI e o início do século XIX, caracterizado pela liberdade de formas e abundância de ornamentos.
> **Colônia:** território que é dominado por um reino, país ou nação estrangeira.
> **Geração:** cada grau de filiação, de pai a filho.
> **Mostruário:** conjunto de imóveis que estão à mostra.
> **Volumetria:** soma dos volumes dos espaços de um edifício ou construção.

↑ Procissão do Fogaréu no município de Goiás (GO), 2017.

1. Quem são os principais responsáveis pela preservação dos monumentos como patrimônio cultural?

2. Além dos monumentos edificados, o patrimônio cultural engloba as tradições, o folclore, as festas e as manifestações artísticas de determinada região, transmitidas de uma **geração** a outra. Faça uma pesquisa sobre o patrimônio material e imaterial de sua cidade.

LABORATÓRIO DA HISTÓRIA

A linha do tempo

O tempo, como vimos, é relativo; não podemos pegá-lo, mas percebemos sua passagem, ainda que de forma diferente (rápido, quando fazemos algo que nos agrada; devagar, quando fazemos algo desagradável, por exemplo).

Para estudar História, é fundamental termos uma dimensão de tempo: o que aconteceu, o que acontece e o que pode vir a acontecer. Uma das formas de organizar essas informações é elaborar uma linha do tempo.

A linha do tempo organiza informações em ordem cronológica. Como nem todos os acontecimentos podem ser representados, são escolhidos os principais eventos e anotados junto às datas em que ocorreram.

As linhas do tempo são importantes ferramentas para o estudo de História, pois nelas podemos vislumbrar as mudanças e transformações ocorridas em determinado período e, com base nisso, buscar mais informações para o aprofundamento dos acontecimentos e processos históricos.

A linha do tempo pessoal

A linha do tempo pessoal permite que nos conheçamos melhor. Trata-se de uma viagem em nossa memória que possibilita resgatar informações; ela é um convite ao autoconhecimento.

Muitas vezes relembramos, na linha do tempo pessoal, alguns momentos que não foram bons. Entretanto, quando percebemos e analisamos o impacto desses acontecimentos em nossa vida, conseguimos compreender melhor quem somos.

Que tal elaborar uma linha do tempo de sua própria história?

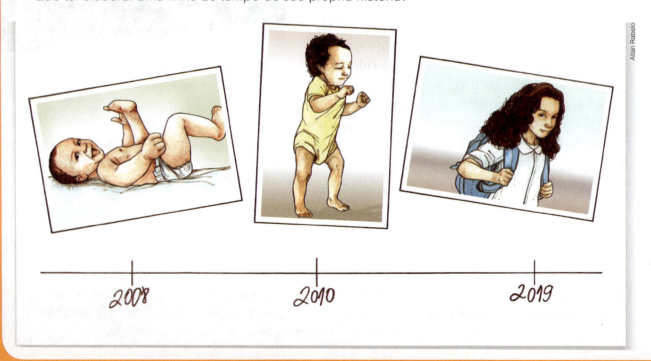

Passo a passo

1. Em casa, com a ajuda de seus pais ou outros familiares, recolha informações de vários momentos de sua vida: da fase em que era bebê, dos primeiros passos, do início na escola, dos primeiros aniversários, da vida escolar, de fatos relevantes de outros anos etc. Peça a eles que mostrem objetos, fotografias e outras fontes históricas relacionadas a você.

2. Busque saber mais informações de sua história, sobretudo de fases das quais você não se lembra muito, dos primeiros anos, por exemplo. Procure desvendar, conversando com seus pais, outros familiares e amigos, de quando datam os objetos que lhe mostraram.

3. Faça também um exercício de memória para recordar a data dos acontecimentos mais recentes. Quanto maior o número de informações que conseguir levantar, mais completa será a linha do tempo de sua vida.

4. Anote os acontecimentos em ordem cronológica (do mais antigo para o mais atual) e, se possível, fotografe as fontes ou faça cópias delas.

5. Com as datas e informações que obteve, você já pode construir uma linha do tempo. Em uma folha de papel, trace uma linha e escreva as datas e os fatos, da esquerda para a direita e sempre do mais antigo para o mais atual, conforme exemplo na ilustração da página ao lado.

> Pronto! Você já tem sua linha do tempo!

Finalização

- Com a ajuda do professor, escolha um tipo de papel adequado para fazer um cartaz com sua linha do tempo.
- Nesse papel, trace a linha do tempo de sua vida.
- Você pode usar as imagens previamente produzidas (cópias das fotografias) para ilustrá-la e/ou elaborar desenhos.
- Com o auxílio do professor, exponha na sala de aula o cartaz de sua linha do tempo.
- Em seguida, observe os cartazes dos colegas.
- Para concluir, reúna-se com os colegas e o professor, se possível, em uma roda de conversa. Procurem, juntos, respostas para as seguintes perguntas: Comparando as linhas do tempo de todos os alunos, há acontecimentos marcados no mesmo ano? Eles são parecidos ou muito diferentes? Podemos dizer que um acontecimento pode ter significado diferente para cada pessoa que o presenciou?

> Podemos perceber que as histórias das pessoas são diferentes, mas pode haver semelhanças entre elas.

PANORAMA

FAÇA AS ATIVIDADES A SEGUIR E REVEJA O QUE VOCÊ APRENDEU.

1. Podemos afirmar que o trabalho do professor de História é o mesmo do historiador? Explique.

2. Explique o que você compreende sobre o campo de estudo da História e indique quais são suas expectativas em relação ao que aprenderá nessa disciplina.

3. Tendo em vista que atualmente é consenso que há história no que chamamos de Pré-História, por que inicialmente essa idade foi denominada assim?

4. Elabore uma linha do tempo conforme o modelo abaixo. Em seguida, pesquise a data aproximada da origem da descoberta ou invenção representada em cada imagem a seguir e encaixe-a no período de tempo adequado. Dica: cada acontecimento caracteriza uma ruptura de hábitos na idade histórica em que ocorreu.

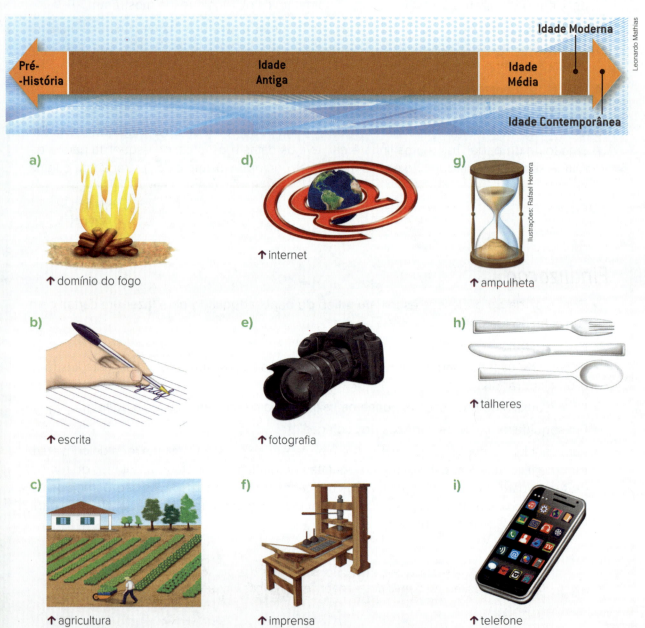

a) ↑ domínio do fogo
b) ↑ escrita
c) ↑ agricultura
d) ↑ internet
e) ↑ fotografia
f) ↑ imprensa
g) ↑ ampulheta
h) ↑ talheres
i) ↑ telefone

26

5. Imagine que um historiador está pesquisando a História do Brasil no século XX e solicitou sua ajuda para esse trabalho. Ele separou algumas fontes e pediu-lhe que selecionasse as duas mais interessantes. Escolha a seguir três documentos para serem analisados como fonte histórica e explique, com suas palavras, por que escolheu cada um deles.

a) Carta de um soldado brasileiro enviado para lutar na Europa, na Segunda Guerra Mundial, datada de 1944.

b) Um vaso de cerâmica marajoara fabricado por indígenas brasileiros de matriz cultural marajó no século V.

c) Jornais brasileiros do século XIX.

d) Revistas brasileiras datadas da década de 1950.

e) Processos jurídicos criminais datados de 1950 a 1970.

f) Longas-metragens brasileiros produzidos em 1980.

6. Observe as duas imagens e faça o que se pede.

↑ Sandro Botticelli. *Nascimento de Vênus*, c. 1485. Têmpera sobre tela, 1,80 m × 2,80 m.

↑ Propaganda da coleção de roupas da cantora estadunidense Beyoncé, na cidade de Nova York, EUA. Fotografia de 2013.

a) Quais são as semelhanças e as diferenças entre as duas imagens?

b) Observe as características físicas, a postura e o sentimento transmitido pelas mulheres retratadas. Em seguida, elabore perguntas que você poderia fazer a cada uma delas, de modo que pudesse descobrir o papel que a mulher representava na sociedade nesses dois momentos históricos.

c) Em sua opinião, as imagens registram a observação pessoal do autor ou da sociedade à qual ele pertencia? Justifique sua resposta.

d) É possível perceber rupturas e permanências no papel da mulher nas duas imagens e, consequentemente, em ambas as sociedades? Explique.

DICAS

▶ ASSISTA

Narradores de Javé. Brasil/França, 2003. Direção: Eliane Caffé, 102 min.
Os moradores de Javé, local que será inundado pela água de uma represa, não foram notificados das transformações que a pequena cidade sofrerá. A solução encontrada para impedir a construção da barragem é promover a história da cidade e transformá-la em Patrimônio Histórico Nacional.

↑ Parede no interior da Cueva de las Manos, importante sítio arqueológico localizado na Província Santa Cruz, sul da Argentina, 2014.

TEMA 2

O princípio da humanidade

NESTE TEMA
VOCÊ VAI ESTUDAR:

- as teorias que buscam explicar a origem do ser humano;
- o modo de vida dos seres humanos pré-históricos;
- a expansão dos seres humanos desde a África;
- as teorias para o povoamento da América;
- o processo de sedentarização dos seres humanos.

De onde viemos? Essa pergunta mexe com a imaginação e a curiosidade das pessoas há muito tempo.

A descoberta e os estudos feitos no sítio arqueológico Cueva de las Manos e em outros, como o Parque Nacional Serra da Capivara, no estado brasileiro do Piauí, são parte do caminho que precisamos percorrer para responder a essa pergunta.

CAPÍTULO

Origens do ser humano

Neste capítulo, você vai estudar as principais teorias sobre a origem do ser humano e conhecer algumas espécies ancestrais do gênero humano.

O surgimento do ser humano e sua dispersão pela Terra foi um grande mistério por milhares de anos, e ainda despertam muita curiosidade, pois não se sabe ao certo como ocorreram. Ao longo do tempo, foram promovidos inúmeros debates religiosos, filosóficos e científicos sobre esse tema, e elaboradas diversas explicações para esses acontecimentos.

Diversas ciências estudam aspectos relacionados à origem da humanidade, como a História, a Biologia, a Paleontologia e a Geologia. Cada uma dessas ciências tem seus próprios métodos investigativos e recorrem umas às outras para ampliar seus conhecimentos.

Entre as teorias sobre a origem da humanidade, as mais conhecidas são o criacionismo, baseada em doutrinas religiosas, e a teoria da evolução, que se baseia em descobertas científicas.

↑ Os seres humanos estão distribuídos em diversos lugares do planeta. As pessoas têm culturas, religiões, hábitos, costumes e características físicas distintas, que podem variar de um lugar para outro. Compreender e explicar essa diversidade de seres humanos é um dos desafios das ciências e das religiões.

Criacionismo

O criacionismo é uma crença religiosa que defende que os seres humanos, assim como os outros seres vivos do planeta, foram criados por uma entidade divina superior, um ser supremo criador de todas as coisas. Cada doutrina religiosa pode ter sua explicação, por isso afirmamos que não há uma teoria criacionista, mas várias, cada uma fundamentada em suas próprias tradições.

A versão cristã

A versão criacionista mais difundida no Brasil é a cristã, cuja base é a Bíblia, seu livro sagrado. Os seguidores dessa teoria acreditam que os seres humanos são descendentes de um primeiro casal, Adão e Eva, criados por Deus a partir de um molde de barro para serem semelhantes a ele. Além disso, todos os seres vivos teriam sido criados como são hoje, sem passar por nenhum processo de mudança ao longo do tempo.

Observe a descrição a seguir.

Quando Javé Deus fez a terra e o céu, ainda não havia na terra nenhuma planta do campo, pois no campo ainda não havia brotado nenhuma erva: Javé Deus não tinha feito chover sobre a terra e não havia homem que cultivasse o solo e fizesse subir da terra a água para regar a superfície do solo. Então Javé Deus modelou o homem com argila do solo, soprou-lhe nas narinas um sopro de vida, e o homem se tornou um ser vivente.

Bíblia sagrada. Edição pastoral. São Paulo: Paulus, 1998. p. 15.

Durante muitos séculos, essa foi a versão da criação do mundo mais difundida no Ocidente, e não havia a preocupação de comprová-la cientificamente. No Brasil, durante cinco séculos – das primeiras ações de catequese até o início do século XX –, o criacionismo foi compreendido por grande parte da população como verdade absoluta. Foi a partir do século XX que estudiosos, chamados criacionistas bíblicos modernos, passaram a buscar bases científicas para comprovar essa teoria.

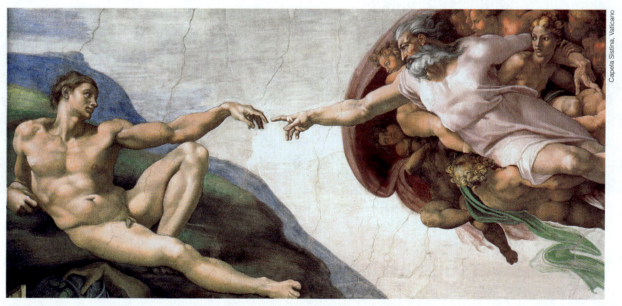

↑ Michelangelo. *A criação de Adão*, 1510. Afresco, 2,80 m × 5,70 m.
Esta obra, bastante difundida e conhecida, exemplifica a base do pensamento criacionista. Nela, Deus é representado como um homem de cabelos grisalhos e corpo vigoroso e Adão, sua primeira criação humana, como um homem jovem e de corpo forte.

A versão xintoísta

Quase todos os povos do mundo têm crenças e explicações **míticas** sobre a origem do Universo, do mundo, da vida e dos seres humanos. No Oriente, onde surgiram alguns dos mais antigos povos e sociedades, existem diversos relatos desse tipo, como o apresentado a seguir.

> Izanagi é o princípio masculino, Izanami o princípio feminino, [...] marido e mulher. Arremessaram uma lança sobre as águas, que ao cair provocou uma explosão de espuma e respingos, matéria com a qual se solidificaram as primeiras ilhas japonesas. Assim foi criado o "Grande País das Oito Ilhas" [...]. O casal de deuses se transferiu para as ilhas, onde construiu um pavilhão. Ali se uniu, e deste modo se formou o arquipélago nipônico, as rochas e as montanhas, a vegetação e outros deuses menores; estes por sua vez criaram os animais, as plantas, enfim, toda a natureza.
>
> Sérgio Bath. *Xintoísmo*: o caminho dos deuses. São Paulo: Ática, 1998. p. 21.

Essa narrativa faz parte do xintoísmo, religião criada há mais de dois mil anos, comum no Japão e presente em outros países, como Índia e China. O xintoísmo dedica-se ao culto à natureza e aos antepassados. Ele foi bastante influenciado por outra religião, o budismo, também presente na China, Coreia e Índia.

GLOSSÁRIO

Iorubá: falante do grupo linguístico iorubá, que vivia na região da Nigéria e do Benin atuais. Os iorubás não formavam um grupo homogêneo.

Mítico: que tem origem em um mito, ou seja, em um relato ou narrativa que geralmente diz respeito a acontecimentos de tempos remotos e que explicam a origem de fenômenos e elementos da natureza – como o dia e a noite, a chuva, os animais e as plantas – ou justificam uma configuração social, por exemplo, a origem de um povo.

↑ As Rochas Casadas estão situadas na costa marítima do Japão. Ligadas por uma corda, elas representam a união entre Izanagi (rocha maior) e Izanami (rocha menor).

Uma das versões africanas

Uma situação semelhante acontece com os povos africanos. Na cultura de alguns deles, não havia narrativas criacionistas (ou por não acreditarem em divindades ou por não terem um sistema religioso), mas a maior parte dos povos da África elaborou narrativas míticas. Por isso, existem diversos relatos que procuram explicar os fenômenos naturais, como o dos **iorubás** sobre a origem do mundo.

Obatalá era um dos **orixás** e **Olodumaré** deu-lhe a missão de criar o mundo. Para que pudesse cumprir tão importante tarefa, ele recebeu o saco da criação. Entretanto, seu poder era limitado e ele deveria respeitar certas regras, assim como faziam todos os orixás. Mas Obatalá passou a se considerar mais importante do que realmente era e, antes de iniciar sua viagem para criar o mundo, recusou-se a fazer sacrifícios e oferendas a Exu (um outro orixá, que, entre outras obrigações, fiscalizava a passagem entre os dois mundos, espiritual e material). E Obatalá, no momento de cruzar a porta do além, viu-se diante de Exu que, descontente, decidiu se vingar e o fez sentir muita sede no caminho. Obatalá pegou seu cajado e com ele furou o tronco de uma árvore, de onde jorrou um vinho delicioso. Ao vê-lo dormindo como um bebê, Oduduá, o orixá que era seu maior rival, roubou-lhe o saco da criação e saiu para criar o mundo sozinho.

Zuleika de Almeida Prado. *Mitos da criação*. 2. ed. São Paulo: Instituto Callis, 2011. p. 11.

> **GLOSSÁRIO**
> **Olodumaré:** também chamado de Olorum, deus superior que existia antes de tudo.
> **Orixás:** entidades que simbolizam e controlam as forças naturais.

Uma das versões indígenas

Os diversos povos que habitaram o território que hoje forma o Brasil também desenvolveram suas crenças e explicações para os mesmos fenômenos. Por viverem em intenso contato com a natureza, suas histórias míticas são, na maioria, influenciadas por esses elementos, como pode ser observado no trecho a seguir.

Não existia gente no mundo, apenas um homem chamado Toba com sua mulher. Plantavam macaxeira, milho, batatas, banana, mamão.
Fora a roça deles, tudo era natureza, sem plantação alguma.
Eram só os dois, sozinhos. Nem sequer bichos havia; só a cutia e o nambu-relógio.
Toba debulhava o milho e fazia montinhos.
Um dia, viu que a colheita estava desaparecendo. Imaginando que o ladrão podia ser a cutia, se não fosse a tanajura ou a saúva, fez uma tocaia para espreitá-la, bem de madrugada.
Em vez de cutia, viu que era gente, debaixo da terra, que esticava a mão por um buraco para roubar o milho.
[...]
A saída do mundo subterrâneo era um buraco tampado por uma rocha pesadíssima.
[...]
Quando aparecia a cabeça de homem ou mulher que não era índio querendo sair, Toba empurrava de volta para o buraco.
[...]
O índio ficou sendo o dono da terra, porque saiu primeiro. O "branco" saiu por último; Toba queria que ele tivesse ficado lá embaixo.
Toba espalhou os povos dos índios por todos os cantos, aumentando a terra e o mato para todos caberem.

Betty Mindlin. *O primeiro homem e outros mitos dos índios*. 2. ed. São Paulo: Cosac & Naify, 2001. p. 13-16. (Coleção Mitos do Mundo).

Essas histórias eram transmitidas oralmente, de geração em geração, e muitas delas chegaram até nós porque foram registradas por cronistas e viajantes que tiveram contato com alguns dos grupos nativos americanos.

Teoria da evolução

Com base em estudos científicos, a origem e a evolução dos seres vivos é explicada pelo processo de seleção natural, proposto pelo cientista britânico Charles Darwin.

Em seu livro *A origem das espécies*, publicado em 1859, Darwin defende que todos os seres vivos estariam em permanente processo evolutivo. Assim, os seres vivos de hoje não seriam exatamente iguais aos que viveram em outros períodos.

Por um processo chamado de seleção natural, uma **espécie** com características mais favoráveis ao meio em que vive teria mais chances de se adaptar e sobreviver do que outras. Consequentemente, aumentaria a possibilidade de esses indivíduos se reproduzirem, deixando mais descendentes e garantindo, dessa forma, a continuação da espécie. Seguindo esse raciocínio, as chances de sobrevivência de indivíduos menos adaptados seriam reduzidas, assim como a probabilidade de deixarem descendentes. Por isso, a tendência dessa espécie seria, a longo prazo, desaparecer.

> **GLOSSÁRIO**
>
> **Espécie:** grupo de indivíduos que compartilham características físicas e que, cruzando-se, geram descendentes férteis.

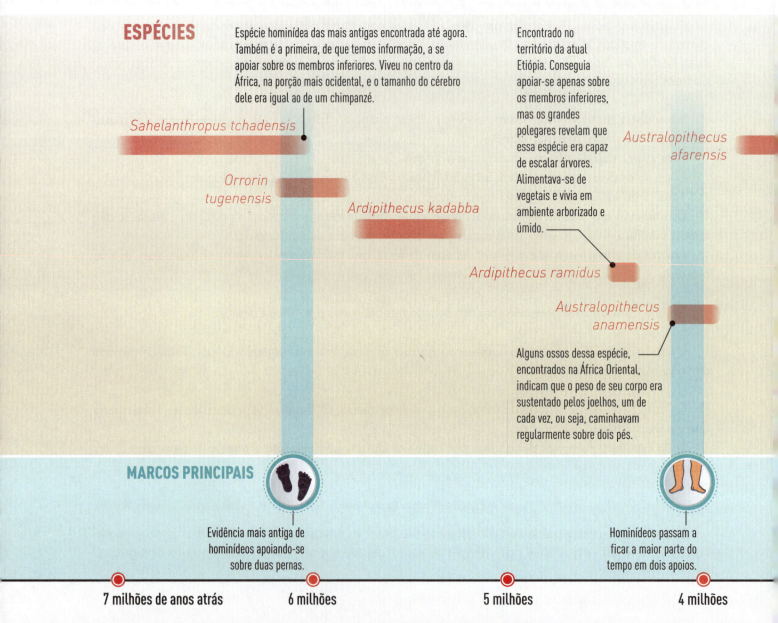

De acordo com essa teoria, todos os seres vivos, inclusive os humanos, passaram e estão passando pelo processo de seleção natural. Assim, com base no registro fóssil, foi possível identificar uma linhagem evolutiva que chegou ao ser humano atual.

Com os achados arqueológicos e a análise dos fósseis encontrados em diversas regiões do planeta, os cientistas elaboraram teorias sobre a trajetória dos seres humanos e levantaram **hipóteses** sobre como teria ocorrido a ocupação da Terra, e como teríamos alcançado o estágio de vida atual. Essas teorias não são uma versão definitiva e imutável, pois o avanço das pesquisas e as descobertas arqueológicas podem alterar o que se conhece até agora.

Por meio do que se descobriu até então, estima-se que os nossos ancestrais hominídeos mais antigos tenham surgido na África há cerca de 7 milhões de anos.

No infográfico abaixo, há alguns dados sobre a evolução deles até o surgimento do ser humano moderno.

> **GLOSSÁRIO**
>
> **Hipótese:** proposta de explicação para um fato ou fenômeno natural que deve ser verificada e comprovada posteriormente pela dedução ou pela experiência.

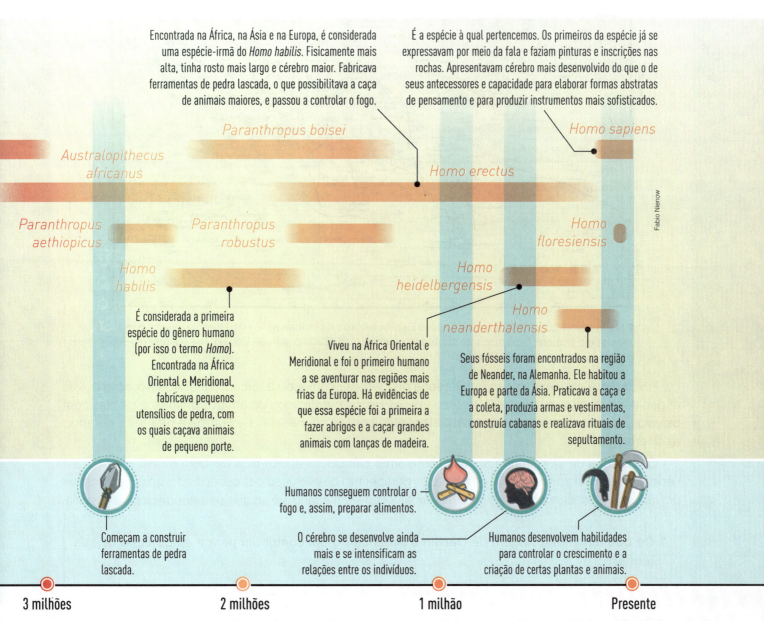

Fonte: Human evolution timeline interactive. *National Museum of Natural History – Smithsonian.* Disponível em: <http://humanorigins.si.edu/evidence/human-evolution-timeline-interactive>. Acesso em: jan. 2019.

Pesquisa e viagem de Charles Darwin

Darwin dedicou a vida a desenvolver a teoria da evolução, que hoje é mundialmente aceita.

Sua obra mais conhecida, *A origem das espécies*, é fruto de mais de 20 anos de pesquisas e reflexões.

Parte dessas pesquisas foi realizada durante uma viagem feita por Darwin, no final do século XIX, pela costa da América do Sul com o objetivo de estudar a fauna e a flora da região. Essa expedição foi determinante para a elaboração de sua teoria.

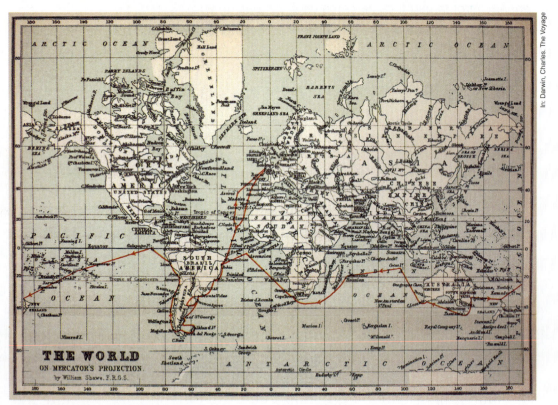

↑ Mapa-múndi com a rota feita por Charles Darwin a bordo da embarcação HMS Beagle, que circum-navegou o planeta. Esse mapa foi publicado na edição de 1890 do livro de Darwin *The voyage of HMS Beagle* (*A viagem do HMS Beagle*).

Foi durante essa expedição que a teoria do cientista começou a tomar forma. Ao encontrar novas espécies de plantas e animais, ele comparou os restos petrificados de antigos animais e plantas com os vivos, assim como as espécies daquela região com as conhecidas na Europa e na África, notando as diferenças.

Os estudos de Darwin não apenas alteraram a ciência da época mas também modificaram a percepção histórica do mundo, pois, com base na perspectiva da evolução das espécies, foi possível construir um histórico do desenvolvimento gradual e mutável do ser humano até ao que se entende por Pré-História.

1. De que maneira a viagem de Darwin à América do Sul contribuiu para a elaboração de sua teoria?

2. Quais foram as principais colaborações da teoria de Darwin para a noção histórica do mundo?

ATIVIDADES

SISTEMATIZAR

1. Explique o que você entende por mito.

2. Descreva as duas explicações mais comuns no Ocidente para o surgimento do ser humano.

3. Todos os povos utilizam as mesmas explicações para o surgimento do ser humano? Explique e exemplifique.

REFLETIR

1. A história em quadrinhos a seguir faz parte de uma série na qual o quadrinista Carlos Ruas discute, de forma bem-humorada, questões relacionadas à religiosidade e à ciência. Aqui, ele representa dois personagens que permeiam um importante debate sobre a origem do ser humano. Com base nessas informações, responda às perguntas.

Carlos Ruas. Darwin, olhe isto. Publicada em: <www.umsabadoqualquer.com>, em 3 mar. 2009.

a) Quais são os personagens representados na história em quadrinhos?
b) Quais teorias sobre a origem do ser humano estão em debate na história em questão?
c) O que os personagens estão fazendo? O que representa a atitude de cada um?

DESAFIO

1. Atualmente no Brasil há mais de 240 povos indígenas. Cada povo explica o surgimento do homem de uma forma. Pesquise em materiais impressos ou na internet um mito indígena que trate da origem do ser humano. Apresente-o aos colegas da sala de aula e destaque o povo e a região a que ele pertence.

CAPÍTULO 2 — Os primeiros grupos humanos

> No capítulo anterior, você estudou teorias que abordam o surgimento e a evolução do ser humano. Neste capítulo, você conhecerá como foi o período pré-histórico na África e as primeiras migrações humanas.

A Pré-História compreende um extenso período que antecede a invenção da escrita. Esse nome foi dado por historiadores do século XIX porque eles acreditavam que somente era possível realizar estudos históricos por meio de documentos escritos, como leis, decretos e tratados.

Como as pessoas que viveram na Pré-História não haviam desenvolvido a escrita, os estudiosos do século XIX, então, acreditavam que não era possível estudar esse período, já que não haveria fontes históricas. O nome "Pré-História" reflete a ideia de que, para eles, sem a escrita, não havia História.

Atualmente, porém, os historiadores não pensam mais assim. Grupos humanos que não utilizam a escrita também têm história e podem ser estudados por meio da análise de vestígios não escritos. Apesar dessa mudança, o termo **Pré-História** continua sendo utilizado.

> Paleontologia é a ciência que estuda espécies extintas por meio dos fósseis desses seres. Juntas, a Paleontologia e a Arqueologia – ciência que estuda as civilizações antigas – fornecem informações para a recuperação de nossa história.

O que hoje sabemos do período pré-histórico está baseado em estudos feitos em conjunto com a Paleontologia e a Arqueologia, áreas do conhecimento que trabalham os fósseis (evidências de atividade biológica, como ossos, materiais vegetais etc.) e vestígios materiais (evidências de produção humana, como restos de fogueira, artefatos, objetos de cerâmica, arte rupestre etc.). Ao analisar esses materiais, os historiadores deduzem informações importantes sobre as populações mais antigas da história da humanidade, mesmo antes do domínio da escrita.

↑ Arqueólogo trabalhando nas escavações das cavernas de Zhoukoudian, Pequim, China. Nesse sítio arqueológico, foram encontrados, no início do século XX, vestígios do *Homo erectus*. Além de esqueletos desse ancestral humano, havia cerca de 400 objetos de pedra e mais de 700 pedaços de ossos de animais e cinzas.

Paleolítico e Neolítico

Por se tratar de um período de tempo bastante longo, os historiadores costumam dividir a Pré-História em dois períodos menores — Paleolítico e Neolítico — classificados de acordo com algumas características comuns aos seres humanos que viveram nessas épocas. Observe os quadros a seguir.

Paleolítico
Período compreendido entre o surgimento dos seres humanos e a descoberta da agricultura.
Pode ser chamado também de Idade da Pedra Lascada, pois os seres humanos desse período usavam instrumentos e ferramentas feitos com lascas de pedra. Além da pedra, eles também utilizavam ossos e madeira para fazer seus instrumentos.
A sobrevivência dos humanos no Paleolítico foi garantida pela caça, pesca e coleta de vegetais. Portanto, eram caçadores e coletores.
Os grupos eram nômades, ou seja, não se fixavam por muito tempo em um local. Eles se deslocavam constantemente em busca de alimentos e de lugares mais seguros, que garantissem proteção contra ameaças a sua sobrevivência.
O domínio do fogo por alguns grupos possibilitou melhores condições de sobrevivência, sendo usado para cozinhar alimentos, proteger-se de animais e suportar o frio.

↑ Ponta de flecha de sílex do período Paleolítico.

Neolítico
Período entre a descoberta da agricultura e a invenção da escrita.
Também chamado de Idade da Pedra Polida, porque, nessa época, os seres humanos passaram a **polir** a pedra, desenvolvendo ferramentas ainda mais eficientes para sua sobrevivência.
Nessa época, diversos grupos humanos desenvolveram técnicas agrícolas. Assim, além da caça, da pesca e da coleta, muitos se tornaram agricultores.
As áreas de cultivo, por sua vez, atraíram animais como cabras, bois, porcos, cavalos e aves, que passaram a se familiarizar com os humanos. Assim, foram iniciadas também a domesticação e a criação de animais.
Com o cultivo dos alimentos e a domesticação dos animais, os grupos humanos não precisavam mais se deslocar constantemente em busca de comida. Assim, muitos deles fixaram-se perto das áreas cultivadas, originando as comunidades permanentes, e, com o passar do tempo, tornaram-se **sedentários**.

↑ Machado de cobre do período Neolítico.

Cada povo do mundo passou pelas etapas de transformação social e tecnológica a sua maneira.

O nomadismo é um exemplo de elemento que foi modificando-se gradualmente. Os primeiros grupos humanos eram nômades, ou seja, mudavam de lugar constantemente em busca de melhores abrigos, alimentos e condições climáticas mais favoráveis. Aos poucos, alguns grupos começaram a cultivar certos alimentos, o que permitiu que se fixassem nos territórios e se tornassem sedentários.

GLOSSÁRIO

Polir: retirar as arestas e rebarbas de determinados materiais — no caso, da pedra — deixando a superfície do objeto lisa.
Sedentário: aquele que pouco se movimenta ou que tem moradia fixa.

39

A agricultura, no entanto, foi desenvolvida em diferentes épocas, de acordo com o local. Ela surgiu há mais de 11 mil anos no Oriente Próximo, mas, em algumas regiões da América, só foi iniciada 8 mil anos depois.

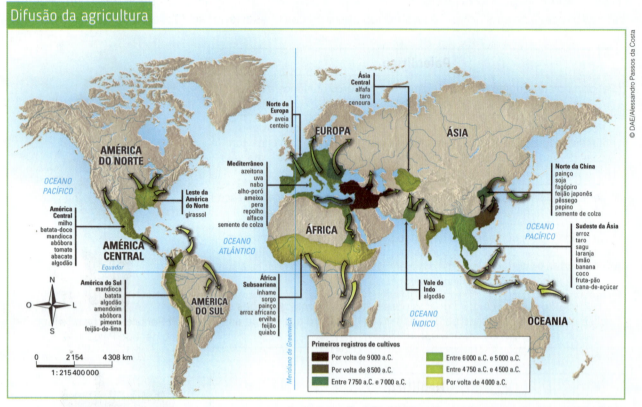

Fonte: Jeremy Black. *World History Atlas*. Londres: Dorling Kindersley, 2008. p. 20-21.

Vale ressaltar que, na atualidade, há diversos povos que se mantêm nômades. As descrições que destacam as mudanças e permanências nas sociedades podem ser aplicadas à maioria dos grupos humanos, mas não refletem a realidade de todos os povos, tanto antigos como atuais. Por isso, é necessário sempre considerar as diferenças entre os povos de cada região do mundo.

 **AQUI TEM MAIS**

O nomadismo na atualidade

Há, ao menos, duas formas de nomadismo nos dias atuais: por necessidade e por escolha. Os nômades por necessidade deslocam-se para garantir o sustento. Já o nomadismo por escolha é motivado, em geral, pela curiosidade de conhecer novos lugares e culturas.

Os grupos de nômades por necessidade geralmente desenvolvem uma relação de adaptação ao ambiente e carregam somente o necessário, como os ciganos. Estudos indicam que esse povo é originário da Índia e há cerca de mil anos começou a se dispersar pelo mundo. Ainda hoje, alguns ciganos continuam nômades e conservam costumes tradicionais, como famílias numerosas, agrupamento em tendas, trabalho no comércio, nas artes e na leitura das linhas das mãos.

↑ Ciganos em festa em homenagem a Santa Sara Kali, no Parque do Arpoador, Rio de Janeiro.

África: o berço da humanidade

Os fósseis de hominídeos mais antigos do mundo foram encontrados na África. Por essa razão, o continente é chamado de berço da humanidade. Até agora, os achados paleontológicos e arqueológicos, além de pesquisas recentes, constataram somente na África a linha de evolução humana descrita por Darwin de forma ininterrupta, ou seja, desde o mais antigo hominídeo até o *Homo sapiens*.

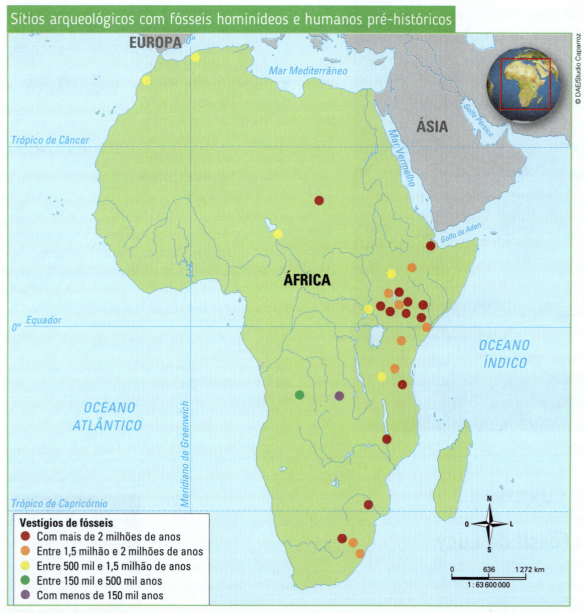

Fonte: Georges Duby. *Grand atlas historique*. Paris: Larousse, 2011. p. 2.

Na região da atual Tanzânia foram descobertos utensílios de fabricação humana datados de 2 milhões a 3 milhões de anos atrás. Eram **seixos** de formas variadas, usados para cortar peles de animais ou realizar tarefas mais delicadas, como cortes mais finos e precisos. Esses materiais estavam ao lado de restos de alimentos e fósseis. Estima-se que esses vestígios sejam dos mais antigos hominídeos que habitaram o planeta. Esses hominídeos eram caçadores de pequenos animais, como pássaros, lagartos e tartarugas. Entre os achados, porém, havia indícios de caça a animais de grande porte, como mamutes e antílopes.

GLOSSÁRIO

Seixo: pedra lisa encontrada em rios.

Migrações dos seres humanos

Segundo a teoria da evolução, com o passar do tempo várias espécies surgiram e desapareceram. A maioria delas, hominídeos e representantes do gênero *Homo*, deslocava-se apenas dentro do continente africano. A mudança teria acontecido com o *Homo erectus*, que surgiu há 2 milhões de anos e foi a primeira espécie humana a empreender movimentos de migração para fora da África.

No início de sua migração para fora da África, os representantes da espécie *Homo erectus* fixaram-se na região do atual **Cáucaso**, há 1,8 milhão de anos. Depois, foram em direção ao sudeste asiático, sobretudo para Ilha de Java e a China. A Europa não foi ocupada por eles, mas por outras espécies, como o *Homo heidelbergensis* e o *Homo neanderthalensis*.

> **GLOSSÁRIO**
>
> **Cáucaso:** região localizada na Europa Oriental e Ásia Ocidental, entre o Mar Negro e o Mar Cáspio.

Se o *Homo erectus* foi a primeira espécie a sair da África, foi com o *Homo heidelbergensis* que a humanidade passou a ocupar, de fato, vastos territórios. Além da própria África e da Europa, eles habitaram a Índia e o Extremo Oriente. Isso equivale a quase todos os territórios que podiam ser percorridos a pé desde a África.

Reconstituição de indivíduos da espécie *Homo neanderthalensis*, os neandertais. Estima-se que uma parte do que somos hoje veio dos neandertais, como a maior propensão a doenças como depressão, alergias e dependência química do tabaco.

! CURIOSO É...

O fóssil de Lucy

Em 1974, na região do Deserto de Afar, Etiópia (África), o paleontólogo estadunidense Donald Johanson encontrou, com seu grupo de pesquisadores, um fóssil de hominídeo do sexo feminino com o esqueleto completo. É um exemplar de *Australopithecus afarensis* de 3,2 milhões de anos, que foi considerado, por algum tempo, o fóssil mais antigo descoberto. Os pesquisadores deram-lhe o nome de Lucy porque, no momento em que o encontraram, eles ouviam a música *Lucy in the sky with diamonds* ("Lucy no céu de diamantes"), da banda britânica The Beatles, muito famosa na época.

Reconstrução de como teria sido Lucy. O modelo foi feito pelo estúdio Daynes, em Paris, França, e está exposto no Museu Antropológico Nacional, na Cidade do México.

As migrações dos *Homo sapiens*

Até aproximadamente 70 mil anos atrás, os representantes do *Homo sapiens* permaneceram no continente africano. A partir dessa época, eles foram migrando lentamente para várias regiões do mundo. Alguns grupos deslocaram-se até a Europa e outros foram para leste, ocupando as regiões ao sul da Ásia, chegando até a Oceania, há 50 mil anos.

Naquela época, o nível dos oceanos estava mais baixo, e é possível que uma passagem de terra tenha ajudado os humanos a alcançar as ilhas da Oceania.

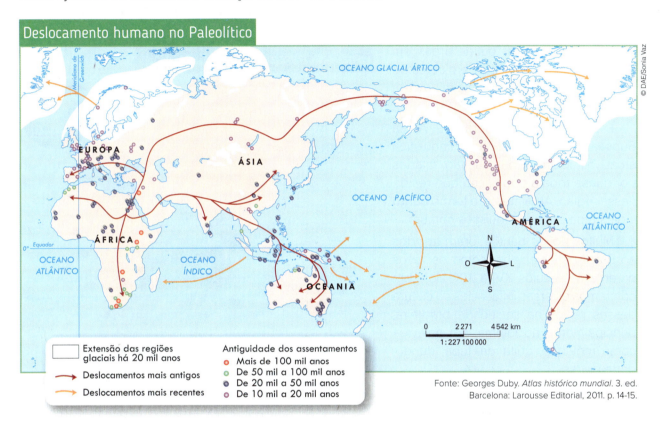

Fonte: Georges Duby. *Atlas histórico mundial*. 3. ed. Barcelona: Larousse Editorial, 2011. p. 14-15.

Não se sabe exatamente o que teria motivado os humanos a deixar a África. Sabe-se que, no período em que o *Homo sapiens* surgia, o mundo passava por mudanças climáticas. Os primeiros *Homo sapiens* eram caçadores e coletores e começavam a desenvolver algumas habilidades sociais que os tornavam mais aptos a viver em grupo.

Homo sapiens e outras espécies

Durante a expansão do *Homo sapiens*, nossos antepassados entraram em contato com indivíduos de outras espécies. Ainda na África, chegaram a conviver alguns milhares de anos com o *Homo erectus*. No Extremo Oriente, eles encontraram o *Homo floresiensis*, espécie humana que viveu até 17 mil anos atrás na atual Indonésia.

Esse cenário mostra que possíveis contatos ocorreram entre o *Homo sapiens* e humanos de outras espécies, mas não se sabe, até hoje, o que teria acontecido durante esses encontros. Tampouco é possível afirmar as razões para a sobrevivência apenas de nossa espécie.

O que sabemos é que o *Homo sapiens* foi a única espécie humana a sobreviver, todas as outras desapareceram. Isso criou uma situação inédita em nossa história evolutiva, pois os humanos e os hominídeos sempre haviam convivido, em territórios próximos ou não, com outras espécies.

A expansão geográfica dos bantos

GLOSSÁRIO

Desertificação: processo de modificação climática que altera o ambiente, deixando a paisagem mais árida, mais desértica.
Subsistência: conjunto dos recursos necessários para a manutenção da vida.

Depois de iniciadas as ondas migratórias, os seres humanos não deixaram mais de migrar em busca de novos locais em que pudessem encontrar melhores condições de **subsistência**. Veja no mapa abaixo o exemplo dos povos bantos, que viviam na região onde hoje estão situados Camarões e Nigéria.

Eles viviam como agricultores, caçadores e pescadores, e também conheciam a metalurgia. A causa inicial de sua expansão geográfica foi o processo de **desertificação** do Saara, que os forçou a procurar outras áreas em busca de alimentos. Assim, em cerca de 2000 a.C., eles começaram a migrar em direção ao sul.

Essas expansões deram à África Subsaariana a configuração linguística atual: os idiomas bantos são falados por quase toda a população que reside nessa região. Atualmente, o termo **banto** indica uma origem linguística comum.

Muitos povos bantos foram trazidos ao Brasil para trabalhar como escravos durante os séculos XVI a XIX. Hoje encontramos diversas influências da cultura desses povos na sociedade brasileira, principalmente no idioma, em palavras como moleque, quitanda, fubá, dengo, entre outras.

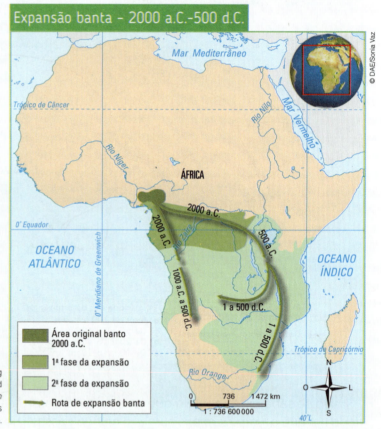

Fontes: Jeremy Black. *World history atlas*. Londres: Dorling Kindersley, 2008. p. 21 e 160; Robert O. Collins, James McDonald Burns e Erik Christopher Ching (Org.). *Problems in African History:* the precolonial centuries. 3. ed. Princeton: Markus Weiner Publishers, 2001. p. 96.

AQUI TEM MAIS

A importância da água

Entre 8 mil e 10 mil anos atrás, o clima na África era mais úmido. Havia mais lagos, pântanos e rios.

Vestígios arqueológicos e fósseis encontrados nas proximidades de rios e lagos, como espinhas de peixes e restos de animais aquáticos, indicam alguns aspectos da alimentação dos povos que moravam nesses locais. Arpões de madeira com pontas de osso e objetos de cerâmica achados revelam os utensílios utilizados por eles para caçar e armazenar alimentos.

Acredita-se que muitas dessas populações eram nômades, pois não há indícios de que praticassem a agricultura nesse período. Essas descobertas nos ajudam a compreender o motivo pelo qual muitos povos, ao migrarem, procuravam manter-se próximos de rios e lagos, como podemos observar no mapa da expansão banta.

ATIVIDADES

SISTEMATIZAR

1. O que significa dizer que a África é o berço da humanidade?

2. Os humanos que viveram na Pré-História desenvolveram instrumentos de pedra lascada ou polida na mesma época? Explique.

3. Ao longo do processo de expansão, os *Homo sapiens* entraram em contato com outras espécies humanas. Com base nessa afirmativa, responda.
   a) Quais foram as consequências desses encontros para as outras espécies?
   b) Atualmente, sabemos como foram os contatos do *Homo sapiens* com as outras espécies humanas. Essa afirmativa é verdadeira ou falsa? Explique.

4. A expansão geográfica dos povos bantos é um exemplo das diversas ondas migratórias que povoaram o mundo. Com base nessa informação, responda às questões a seguir.
   a) Quais fatores motivaram a expansão territorial do povo banto?
   b) Os motivos que levaram os bantos a migrar pela África entre os anos 2000 a.C. e 500 d.C. foram os mesmos que os trouxeram ao Brasil, entre os séculos XVI e XIX? Explique sua resposta.

5. O ser humano precisou adaptar-se ao meio ambiente para garantir sua sobrevivência. Uma estratégia bem-sucedida foi viver próximo a fontes de água, já que esses lugares garantiam o suprimento de alimentos. Como os cientistas chegaram a essa conclusão?

6. Explique o que influenciou a forma pela qual os grupos humanos se organizaram para sobreviver no início da civilização humana e de que modo.

7. Podemos afirmar que os diversos agrupamentos humanos conheceram a agricultura em diferentes lugares e momentos históricos? Justifique sua resposta.

REFLETIR

1. Leia o texto a seguir e responda à questão.

   > O homem é um animal histórico. O homem africano não escapa a esta definição. Como em toda parte, ele faz sua história e tem uma concepção dessa história. [...] Desde o aparecimento dos primeiros homens, os africanos criaram ao longo de milênios uma sociedade autônoma que, unicamente pela sua vitalidade, é testemunha do gênio histórico de seus autores.
   >
   > Joseph Ki-Zerbo (Ed.). *Metodologia e Pré-História da África*. Brasília: Unesco, 2010. p. 23. (História Geral da África, I).

   - Explique como os povos que habitaram a África mostraram-se agentes da história mundial.

2. Se o nomadismo foi substituído pelo sedentarismo, por que ainda existem povos nômades no mundo? Se necessário, pesquise.

3. Com base na observação da natureza, os seres humanos perceberam que as sementes germinavam para formar novas plantas. Com essa descoberta, começou a prática da agricultura. Como ela alterou a forma de vida do ser humano no planeta?

DESAFIO

1. Em dupla, façam uma pesquisa sobre uma contribuição cultural dos povos bantos que não esteja apenas relacionada à linguagem. Na sequência, elaborem um cartaz sobre suas descobertas.

45

CAPÍTULO 3
Povoamento da América

No capítulo anterior, você estudou como os primeiros seres humanos surgiram no continente africano e que, de lá, espalharam-se pelo resto do mundo. Neste capítulo, você vai estudar como os grupos humanos chegaram à América e como era a vida deles nesse continente.

Hipóteses sobre a ocupação da América

Até hoje não foram encontrados na América fósseis tão antigos de hominídeos como na África; por isso, os estudiosos não acreditam que haja populações originárias do continente americano. As explicações sobre o povoamento da América concentram-se em hipóteses. Conheça algumas delas.

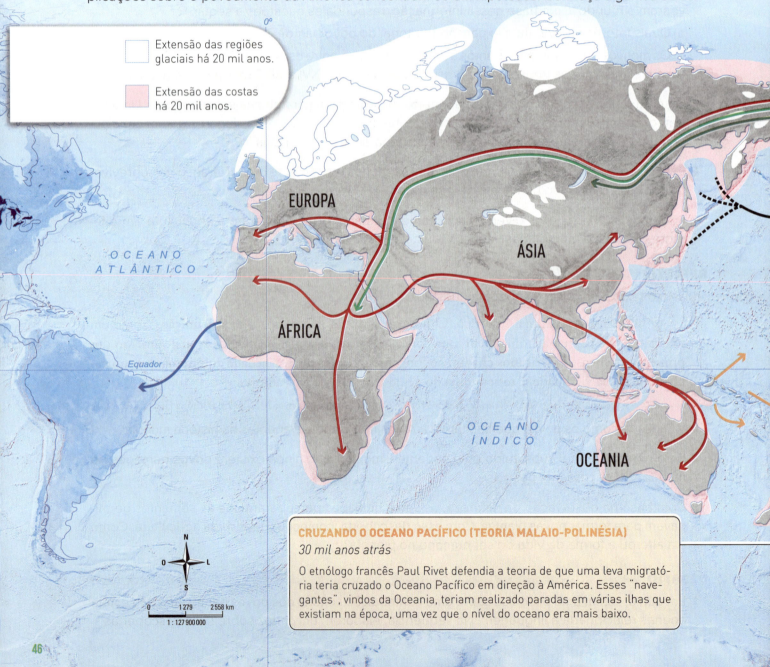

CRUZANDO O OCEANO PACÍFICO (TEORIA MALAIO-POLINÉSIA)
30 mil anos atrás

O etnólogo francês Paul Rivet defendia a teoria de que uma leva migratória teria cruzado o Oceano Pacífico em direção à América. Esses "navegantes", vindos da Oceania, teriam realizado paradas em várias ilhas que existiam na época, uma vez que o nível do oceano era mais baixo.

"CLÓVIS PRIMEIRO"
entre 13 e 13,5 mil anos atrás

Na década de 1930, na cidade estadunidense de Clóvis, foram encontradas pontas de lança junto a ossos de mamute que teriam entre 13 mil e 13,5 mil anos. Com base nisso, foi criada a teoria "Clóvis primeiro", segundo a qual uma única leva vinda da atual Ásia teria cruzado o Estreito de Bering quando o nível das águas do oceano estava mais baixo e ele estava congelado. Acreditava-se que o povo de Clóvis, ao longo do tempo, teria se deslocado e habitado o resto do continente.

ONDAS MIGRATÓRIAS
entre 15 e 9 mil anos atrás

De acordo com estudos que comparam esqueletos antigos e atuais, feitos pela equipe do pesquisador brasileiro Walter Neves, houve duas ondas migratórias com populações de características físicas diferentes e em épocas distintas, mas ambas atravessaram o Estreito de Bering. A primeira, há cerca de 15 mil anos, era composta de indivíduos com características negroides. Esse grupo teria desaparecido por causas ainda desconhecidas.
A segunda, ocorrida entre 9 e 10 mil anos atrás, constituía-se de indivíduos com características mongoloides, semelhantes às dos atuais indígenas.

NAVEGAÇÃO PELA COSTA
17 mil anos atrás

Pesquisadores da Universidade de Buffalo, Estados Unidos, defendem que teria havido uma migração humana vinda da costa do Estreito de Bering não por terra, mas pelo Oceano Pacífico, ao longo do litoral americano, em direção ao sul. Dessa forma, os humanos teriam chegado até o atual Chile. Para defender essa teoria, cientistas analisaram a superfície de rochas da remota ilha de Suemez, no Alasca.

OCEANO GLACIAL ÁRTICO

OCEANO ATLÂNTICO
100 mil anos atrás

A arqueóloga brasileira Niède Guidon e sua equipe defendem que os primeiros grupos humanos chegaram à América vindos da África, navegando pelo Oceano Atlântico, em uma época na qual o nível do mar era cerca de 140 metros abaixo do atual. Isso teria acontecido há 100 mil anos, em um período de extrema seca no continente africano. Guidon se baseia nos achados da Serra da Capivara, no Piauí, cujos artefatos foram datados em até 50 mil anos atrás.

AMÉRICA

OCEANO PACÍFICO

MONTE VERDE
mais de 14 mil anos atrás

No fim da década de 1970, foram descobertos em Monte Verde, no Chile, diversos materiais datados de mais de 14 mil anos. Entretanto, como esses vestígios eram mais antigos do que os objetos de Clóvis, somente no fim da década de 1990 os estudos desse sítio arqueológico foram validados e a datação foi confirmada.

Fontes: Claudio Vicentino. *Atlas histórico:* geral e Brasil. São Paulo: Scipione, 2011. p. 20-21; Fábio de Castro. Estudo descarta chegada de humanos às Américas pelo Estreito de Bering. *O Estado de S. Paulo*, 10 ago. 2016. Disponível em: <https://ciencia.estadao.com.br/noticias/geral,estudo-descarta-chegada-de-humanos-as-americas-pelo-estreito-de-bering,10000068506>; Edison Veiga. As rochas que podem reescrever a história da chegada do homem às Américas. *BBC Brasil*, 30 maio 2018. Disponível em: <www.bbc.com/portuguese/geral-44290722>; Georges Duby. *Atlas histórico mundial*. 3. ed. Barcelona: Larousse Editorial, 2011. p. 14-15; Marcos Pivetta. Niéde Guidon. *Pesquisa Fapesp*, abr. 2008. Disponível em: <http://revistapesquisa.fapesp.br/2008/12/01/niede-guidon>; Mark Rose. Books: Beyond Clovis. *Archaeology*, nov. 1999. Disponível em: <https://archive.archaeology.org/9911/etc/books.html>; Salvador Nogueira. Nova teoria explica ocupação da América. *Folha de S.Paulo*. Disponível em: <www1.folha.uol.com.br/fsp/ciencia/fe1702200301.htm>. Acessos em: jan. 2019.

Como viviam os antepassados americanos?

O estudo dos grupos humanos que viviam na América baseia-se principalmente na análise de achados arqueológicos e fósseis, como instrumentos de pedra, objetos de cerâmica, restos de alimentos, esqueletos, entre outros. Essas descobertas revelam aspectos do cotidiano, por exemplo, quais atividades eles desenvolviam para sobreviver (caça, pesca, coleta), o que consumiam para se alimentar, como armazenavam a comida e quais eram seus rituais funerários. Os antepassados americanos também deixaram registros no interior de cavernas, em paredões rochosos e em grandes pedras, como pinturas e gravuras, conhecidas atualmente como arte rupestre. As imagens de seres humanos, de animais e de objetos mostram caçadas, combates, cerimônias e outros aspectos do cotidiano. Há também **grafismos**, como linhas, espirais e círculos.

> **GLOSSÁRIO**
>
> **Grafismo:** neste caso, é a maneira particular de escrever, desenhar e pintar.

A maior parte da população das Américas habitava as florestas que recobriam o continente. Os primeiros povoadores se organizavam em grupos pequenos, eram nômades e viviam de caça, pesca e coleta. Sabe-se que conviveram com animais de grande porte, como mamutes, mastodontes, tigres-dentes-de-sabre, gliptodontes (ancestrais gigantes do tatu), preguiças-gigantes e outros animais que foram extintos talvez por causa de mudanças climáticas ou da ação humana.

Com as mudanças climáticas e o desaparecimento de diversos animais de grande porte, esses grupos passaram a caçar animais de pequeno e médio porte usando armadilhas e arpões feitos de pedra e ossos.

↑ Artefatos de sílex feitos por volta de 7 mil a.C., encontrados no nordeste dos Estados Unidos.

Sedentarização

Estima-se que as primeiras experiências agrícolas do continente ocorreram por volta de 8 000 a.C., porém a sedentarização aparentemente ocorreu entre 5 000 a.C. e 1500 a.C. Portanto, conclui-se que a agricultura demorou a se tornar a principal fonte de alimento dessas populações.

Os grupos cultivavam milho, batata, abóbora, cacau, mandioca, girassol, feijão, amendoim, tomate, entre outros alimentos, e domesticaram animais como peru, pato, lhama e alpaca.

Durante muito tempo, o milho foi o principal alimento da população nativa americana, consumido na forma de farinha ou fubá. Depois de triturado, o cereal era fervido e comido como polenta ou, ainda, transformado em tortilhas e massas comestíveis.

Ainda hoje, esses alimentos constituem a base do cardápio de boa parte das populações americanas.

↑ Prato com polenta de milho. A culinária com base no milho é uma das permanências da cultura americana.

Os primeiros grupos humanos do Brasil

No Brasil, há indícios de presença humana há mais de 25 mil anos. Como eles estão localizados em uma área central da América do Sul, no Mato Grosso, a teoria dos pesquisadores é de que, para chegar lá, esses humanos teriam utilizado as grandes **vias fluviais**, como o Rio Amazonas, o Rio São Francisco e os rios Uruguai e Paraná.

GLOSSÁRIO

Via fluvial: caminho utilizado para navegação; rio.

Vestígios

Há diversas formas de estimar a data da ocupação humana nos locais por onde nossos antepassados passaram, mas todas elas precisam de objetos que comprovem a presença de seres humanos no local.

Esses vestígios podem ser artefatos, como as pontas de flecha de sílex, ferramentas de pedra lascada ou de ossos de animais, restos de fogueiras e pinturas em paredes de cavernas.

As pinturas rupestres mostram diversos tipos de imagem. Há representações de pessoas, animais, elementos da natureza e cenas de caça. Até hoje não se sabe ao certo para que elas serviam. Pode ser que tenham sido feitas para mostrar o cotidiano das pessoas, ou então para representar algo que elas gostariam que ocorresse. Neste último caso, é possível que eles acreditassem que, pintando a cena de uma caçada bem-sucedida, isso aconteceria na realidade, como se fosse uma espécie de magia.

↑ Pinturas rupestres na Gruta do Janelão, localizada no Parque Nacional Cavernas do Peruaçu. Januária (MG), 2017.

Os vestígios de maior destaque são os esqueletos, pois mostram de forma inegável a presença de seres humanos.

➕ AQUI TEM MAIS

Como saber a idade de vestígios arqueológicos?

Os métodos mais utilizados e confiáveis de datação de vestígios arqueológicos são:

- Datação por carbono 14: o carbono 14 é um elemento químico. Quanto menos desse elemento existir na amostra analisada, mais antiga ela é;
- Localização por estrato geológico: estrato geológico é a camada de solo onde determinada amostra está localizada. Quanto mais profundo o estrato em que o objeto se encontra, mais antigo ele é.

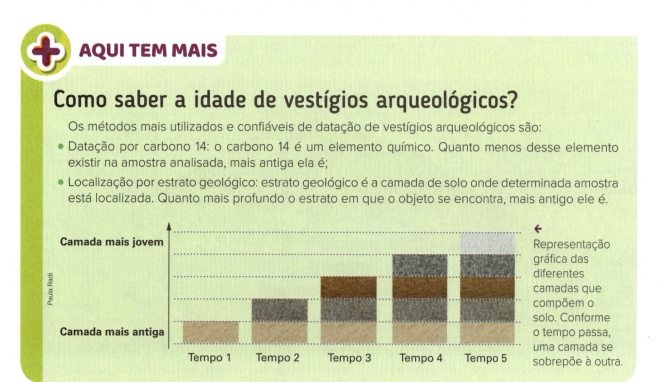

← Representação gráfica das diferentes camadas que compõem o solo. Conforme o tempo passa, uma camada se sobrepõe à outra.

49

Luzia e Luzio

Um dos marcos para a elaboração de teorias e para o aprofundamento das pesquisas foi a descoberta, em Minas Gerais, do crânio de uma jovem que viveu há aproximadamente 11 mil anos (o fóssil humano mais antigo já encontrado na América). Sua datação aproximada foi feita a partir de restos de madeira – que se encontravam próximos ao fóssil – utilizados para fazer fogueiras.

Trabalhos científicos realizados na década de 1980 mostraram que a morfologia do crânio – isto é, sua forma e seu tamanho – era bastante diferente dos exemplos asiáticos e dos nativos indígenas atuais.

Luzia era uma caçadora-coletora, com traços que lembram as populações africanas e os aborígenes que viviam onde hoje é a Austrália. Depois dessa descoberta, outras ossadas humanas apresentando os mesmos traços foram encontradas no Brasil e em outros países da América, como Estados Unidos, México e Colômbia.

O incêndio ocorrido no Museu Nacional, no Rio de Janeiro, em 2 de setembro de 2018, destruiu milhares de peças históricas. Felizmente, cerca de 80% dos fragmentos do fóssil de Luzia foram resgatados para posterior reconstituição.

Outro fóssil bastante conhecido é Luzio, nome que foi dado à ossada encontrada em um sítio arqueológico do Vale do Ribeira, no estado de São Paulo. Assim como Luzia, ele era caçador-coletor, mas viveu em uma época posterior, há 10 mil anos. Luzio foi enterrado em um **sambaqui**.

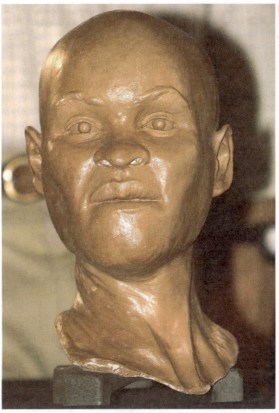

↑ Essa reconstituição facial de Luzia mostra traços de populações negroides e aborígenes.

GLOSSÁRIO

Sambaquis: grandes montanhas de conchas e restos de animais marinhos, onde antigos habitantes do litoral construíam seus abrigos e enterravam os mortos. Essas montanhas, com até 30 metros de altura, foram encontradas em partes do litoral do Nordeste e em grande extensão do litoral das regiões Sul e Sudeste.

↑ A palavra **sambaqui** é de origem tupi: *tamba* significa "marisco"; e *ki*, "amontoamento". Sambaqui em Jaguaruna (SC), 2015.

ATIVIDADES

SISTEMATIZAR

1. Com base nas teorias estudadas, indique as principais rotas de migração dos seres humanos para a atual América do Sul defendidas pelos pesquisadores.

2. Quando provavelmente ocorreu a sedentarização da maioria dos povos que vivia no continente americano?

3. Quais foram os primeiros alimentos cultivados pelos paleoíndios no continente americano? Entre eles, quais fazem parte de sua alimentação?

4. Explique como a imagem a seguir ajuda a fazer a datação dos vestígios arqueológicos da Pré-História.

a) Em qual camada estão os vestígios mais antigos?

b) Em qual camada estão os vestígios mais recentes?

c) Como esses vestígios explicam o processo de evolução dos humanos?

5. Quem criou os sambaquis? Qual era a finalidade dos sambaquis?

REFLETIR

1. Observe as imagens a seguir e responda às perguntas.

→ Sambaquis em Laguna (SC).

→ Pintura rupestre no Parque Nacional Serra da Capivara, em São Raimundo Nonato (PI).

a) Como os vestígios mostrados na imagem 1 foram construídos?

b) A imagem 2 apresenta figuras de seres humanos e de animais. De que forma elas foram pintadas?

c) Que diferenças você observa entre esses dois tipos de vestígios arqueológicos? Que informações podem ser retiradas deles?

2. Observe os artefatos da página 48. Elabore uma hipótese para explicar as funções desses objetos no passado, como eram fabricados e em que período foram utilizados.

DESAFIO

1. No Brasil existem diversos sítios arqueológicos. Faça uma pesquisa e escreva o nome de pelo menos três deles e onde estão localizados. Em seguida, busque imagens dos artefatos encontrados em um deles, traga-as para a sala de aula e apresente-as aos colegas.

FIQUE POR DENTRO

O TEMPO

A Terra formou-se há 4,6 bilhões de anos, mas a vida só apareceu depois de mais de 1 bilhão de anos, e formas de vida como conhecemos só surgiram muito depois. É difícil imaginar o tempo que nos separa desses eventos. Quando comparado ao tempo pré-histórico, o tempo da história humana é apenas uma fração mínima.

A HISTÓRIA DO PLANETA
Os 4,6 bilhões de anos da Terra estão divididos em grandes eras, indicadas pelas cores na linha do tempo ao lado e nas ilustrações a seguir. Você verá alguns dos eventos que ocorreram desde o surgimento de formas complexas de vida até a origem do ser humano moderno.

4,6 bilhões de anos atrás | 4 bilhões | 3,5 bilhões | 3 bilhões

No começo, o choque constante com meteoritos superaqueceu a Terra. A paisagem era vulcânica e não havia oxigênio na atmosfera, só gases venenosos.

A vida surgiu nesse momento de reações químicas no oceano primitivo. Toda a vida descende desse primeiro ser, simples como uma bactéria.

1 A EVOLUÇÃO DA VIDA

Vida complexa
Há 635 milhões de anos houve uma explosão de vida. Seres gelatinosos, como as águas-vivas, foram as primeiras formas de vida mais sofisticadas.

Os primeiros vertebrados
No Paleozoico surgiram os moluscos, artrópodes, corais, esponjas e, depois, animais com esqueleto, como os peixes.

2 O PASSADO DA ESPÉCIE HUMANA

Inventores de ferramentas
Evidências fósseis e genéticas mostram que nossa espécie, *Homo sapiens*, surgiu há 200 mil anos. Nessa época, eles já dominavam o fogo e produziam ferramentas de pedra para caçar animais.

Viajantes e exploradores
Há 100 mil anos, nossa espécie migrou da África para a Ásia, a Europa e, depois, para a Oceania e a América. A capacidade de adaptação foi decisiva para essa conquista.

Fontes: *Smithsonian National Museum of Natural History*. Disponível em: <www.mnh.si.edu>. *BBC Nature: Prehistoric Life*. Disponível em: <www.bbc.co.uk/nature/history_of_the_earth>. Acessos em: jan. 2019.

PRÉ-HISTÓRICO

Analise o tempo transcorrido e os eventos representados nas ilustrações **1** e **2** a partir da linha do tempo abaixo. Discuta com seus colegas as mudanças mostradas em cada uma delas.

- Hadeano
- Arqueano
- Proterozoico
- Paleozoico
- Mesozoico
- Cenozoico

Note que a ilustração **2** mostra eventos que ocorreram num espaço de tempo muito mais curto que a ilustração **1**.

2,5 bilhões — 2 bilhões — 1,5 bilhão — 1 bilhão — 500 milhões — Hoje

Há 2,5 bilhões de anos, os mares e a atmosfera encheram-se de oxigênio, produzido pelos primeiros seres capazes de fazer fotossíntese.

Até esse momento, a vida esteve restrita a seres muito simples. Veja na ilustração **1** o que aconteceu a partir daqui, entre 635 milhões e 200 mil anos atrás.

Os seres humanos modernos surgiram há apenas 200 mil anos. Veja o que aconteceu desde essa data na ilustração **2**.

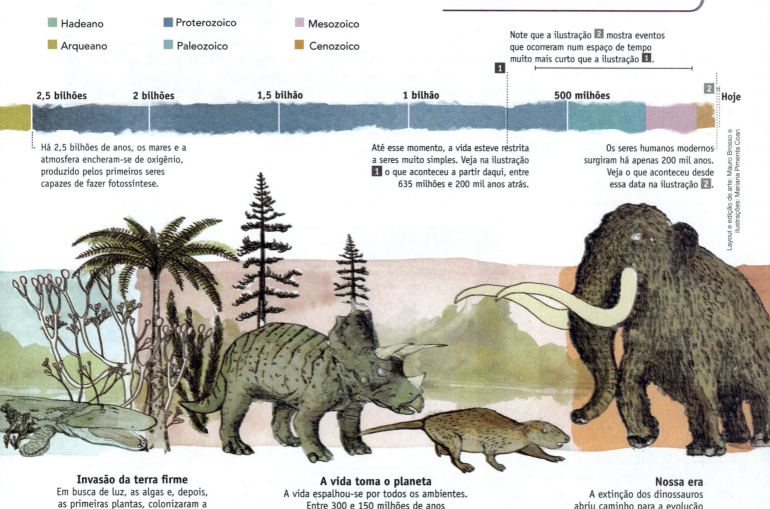

Invasão da terra firme
Em busca de luz, as algas e, depois, as primeiras plantas, colonizaram a Terra. Alguns seres passaram a ter vida semiaquática. Surgem os anfíbios.

A vida toma o planeta
A vida espalhou-se por todos os ambientes. Entre 300 e 150 milhões de anos atrás surgiram as florestas, os insetos, os dinossauros, os mamíferos e as aves.

Nossa era
A extinção dos dinossauros abriu caminho para a evolução dos mamíferos, classe de animais dos seres humanos.

Artistas
Criações artísticas, como as pinturas rupestres, feitas desde 40 mil anos atrás, provam que aqueles seres humanos pensavam como nós.

Pastores e agricultores
Os seres humanos viviam da caça e da coleta e eram nômades. Com a criação de animais e a agricultura, fixaram-se em territórios. Nosso atual estilo de vida decorre dessa mudança.

Escritores
Como você viu, a Pré-História foi marcada por grandes eventos. Nos próximos anos, você estudará o que aconteceu no último centímetro dessa linha do tempo.

EXPLORANDO A ARQUITETURA

Os Croods

Sinopse

Essa animação estadunidense conta a história de uma família pré-histórica chamada Crood. A família é composta de um pai protetor, uma mãe zelosa, três filhos — uma adolescente inconformada com a mesmice daquela vida, um garoto desajeitado e uma criança "brava" — e uma simpática avó que está sempre arrumando confusão. São sobreviventes do hostil ambiente da Pré-História e enfrentam inúmeras dificuldades e perigos. No entanto, a chegada de um forasteiro, Guy, que passa a se relacionar com a adolescente Eep, dá novo impulso à vida dos integrantes da família, modificando sua visão de mundo e a forma de se relacionar uns com os outros e com tudo a sua volta.

↑ Cartaz do filme Os Croods.

↓ Nessa cena, à esquerda encontra-se a família Crood e, à direita, Guy.

↑ Cena do filme que mostra a família Crood.

Contextualizando o filme

O filme apresenta elementos da vida dos seres humanos pré-históricos. É preciso ressaltar que se trata de uma animação sem compromisso com a realidade, recheada, portanto, de elementos fantasiosos, como animais exóticos e vegetação deslumbrante e muito colorida, os quais, de acordo com os conhecimentos históricos do período, eram inexistentes. No período retratado, as preocupações e as necessidades eram muito diferentes das que conhecemos hoje.

- Título: *Os Croods*
- Direção: **Chris Sanders e Kirk DeMicco**
- País de origem: **Estados Unidos**
- Duração: **100 minutos**
- Ano de lançamento: **2013**

No filme, é possível perceber as diferenças entre Guy e a família Crood. Guy é retratado como alguém que se adaptou ao meio e desenvolveu novos recursos para a própria sobrevivência, contrastando com os integrantes da família Crood, o que nos remete à teoria da evolução de Charles Darwin.

Como é comum nas animações destinadas a todos os públicos, especialmente infantil e jovem, há uma lição de vida embasada nos princípios da família, do bem e do amor. Entretanto, o diferencial de *Os Croods* é o estopim da ação do filme: a insatisfação de uma adolescente (Eep) a impulsiona para a mudança.

Eep representa a busca pela identidade. Em geral, é próprio da juventude a intenção de romper com padrões e a busca pela diferenciação do grupo familiar. Na atualidade, vemos muitos jovens buscando alternativas para construir uma sociedade que acreditam ser mais justa.

Em março de 2018, por exemplo, estudantes de mais de 3 mil escolas nos Estados Unidos saíram da sala de aula e fizeram 17 minutos de silêncio para homenagear 17 pessoas que foram mortas no mês anterior no estado da Flórida. Em protesto contra a violência com armas de fogo, os jovens exigiram a aprovação de leis que restrinjam a comercialização delas no país.

O filme proporciona uma reflexão sobre o poder transformador da juventude, mostrando que, como a jovem Eep, podemos desejar e construir mudanças em nosso cotidiano e também em nossa comunidade.

↑ Estudantes ocupam escola no bairro de Pinheiros, em São Paulo, contra a reforma da educação e o fechamento de escolas no estado. Novembro de 2015.

↑ Manifestação estudantil em Washington, capital federal dos Estados Unidos, a favor de maior controle do uso de armas de fogo no país. Março de 2018.

Refletindo sobre o filme

1. Após assistir à animação, apresente os elementos daquilo que conhecemos como Pré-História representados no filme.

2. Do ponto de vista da caracterização dos personagens animados, que diferenças podem ser notadas entre a família Crood e o jovem Guy?

3. Você percebe alguma transformação na forma de viver e de ver o mundo da família Crood após a chegada de Guy? Qual foi o impacto da chegada desse personagem à vida rústica da família? Explique.

PANORAMA

FAÇA AS ATIVIDADES A SEGUIR E REVEJA O QUE VOCÊ APRENDEU.

1. Imagine que Charles Darwin quisesse contar o surgimento da vida como se estivesse narrando uma história literária. De que forma ele poderia escrevê-la? Crie um texto literário, parecido com os contos criacionistas, mas de acordo com as propostas elaboradas por Darwin.

2. A pintura rupestre era uma forma de o ser humano registrar seus hábitos e o mundo que o cercava, desenvolvendo assim o registro da comunicação. Observe a imagem a seguir.

↑ Pintura rupestre no Sítio Arqueológico Xiquexique, em Carnaúba dos Dantas (RN), 2014.

a) A arte rupestre pode ser considerada uma fonte histórica? Justifique.
b) Descreva o que está representado na parede. Observe os detalhes e diga quem está na imagem e o que está fazendo.
c) Qual é a importância histórica desse tipo de vestígio?
d) Levante hipóteses sobre os motivos que teriam levado os seres humanos pré-históricos a pintar as paredes dessa forma.

3. Como a Terra já passou por situações de aquecimento e de glaciação, há hipóteses de que esse aquecimento é um fenômeno natural, mas que é agravado pelas ações humanas. O que você sabe sobre esse assunto? Levante hipóteses sobre que ações impediriam ou retardariam esse processo.

4. Ao longo de sua evolução, o ser humano passou por diversas fases de migração, ou seja, deslocou-se para encontrar melhores condições de vida. Explique qual foi o provável fator que levou os seres humanos pré-históricos a se deslocar pela África.

5. Pesquisas recentes detectaram quantidades variáveis de genes neandertais em populações atuais de várias partes do mundo. Tente explicar essa descoberta com base no que você estudou sobre as rotas de migração humana da Pré-História.

6. Analise as imagens a seguir para responder às questões.

Machado de mão do Período Paleolítico feito de sílex e descoberto em Kent, na Inglaterra.

Machado de mão feito de pedra polida durante o Período Neolítico.

a) O Período Paleolítico ficou conhecido como Idade da Pedra Lascada. Por que esse período, compreendido entre o surgimento dos seres humanos e a descoberta da agricultura, recebeu esse nome?

b) O Período Neolítico ficou conhecido como Idade da Pedra Polida. Por que esse período, compreendido entre a descoberta da agricultura e a descoberta da escrita, recebeu esse nome?

7. Escreva o que você sabe sobre a origem do ser humano e das primeiras sociedades humanas, bem como da sua relação com o continente africano.

8. Quanto ao povoamento do continente americano, faça o que se pede.

a) Explique a teoria sobre a povoação do continente americano através do Estreito de Bering.

b) Há teorias e pesquisas que se fundamentam em outras hipóteses para a ocupação do continente americano. Com base nessa afirmação, faça uma reflexão sobre elas e anote suas conclusões no caderno.

9. Lucy foi o nome dado a um dos fósseis humanoides mais antigos do planeta, encontrado na África. Segundo os arqueólogos, Lucy viveu há mais de 3 milhões de anos. Luzia foi o nome dado ao mais antigo fóssil humano encontrado no Brasil, descoberto no município de Lagoa Santa, Minas Gerais, em 1975. Segundo os arqueólogos, Luzia viveu nessa região há cerca de 11 mil anos.

Com base nessas informações, o que se pode concluir sobre o povoamento do planeta?

10. A cultura brasileira é resultado do encontro de diversas culturas, inclusive do povo banto. Para observar alguns desses aspectos culturais, faça o que se pede a seguir.

a) Pesquise ao menos cinco palavras do português brasileiro cuja origem é a língua banto-africana e escreva o significado de cada uma delas.

b) Identifique uma contribuição da cultura banta para a música, religião, dança e culinária brasileira.

DICAS

LEIA

Arte: Pré-História – 300 d.C., de Dorling Kindersley (Publifolha).
O livro possibilita entrar em contato com os registros artísticos desde os dos primeiros seres humanos até os criados nas civilizações mais complexas da Antiguidade.

ASSISTA

O homem das cavernas. Reino Unido/França, 2018. Direção: Nick Park, 89 min.
Mesmo sem ter compromisso com a realidade, a animação mostra como diferentes povos viveram na mesma época, mas em estágios de desenvolvimento distintos.

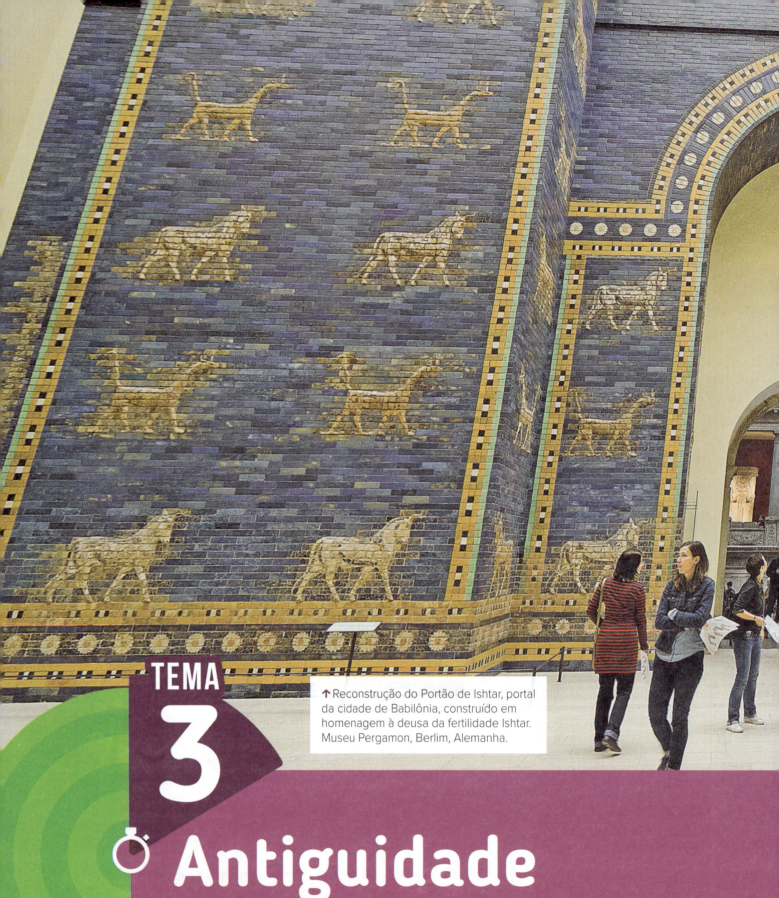

↑ Reconstrução do Portão de Ishtar, portal da cidade de Babilônia, construído em homenagem à deusa da fertilidade Ishtar. Museu Pergamon, Berlim, Alemanha.

TEMA 3

Antiguidade no Oriente

NESTE TEMA
VOCÊ VAI ESTUDAR:

- a formação das primeiras cidades;
- os povos mesopotâmicos;
- os povos hebreus;
- os povos fenícios, medos e persas.

O Portão de Ishtar original foi construído no século VI a.C. Ele foi reconstruído no início do século XX, no Museu Pergamon, em Berlim, com material encontrado nas escavações arqueológicas.

Estudar as primeiras sociedades organizadas nos ajuda a entender algumas características das sociedades dos dias atuais. Vamos aprender como surgiram essas culturas?

CAPÍTULO 1
Revolução urbana

Neste capítulo, você vai estudar como as mudanças proporcionadas pela agricultura e pela domesticação de animais levaram à formação de núcleos urbanos, outra transformação importante na vida dos seres humanos.

As trocas comerciais

Com a sedentarização, a vida nas aldeias neolíticas se tornou cada vez mais organizada e complexa. A agricultura e a domesticação de animais gradativamente possibilitaram que os seres humanos se estabelecessem por mais tempo em um lugar, e, ao longo dos anos, o desenvolvimento de novas tecnologias, como canais de irrigação, adubagem e arado, proporcionaram o incremento da produção agrícola. A maior disponibilidade de alimentos, por sua vez, viabilizou o aumento populacional e o crescimento dos grupos. O excedente passou a ser trocado entre membros de diferentes aldeias, que começaram, então, a desenvolver e a estabelecer vínculos sociais mais próximos.

Assim, ocorreu mais uma mudança: surgiu o comércio. Produtos alimentícios cultivados em diferentes aldeias eram permutados em locais determinados. Outros itens, como potes de cerâmica e tecidos, também eram negociados de acordo com a necessidade.

Com o passar do tempo, as trocas deixaram de ser feitas diretamente pelos produtores e surgiu um novo personagem, o comerciante, que passou a ser intermediário dessas trocas. A nova realidade propiciou o surgimento das primeiras cidades, que, diferentemente das aldeias agrícolas, eram centros de comércio. Algumas cidades surgiram da união de aldeias, outras se formaram nos locais onde eram realizadas as trocas.

Não se sabe qual foi a primeira cidade a surgir. Pode-se dizer, porém, que a maioria das cidades mais antigas de que se tem notícia foi formada próximo a grandes rios, na região que vai do norte da África ao Extremo Oriente.

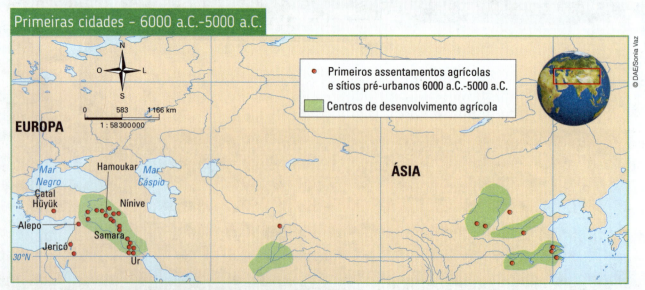

Primeiras cidades – 6000 a.C.-5000 a.C.

Fonte: Jeremy Black. *World history atlas*. Londres: Dorling Kindersley, 2008. p. 18-19.

Os primeiros núcleos urbanos

Uma das cidades mais antigas descobertas pelos arqueólogos é Çatal Hüyük, na atual Turquia, fundada em, aproximadamente, 6700 a.C.

Çatal Hüyük era um dos maiores e mais sofisticados núcleos urbanos neolíticos já encontrados. As construções que a formavam mostram um padrão geométrico definido, com casas em formato triangular e distribuídas de forma mais ou menos uniforme. Também foram encontradas no local muitas produções artísticas e religiosas que revelam informações sobre rituais funerários, crenças, estilo de vida e organização social.

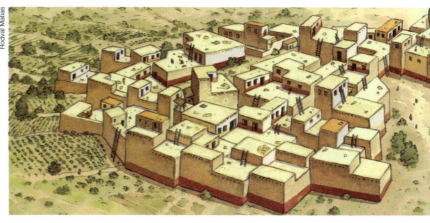

↑ Representação da cidade de Çatal Hüyük feita com base em descobertas arqueológicas.

As ruínas de Hamoukar, descobertas em 1999 na fronteira da Síria com o Iraque, datam de aproximadamente 6500 a.C., o que a torna uma das cidades mais antigas do mundo – anterior, inclusive, ao desenvolvimento da escrita.

Hamoukar foi construída em uma importante rota comercial entre Nínive e Alepo. Sua localização e as ferramentas encontradas no local apontam para a importância da manufatura e do comércio na cidade. Os vestígios evidenciam que possivelmente Hamoukar foi destruída por volta de 3500 a.C. em uma guerra contra a cidade de Uruk.

Na atualidade, temos a compreensão de que todos os núcleos e agrupamentos humanos, dos pequenos grupos nômades às maiores cidades, transformaram o meio ambiente dos arredores, não só pela quantidade de pessoas mas também por diversos tipos de intervenção na natureza, como caça de pequenos animais, coleta de vegetais, pesca, remanejamento de pedras, abertura de buracos para construir moradias, áreas para pastagens de animais, represamentos e desvios de rios para irrigar plantações.

↑ Selo retangular feito de pedra preta com desenho de duas patas de urso. Produzido por volta de 3500 a.C., provavelmente utilizado para fechar recipientes. Artefato encontrado no sítio arqueológico de Hamoukar.

Não era preocupação desses grupos populacionais a preservação do ambiente. Durante esse período histórico, as modificações sem planejamento a longo prazo faziam parte do modo como compreendiam a vida e suas relações com o entorno, e foram feitas com a intenção de se organizar e estruturar, originalmente como pequenos grupos para subsistência e, posteriormente, como grupos sociais.

→ Representação artística de uma cidade com prática de trocas comerciais. Quanto maior é o núcleo urbano, mais atividades são realizadas, impactando a natureza ao redor.

As instituições

Os primeiros núcleos urbanos surgiram no Oriente Próximo como decorrência do aumento da população humana e de sua organização em grupos. Com essa forma de organização social, que levou muitos anos para se desenvolver, o comércio expandiu e foram sendo criadas as primeiras instituições, essenciais para o posterior desenvolvimento das cidades. Com a formação das cidades, foram surgindo líderes para organizar as novas comunidades e tomar decisões em nome da população, ou seja, governantes deste local. Para governar é preciso um conjunto de indivíduos que comandem as instituições sociais e administrem o território. Assim surgiu o Estado.

> O Estado é composto de diversas instituições políticas, encabeçado por um chefe político que comanda e organiza a vida em sociedade. Tem importantes funções, como o estabelecimento de leis, a manutenção da infraestrutura e o monopólio da força para a proteção do território e do povo.

A organização e a administração do Estado foram distribuídas entre diferentes instituições. O exército ficou responsável pela defesa e proteção da cidade, além da repressão àqueles que se desviavam das regras por meio do uso da força. A religião, por sua vez, buscava unir as pessoas e dar-lhes explicações sobre os fenômenos da natureza. Além disso, justificava o poder dos governantes, considerados os agentes dos deuses entre a humanidade. Os **sacerdotes** tiveram um papel de destaque nas primeiras comunidades, e com frequência um deles era o próprio governante. Outra função muito importante da maior parte das religiões era criar códigos morais para reger a vida de seus seguidores.

GLOSSÁRIO

Burocracia: estrutura utilizada nos órgãos públicos, em que há hierarquia e divisão nas tarefas administrativas do Estado.
Sacerdote: pessoa que faz parte das organizações religiosas.

← A primeira evidência histórica de um exército organizado remonta à antiga cidade da Babilônia, há mais de 6 mil anos.

O desenvolvimento do Estado ocasionou várias transformações na vida cotidiana que visavam, inicialmente, aperfeiçoar o controle do estoque de alimentos e facilitar as trocas comerciais. Passou-se a incentivar a criação de sistemas de contagem, medida e escrita, importantes para a realização das trocas comerciais.

Outra consequência da formação do Estado e de suas instituições foi a **burocracia**.

O aparecimento das cidades e sociedades não foi uma consequência natural do desenvolvimento das aldeias agrícolas, já que muitas delas nunca se tornaram cidades.

Tudo isso demorou muito tempo para surgir e se consolidar. Dependeu da ação e da criatividade humana para se adaptar às novas necessidades.

ATIVIDADES

SISTEMATIZAR

1. Quais foram os principais avanços nas técnicas agrícolas que contribuíram para melhorar sua produtividade, ou seja, produzir mais alimentos em menos espaço?

2. O aumento da produtividade agrícola possibilitou a produção de alimentos além da necessidade cotidiana. Que tipo de atividade humana surgiu graças à produção excedente?

3. Cite os principais motivos que levaram ao surgimento das primeiras cidades.

4. Por que descobertas como as realizadas no sítio arqueológico da cidade turca de Çatal Hüyük são importantes?

5. Qual era a principal atividade econômica da cidade de Hamoukar?

6. Foi preciso muito tempo para o desenvolvimento dos Estados. Cite as primeiras instituições que se formaram.

7. Explique quais eram as funções exercidas pelas instituições que, posteriormente, foram usadas para a manutenção do Estado.

8. Explique o que impulsionou a organização das sociedades humanas.

REFLETIR

1. Com base nos impactos ambientais causados pelos primeiros núcleos urbanos, reflita sobre a relação estabelecida entre o local em que você vive e a natureza.
   a) Existe algum tipo de ameaça ao meio ambiente no lugar onde você mora (rio contaminado, lago poluído, baixa qualidade do ar, acúmulo de lixo etc.)?
   b) O que pode ser feito para melhorar a situação desse local?

2. Com o passar do tempo, a produção de ferramentas elaboradas com ossos e presas de animais se tornou comum em alguns agrupamentos humanos. Escreva um texto relacionando o processo de caça, a produção de ferramentas e a comercialização desses instrumentos.

3. O crescimento das comunidades humanas e o excedente das produções contribuíram para o surgimento do comércio. Qual é a importância do comércio local para sua comunidade?

DESAFIO

1. O desenvolvimento de novas tecnologias, como canais de irrigação, adubagem e arado, foi fundamental para a expansão da produção agrícola e, com ela, a transformação no modo de vida de muitas sociedades. Pesquise dois outros inventos que, ao longo da história, geraram modificações no modo de vida das sociedades. Anote as informações e depois apresente em sala de aula. Finalizadas as apresentações, realizem um debate sobre como o desenvolvimento de novas tecnologias impacta as sociedades do passado e atuais.

2. No contexto da formação dos primeiros núcleos urbanos, levante hipóteses sobre qual foi a principal finalidade para a invenção do sistema de escrita.

CAPÍTULO 2
Povos mesopotâmicos

> No capítulo anterior, você estudou a origem dos núcleos urbanos. Neste capítulo, você vai estudar o povoamento e a organização social na região conhecida como Mesopotâmia.

O Crescente Fértil

Há mais de 7 mil anos várias cidades desenvolveram-se na área que ficou conhecida como Crescente Fértil. Uma região desértica que se tornou apta para o desenvolvimento da agricultura após grupos humanos modificarem o meio ambiente com obras **hidráulicas** para aproveitar a água dos rios, como diques, canais de irrigação, muros de contenção etc.

A região da Mesopotâmia fazia parte do Crescente Fértil, e lá surgiram diversas cidades e formas de organização social que influenciaram toda a cultura ocidental. O termo **Mesopotâmia** significa "entre rios", e foi entre os rios Tigre e Eufrates que essas cidades se consolidaram. Atualmente, a região é parte do Iraque, Kuwait, Síria e Turquia.

> **GLOSSÁRIO**
>
> **Hidráulico:** no caso, estudo relacionado à água e aplicação das tecnologias no escoamento dos líquidos.

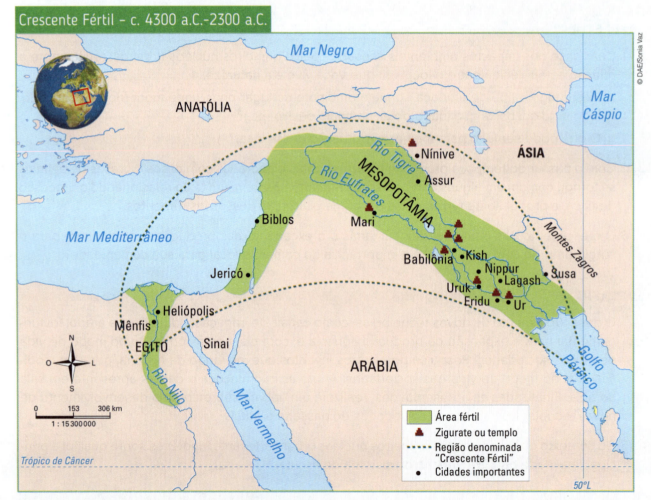

Fonte: Jeremy Black. *World history atlas*. Londres: Dorling Kindersley, 2008. p. 220.

Povos diversos da região relacionaram-se uns com os outros e se miscigenaram, deixando contribuições culturais valiosas. Eles eram politeístas, o que levou à construção de diversos templos com a finalidade de homenagear os deuses; acreditavam na possibilidade de prever o futuro pela análise dos astros e assim desenvolveram a Astrologia; codificaram leis e difundiram noções de justiça e ética; desenvolveram o trabalho com metais, o que possibilitou o surgimento de novos instrumentos e joias; e aperfeiçoaram a forma de administrar as cidades e aumentar o poder **bélico** dos exércitos.

Sumérios

Os povos sumérios habitaram o sul da Mesopotâmia por volta de 3000 a.C. Estima-se que não tenham sido os primeiros povos a habitar a região, pois as técnicas agrícolas e as manufaturas descobertas pelos pesquisadores não demonstram ter a mesma origem. Mas foram as cidades sumérias que exerceram maior influência política e econômica no local, e diversas delas chegaram a se tornar **cidades-Estado**. As principais cidades-Estado sumerianas foram Kish, Uruk, Lagash, Umma, Nippur, Shuruppak e Ur.

Os sumérios são considerados um dos primeiros povos a desenvolver registros escritos. Os registros da linguagem suméria eram feitos por meio de sulcos na argila ou madeira, com traços em baixo-relevo e caracteres **cuneiformes**.

↑ Tábua suméria com escrita cuneiforme, c. 2350 a.C.

A economia suméria baseava-se na agricultura de irrigação. Plantava-se grande variedade de legumes, raízes e árvores frutíferas, além de grãos como cevada, linho, trigo e gergelim, semente da qual se extraía o azeite utilizado nas lamparinas para iluminar os ambientes. Esses povos criavam carneiros, burros, bois, gansos e patos. Os governantes praticamente tinham a exclusividade das trocas comerciais, e os principais mercadores eram funcionários dos templos e do palácio.

GLOSSÁRIO

Bélico: que está relacionado à guerra ou preparado para ela.
Cidade-Estado: sociedade politicamente organizada e geograficamente delimitada, autônoma e com a autoridade exercida por pessoas da localidade.
Cuneiforme: marca ou traçado feito com objetos em forma de cunha.

A sociedade sumeriana

As cidades-Estado sumerianas eram centros urbanos com áreas rurais e pastoris, além de uma rede complexa de irrigação. Elas eram muradas e o principal edifício, o zigurate, era um templo dedicado ao deus protetor da cidade. Os sumérios acreditavam que os deuses eram donos das cidades, motivo pelo qual grande parte da riqueza produzida era revertida para os sacerdotes. Esses povos também acreditavam que os deuses governavam as cidades por meio de um representante, um agente escolhido pelo deus da cidade, um rei.

De acordo com os estudiosos, a sociedade suméria era formada por três grupos sociais: a elite (que incluía os governantes, sua família e os sacerdotes), os trabalhadores (subdivididos entre os dependentes – aqueles que trabalhavam no palácio e nos templos – e os livres – agricultores, mercadores, pescadores, escribas e artesãos) e os escravos (que pertenciam aos oficiais dos palácios e dos templos ou aos grandes proprietários de terras).

Conflitos territoriais

Com o passar dos séculos, as cidades-Estado sumerianas cresceram, expandiram-se e entraram em conflito pelo controle do território e da água. As constantes guerras deixaram os povos sumerianos vulneráveis a invasões.

Ao norte das cidades-Estado sumerianas havia outros povos que também eram organizados em cidades-Estado, os acadianos – algumas vezes chamados de semitas, que era o nome da língua que falavam.

Em 2340 a.C., Sargão, líder da cidade-Estado de Acádia, aproveitou a vulnerabilidade dos sumerianos e dominou as cidades, estabelecendo um **império dinástico**. Para controlar todo o território, ele utilizou os ex-reis sumérios como governantes locais. O império acadiano dominou a região por mais de 150 anos, até que foi vencido pelos gútios, originários dos Montes Zagros, localizados no atual Irã.

O fim do império acadiano trouxe de volta a liberdade das cidades-Estado na Mesopotâmia.

A reunificação das cidades aconteceu muitos anos mais tarde, quando o príncipe Ur-Nammu estabeleceu uma nova dinastia, cuja capital era sua cidade natal, Ur, região do atual Iraque. Durante essa dinastia, que durou de 2112 a.C. a 2000 a.C., houve novo período de florescimento da sociedade suméria, com a construção de novos templos e canais.

Por volta de 2000 a.C., porém, povos invasores da região do atual Irã, chamados elamitas, destruíram a cidade de Ur e extinguiram a dinastia. Simultaneamente, os amoritas, povos seminômades que também falavam a língua semita, migraram para a região e travaram batalhas com os governantes locais. Os amoritas fixaram-se lá e, por mais de 200 anos, influenciaram os povos mesopotâmicos.

> **GLOSSÁRIO**
>
> **Império dinástico:** forma de governo em que o soberano detém o título de imperador, com transmissão da soberania de um membro a outro da mesma família.

↑ Estandarte de Ur, c. 2600 a.C.-2400 a.C., encontrado no maior túmulo real do cemitério de Ur. Feito de madeira, conchas, lápis-lazúli, calcário vermelho e ouro, é composto de quatro painéis que retratam cenas do cotidiano em períodos de guerra e de paz.

❗ CURIOSO É...

Escola sumeriana

O ensino não era obrigatório nem aberto a todos os sumerianos. Os estabelecimentos eram privados.

Durante a III Dinastia de Ur (2112 a.C.-2004 a.C.) havia nas escolas três especialistas: o professor de Sumério, o professor de Desenho e o encarregado do chicote. A disciplina era rígida. Se o aluno não se comportasse conforme o que era determinado, era punido com chicotadas. Os estudantes eram obrigados a decorar diversos sinais da escrita. Após aprender a ler, tinham acesso aos livros (pequenas tábuas de argila), nos quais estudavam Matemática, Literatura, Botânica etc.

O Império Babilônico

Ao se estabelecerem na região da Mesopotâmia, os amoritas fundaram a cidade de Babilônia, que, em pouco tempo, tornou-se um importante centro comercial e, posteriormente, a capital de um novo império.

Primeiro Império Babilônico

1792 a.C.

A cidade de Babilônia, que posteriormente tornou-se capital do Império Babilônico, foi fundada pelos amoritas. Alcançou o primeiro auge durante o governo do rei Hamurábi, que se tornou a maior autoridade mesopotâmica em 1792 a.C. Em seu reinado foram erguidos templos, canais de irrigação e muralhas na capital. As trocas mercantis também se intensificaram nesse período.
Em cerca de 1772 a.C., Hamurábi criou um rígido sistema jurídico que regia quase todos os aspectos da vida dos babilônicos. Em uma de suas passagens, o princípio "Olho por olho, dente por dente", expressão empregada para descrever o código de forma sucinta.

Escultura representando a cabeça do rei Hamurábi, c. 1792 a.C.

Detalhe do monumento de pedra com o Código de Hamurábi, c. 1750 a.C.

Dominação assíria

1300-700 a.C.

O povo assírio destacava-se pelos guerreiros combatentes. Em aproximadamente 1300 a.C., os assírios começaram a expandir seu território. Saíram do norte da Mesopotâmia – atual Iraque – e, após séculos de guerra, por volta de 700 a.C., dominaram quase toda a região.
Além das batalhas por território, os assírios lidavam com as frequentes revoltas e tentativas de invasão nas terras já tomadas.
Quando conquistaram a Babilônia, os assírios fizeram de Nínive, cidade que ficava na margem oriental do Rio Tigre, sua capital. Em cerca de 625 a.C., os babilônicos de origem acadiana retomaram o território e exterminaram os assírios.

Rei assírio (centro, com arco) e súditos caçam um leão. Relevo esculpido em parede, originalmente no Palácio Norte, em Nínive.

Segundo Império Babilônico

625 a.C.

Iniciou-se com a retomada do território em 625 a.C. O auge desse império ocorreu sob o governo de Nabucodonosor II, que ordenou a reconstrução da cidade e de seus principais monumentos: o Portão de Ishtar e o Zigurate de Etemenanki, templo dedicado ao deus Marduque, protetor da Babilônia.
Os famosos Jardins Suspensos da Babilônia também podem ter sido erigidos nesse período histórico. Muitos são os relatos sobre essa construção, mas poucos são os vestígios arqueológicos que confirmam sua existência.
Esse grande império terminou em 539 a.C., quando foi dominado pelos persas, comandados por Ciro II.

539 a.C.

Detalhe do portão de Ishtar, reconstruído com tijolos originais, no Museu Pergamon, em Berlim, Alemanha.

Conhecido como Cilindro de Ciro, esse artefato, de 539 a.C., relata a entrada de Ciro II como novo governante da Babilônia.

DIÁLOGO

Os telhados verdes: jardins suspensos da atualidade

Atualmente, o termo "selva de pedra" é usado para denominar centros urbanos com grande quantidade de casas, prédios, ruas e rodovias e poucas áreas verdes.

Desde que o ser humano dominou a técnica de edificação de estruturas de abrigo, as construções passaram a substituir o que havia antes: a natureza.

Inspirando-se em descrições de como teriam sido os Jardins Suspensos da Babilônia, algumas sociedades preocuparam-se em elaborar uma forma de coexistência entre as atividades das cidades e o "verde".

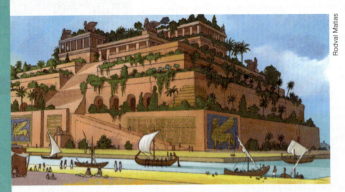

↑ Representação de uma das possibilidades de como teriam sido os Jardins Suspensos da Babilônia. Eles são uma das construções grandiosas da Antiguidade que mais despertam curiosidade, pois não se sabe como realmente eram.

Os Jardins Suspensos eram uma construção grandiosa que ficava próxima ao Rio Eufrates, o que facilitou a construção de um amplo sistema de irrigação, projetado para que as árvores se mantivessem verdejantes. Os pesquisadores estimam que ela tinha seis terraços arborizados de 25 metros a 100 metros quadrados cada e uma escadaria que dava acesso a eles. Os terraços foram construídos sobre montes de terra artificiais apoiados em colunas, onde havia vários tipos de árvores e flores conhecidas da época. A manutenção do sistema era feita por escravos, que preservavam sua beleza levando a água do solo para os andares superiores.

A ideia de instalar jardins no alto de construções voltou a ser utilizada em algumas cidades no século XX com os "telhados verdes".

A proposta dos telhados verdes é benéfica para a cidade, pois eles são capazes de reduzir a poluição local, amenizar as altas temperaturas dos centros urbanos e reter mais água das chuvas. Dessa forma, especialmente se instalados em muitas construções em uma mesma cidade, eles podem diminuir o escoamento de água e as enchentes, além de amenizar o efeito das ilhas de calor, que ocorrem quando há pouca absorção de calor em uma região por causa do excesso de concreto, asfalto e alvenaria.

← Vista aérea do prédio-sede da prefeitura de São Paulo (SP), 2014.

1. Qual era o principal aspecto facilitador do funcionamento e da manutenção dos frondosos Jardins Suspensos da Babilônia?

2. Que fatores levaram à retomada da construção de jardins no topo das construções no século XX?

3. Quais são as principais vantagens dos telhados verdes?

O cotidiano na Mesopotâmia

Apesar de várias cidades já existirem em algumas regiões, foi na Mesopotâmia que a vida urbana começou a se consolidar. A ocupação dos territórios e a interligação dos povos que viviam neles ocorriam, em grande parte, em função das cidades. Por causa de sua importância e para se proteger de ataques, as cidades eram cercadas por muralhas.

Apesar da sucessão de diferentes povos na Mesopotâmia, os centros urbanos se mantiveram como locais bastante dinâmicos, com uma cultura rica. Era possível mudar de categoria social, ainda que isso fosse bem difícil.

A grande concentração de habitantes nas cidades estimulou a variedade de atividades, pois, quanto mais pessoas existem em um lugar, maiores serão suas necessidades. Surgiram profissionais ligados à produção de alimentos, roupas e objetos do dia a dia, ao comércio, às artes e às construções de moradias, templos e obras públicas.

↑ As muralhas da antiga cidade da Babilônia mostram como era importante defender as cidades de ataques de povos invasores. Babil, Iraque.

Os zigurates estavam entre as construções de maior importância das cidades mesopotâmicas. Locais de culto aos deuses, eles também empregavam boa parte da mão de obra e serviam como hospitais. Os sacerdotes desses templos eram, também, responsáveis pelo controle de vários aspectos do cotidiano, sobretudo da economia, por meio da cobrança de impostos.

AQUI TEM MAIS

Nabucodonosor II: rei poderoso

O rei Nabucodonosor II foi um dos governantes mais conhecidos dos povos mesopotâmicos. Além da construção de obras monumentais ocorridas em seu governo, como os Jardins Suspensos, a reconstrução do Portão de Ishtar e do zigurate de Etemenanki, chamado pelos hebreus de Torre de Babel, Nabucodonosor II conquistou vastos territórios e manteve, com boa parte deles, relações pacíficas.

Em 587 a.C., Nabucodonosor II ordenou ao exército babilônico a invasão da cidade hebraica de Jerusalém e a destruição do Templo de Salomão, o local mais sagrado da cidade.

Para os babilônios, essa conquista representou o triunfo do Império Babilônico. Para os hebreus, a tomada de Jerusalém foi um ato sobre o qual até hoje se recordam e do qual se lamentam.

Nabucodonosor II foi tão importante que serviu como fonte de inspiração para a criação de lendas e mitos. Os reis mesopotâmicos não eram adorados como uma divindade, eram o representante da divindade na Terra.

↑ Cidade da Babilônia em aquarela produzida em 1790. Nela, podemos ver os muros da cidade e uma representação imaginária da Torre de Babel.

← Francesco Hayez. *Destruição do Templo de Jerusalém*, 1867. 183 cm × 82 cm.

ATIVIDADES

SISTEMATIZAR

1. Localize geograficamente a região da Mesopotâmia e explique o significado desse nome.

2. Explique a importância dos rios na área conhecida como Crescente Fértil e de que forma as obras hidráulicas facilitaram a vida dos mesopotâmicos.

3. Compare a fotografia ao lado, que foi tirada por satélite da região conhecida como Crescente Fértil, com o mapa da página 64 e faça o que se pede.

    a) Localize os países que na atualidade fazem parte da região do antigo Crescente Fértil.

    b) Considerando que essa região é também conhecida como berço da civilização, explique quais são os vestígios deixados pelos povos que a habitavam na Antiguidade.

4. Explique a importância das cidades para os povos mesopotâmicos.

5. Qual é a importância da escrita cuneiforme suméria para a humanidade?

↑ Vista de satélite da região do Oriente Médio.

6. Por que podemos dizer que Nabucodonosor II é conhecido por ser um rei, um personagem ou um deus? Justifique.

REFLETIR

1. Leia o texto a seguir e faça o que se pede.

> 6. Se alguém roubar a propriedade de um templo ou da corte, deverá ser condenado à morte; e aquele que dele receber o item roubado deverá ser condenado à morte. [...]
>
> 8. Se roubar gado ou carneiros, ou um asno, ou um porco ou um bode, se pertencentes a um deus ou à corte, o ladrão deverá pagá-los trinta vezes o que valem; se pertencerem a um liberto do rei, deverá pagar o décuplo; se o ladrão não tiver com o que pagar, deverá ser condenado à morte. [...]
>
> 129. Se a mulher de um homem for surpreendida com outro homem, ambos deverão ser amarrados e atirados n'água, porém o marido poderá perdoar sua esposa; e o rei, a seus escravos. [...]
>
> 148. Se um homem tomar uma esposa e ela for atacada por uma doença; se desejar, então, tomar uma segunda esposa, ele não deverá expulsar sua esposa, que foi atacada por uma doença, mas mantê-la na casa que construiu e sustentá-la pelo resto da vida. [...]
>
> 195. Se um filho bater em seu pai, suas mãos serão cortadas.
>
> 196. Se um homem arrancar o olho de outro homem, seu olho deverá ser arrancado. [...]
>
> 218. Se um médico fizer uma grande incisão com bisturi em um homem livre e o matar, suas mãos deverão ser cortadas.
>
> 219. Se um médico fizer uma grande incisão no escravo de um liberto e o matar, deve substituir o escravo por outro escravo.
>
> *O Código de Hammurabi – Escrito em cerca de 1780 a.C.* São Paulo: Madras, 2005. p. 42, 54, 56 e 63-65.

a) O que é o Código de Hamurábi e qual é sua função?
b) Explique a expressão "olho por olho, dente por dente".
c) A mulher tinha algum tipo de proteção segundo o Código de Hamurábi?
d) De acordo com o código, podemos dizer que ser médico era uma profissão de risco? Justifique.
e) Quais interpretações podem ser feitas sobre a sociedade babilônica com base nesse código?

2. Os contos míticos sobre a Torre de Babel fazem parte do imaginário popular. Um dos mais difundidos diz que a origem dos muitos idiomas do mundo ocorreu durante a construção da suposta torre. Isso aconteceu porque o deus dos hebreus teria ficado enfurecido com a audácia dos babilônicos em construir uma torre tão monumental para deuses **pagãos**. Observe a imagem abaixo e, em seguida, explique qual é, para você, a verdadeira questão que o mito da Torre de Babel tenta responder.

Pieter Brueghel, o Velho. *A Torre de Babel*, c. 1563-1565. Óleo sobre tela, 59,9 cm × 74,6 cm.

GLOSSÁRIO

Pagão: aquele que não foi batizado pela Igreja Católica, que professa outra religião.

3. Leia o texto sobre Nabucodonosor e na sequência responda às questões.

Nabucodonosor dispôs-se a construir uma cidade compatível com o *status* da Babilônia como nova potência internacional, como vencedora da Assíria e do Egito, então a única metrópole no mundo, mas também uma cidade com antiga e venerável tradição cultural, que contava com a ciência mais avançada e as artes mais refinadas. Não perdeu nenhuma oportunidade de exibir sua riqueza, com o uso conspícuo de materiais preciosos, mas isso também foi feito até certo ponto para enfatizar a superioridade mais cultural do que marcial da Babilônia, como herdeira da mais antiga civilização do mundo.

Gwendolyn Leick. *Mesopotâmia*: a invenção da cidade. Rio de Janeiro: Imago, 2003. p. 287.

a) Como Nabucodonosor é apresentado nesse trecho?
b) De que forma é possível relacionar essa imagem de Nabucodonosor com as tradições oral e escrita dos mesopotâmicos?

DESAFIO

1. No século I, os gregos criaram uma lista com sete grandes construções que consideravam extraordinárias. Essas construções são conhecidas atualmente como as Sete Maravilhas do Mundo Antigo. Faça uma pesquisa para identificá-las e descobrir quando foram edificadas, sua localização e quais ainda existem.

CAPÍTULO 3 — Povos hebreus

No capítulo anterior, você estudou algumas sociedades que se desenvolveram na região conhecida como Mesopotâmia, localizada no Crescente Fértil. Neste capítulo, você vai estudar os povos que surgiram no leste do Mar Mediterrâneo e fundaram as bases do monoteísmo: os hebreus.

Originalmente, os povos hebreus viviam na Mesopotâmia e tinham em comum a cultura e a língua semita. Eles organizavam-se em grupos familiares com laços ancestrais comuns. No II milênio a.C., migraram para Canaã e se dedicaram ao pastoreio e à agricultura.

● Século XVIII a.C.–XI a.C.

No século XVIII a.C. houve um grande período de estiagem e o ataque de povos hicsos à região. Esses fatores levaram os hebreus a migrar para o Egito, fato conhecido como êxodo, onde foram escravizados até metade do século XIII a.C. Segundo a tradição, um líder hebreu chamado Moisés os libertou e os levou de volta a Canaã.

Entre 1200 e 1000 a.C., os povos hebreus se organizaram em 12 tribos, constituindo o reino conhecido como Israel. Os líderes passaram a ser aclamados como heróis e profetas enviados por Deus para proteger o povo. Ao derrotar os amonitas, Saul, um desses líderes, tornou-se o primeiro rei dos israelitas, em 1028 a.C.

● 586 a.C.–539 a.C.

Após a destruição de Jerusalém, muitos judeus foram enviados como escravos para a Babilônia e permaneceram cativos até a conquista da Pérsia, em 539 a.C. Durante os 200 anos de dominação persa, os judeus puderam retornar a Jerusalém e obtiveram liberdade para praticar sua religião.

● 70 d.C.

Nos séculos seguintes, a região foi conquistada pelos macedônios e, em 63 a.C., tornou-se uma província do Império Romano. Os romanos não admitiam a religião monoteísta dos judeus, o que causou uma série de conflitos violentos.

Em 70 d.C., o general romano Tito ordenou uma repressão intensa, que causou a emigração em massa dos judeus. Eles se espalharam pela Ásia, pela Europa e pelo Norte da África. Essa dispersão ficou conhecida como Diáspora.

● 1948

Após mais de 1 milênio espalhados no mundo, os descendentes dos reinos de Judá e Israel puderam retornar para sua terra de origem. Com o fim da Segunda Guerra Mundial, em 1948, foi fundado o Estado de Israel.

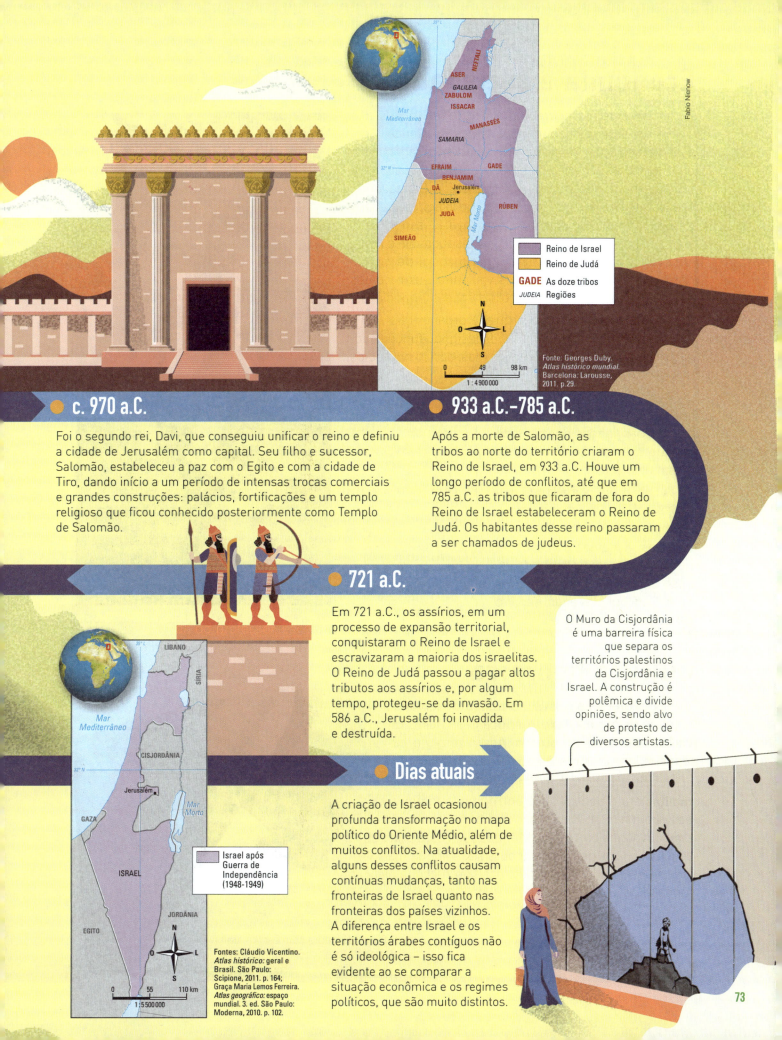

c. 970 a.C.

Foi o segundo rei, Davi, que conseguiu unificar o reino e definiu a cidade de Jerusalém como capital. Seu filho e sucessor, Salomão, estabeleceu a paz com o Egito e com a cidade de Tiro, dando início a um período de intensas trocas comerciais e grandes construções: palácios, fortificações e um templo religioso que ficou conhecido posteriormente como Templo de Salomão.

933 a.C.–785 a.C.

Após a morte de Salomão, as tribos ao norte do território criaram o Reino de Israel, em 933 a.C. Houve um longo período de conflitos, até que em 785 a.C. as tribos que ficaram de fora do Reino de Israel estabeleceram o Reino de Judá. Os habitantes desse reino passaram a ser chamados de judeus.

721 a.C.

Em 721 a.C., os assírios, em um processo de expansão territorial, conquistaram o Reino de Israel e escravizaram a maioria dos israelitas. O Reino de Judá passou a pagar altos tributos aos assírios e, por algum tempo, protegeu-se da invasão. Em 586 a.C., Jerusalém foi invadida e destruída.

Dias atuais

A criação de Israel ocasionou profunda transformação no mapa político do Oriente Médio, além de muitos conflitos. Na atualidade, alguns desses conflitos causam contínuas mudanças, tanto nas fronteiras de Israel quanto nas fronteiras dos países vizinhos. A diferença entre Israel e os territórios árabes contíguos não é só ideológica – isso fica evidente ao se comparar a situação econômica e os regimes políticos, que são muito distintos.

O Muro da Cisjordânia é uma barreira física que separa os territórios palestinos da Cisjordânia e Israel. A construção é polêmica e divide opiniões, sendo alvo de protesto de diversos artistas.

Fontes: Cláudio Vicentino. *Atlas histórico*: geral e Brasil. São Paulo: Scipione, 2011. p. 164; Graça Maria Lemos Ferreira. *Atlas geográfico*: espaço mundial. 3. ed. São Paulo: Moderna, 2010. p. 102.

Economia e sociedade

Inicialmente, os hebreus eram povos nômades que viviam do pastoreio em regiões áridas de Canaã. Com a sedentarização, dedicaram-se também à agricultura, principalmente o cultivo de cereais e árvores frutíferas, e ao artesanato. A localização geográfica de Canaã (onde atualmente está localizado o Estado de Israel) favorecia o desenvolvimento do comércio, pois dava acesso a importantes reinos da época, como Síria, Mesopotâmia e Egito. Entretanto, como não havia um grupo social de mercadores, os produtores e artesãos vendiam seus produtos diretamente aos interessados, eliminando intermediários.

Com o advento da monarquia, a organização social foi novamente transformada. O rei designou funções administrativas e militares nas novas vilas, dando privilégios aos escolhidos.

A instituição central dessa sociedade era a família, formada de pessoas ligadas por laços de sangue que compartilhavam da mesma moradia.

A família era patriarcal. O marido exercia poder sobre a esposa e tinha autoridade absoluta sobre os filhos. A mulher, ao casar-se, deveria morar com a família do esposo e tornar-se membro do **clã** dele. Os filhos deveriam servir o clã do pai e ser fiéis a ele.

> **GLOSSÁRIO**
>
> **Clã:** grupo de pessoas unidas por um determinado grau de parentesco definido pela descendência de um ancestral comum. O parentesco também pode ser baseado em laços de natureza simbólica.
>
> **Israelita:** denominação dada aos clãs que se formaram após a fuga do Egito sob o comando de Moisés.

↑ Família judaica. Nova York, Estados Unidos, 2013.

Cultura hebraica

Os hebreus calculavam o tempo observando a natureza, por exemplo, a época das chuvas de verão ou o início do outono. Assim surgiu o calendário judaico, organizado pelos ciclos lunares.

A língua mais falada entre os judeus e os **israelitas** era o hebraico. Porém, no período em que estiveram na Babilônia, tornou-se bastante usual falar também aramaico. No decorrer dos séculos, a partir do século II a.C, o hebraico voltou a ser a língua mais falada, substituindo o aramaico inclusive na comunicação formal e na escrita.

Bloco de pedra com escrita aramaica em comemoração às vitórias militares de Hazael, rei da Síria, século IX.

Religião dos hebreus

A perspectiva religiosa dos povos hebreus foi alterada com o passar do tempo. Os primeiros israelitas acreditavam em diversos deuses, incluindo espíritos da natureza, e, para alguns, havia um deus maior: Javé, o Deus de Israel. Todavia, durante o século VI a.C., quando eles estavam sob a condição de escravos na Babilônia, Javé passou a ser adorado como o único deus. Depois do retorno dos judeus a Jerusalém, essa visão tornou-se dominante na região, dando início a uma crença monoteísta.

Em aproximadamente 550 a.C., os israelitas e outros grupos reuniram essas crenças em uma **teologia** profética, possibilitando o surgimento da religião que hoje conhecemos por judaísmo.

> **GLOSSÁRIO**
> **Teologia:** estudo relacionado às religiões e à interação delas com o mundo ao redor.

De acordo com a tradição judaica, existe apenas um deus, a quem os judeus denominam de Javé, conhecido no cristianismo por Deus e no islamismo por Alá.

Para os judeus, Javé foi o criador do mundo e de tudo o que existe. Assim, os fenômenos da natureza deveriam ser admirados por serem belos, e não adorados como deuses.

As concepções básicas da espiritualidade judaica estão registradas no Tanach. Esse documento histórico começou a ser elaborado no período de escravidão na Babilônia, com o objetivo de preservar a identidade dos hebreus.

O Tanach foi escrito quase totalmente em hebraico, com algumas partes em aramaico. Ele é dividido em três partes: Torá (formado por cinco livros que contam a origem do povo judeu), Neviim (coleção de livros proféticos) e Ketuvim (que contém livros poéticos, pequenas histórias e contos).

↑ Grupo de judeus durante comemoração do Tu Bishvat (festividade do Ano Novo das Árvores). Beit Shemesh, Israel, 2016. A cultura judaica é transmitida de uma geração a outra, de modo a perpetuar as tradições, os costumes e as crenças.

A formação do Estado de Israel

↑ Muro da Cisjordânia visto de Jerusalém, Israel, 2016.

A história judaica é marcada por sucessivas diásporas e dispersões pelo mundo afora. Na Antiguidade, os judeus foram expulsos de suas terras e perseguidos pelos romanos. Nos séculos seguintes, eles continuaram a ser vítimas de preconceito por toda a Europa e, de tempos em tempos, um grande contingente populacional era expulso das terras que ocupavam, dispersando-se por outros lugares, até mesmo para a América. Essa dispersão estendeu-se até o século XX e intensificou-se com a eclosão da Segunda Guerra Mundial (1940-1945), quando os judeus foram perseguidos e presos em **campos de concentração** e extermínio.

Após o fim dos conflitos, como forma de reparar o sofrimento histórico sofrido pelos judeus, a Organização das Nações Unidas (ONU) determinou um território para que o povo judeu pudesse, depois de milhares de anos, novamente fundar um Estado. A região escolhida foi a da Palestina, que era reconhecida como a região de origem desse povo e que, desde o início do século XIX, vinha recebendo migração em massa de judeus. Assim, em 1948, foi fundado o Estado de Israel.

O território doado aos judeus, entretanto, era ocupado pelo povo palestino, que, em sua maioria, segue a religião islâmica. A diferença entre cultura e religião, somada ao sentimento de posse e propriedade do território, foi a principal razão para que conflitos entre o Estado de Israel e os moradores da Palestina não tardassem a acontecer.

No início do século XXI, o governo de Israel propôs a criação de um muro que separasse israelenses e palestinos e iniciou a execução dessa obra. O muro foi declarado ilegal em 2004 pelo Tribunal Internacional de Justiça de Haia, mas permaneceu intacto.

Os conflitos entre israelenses e palestinos são marcados por pequenos períodos de paz e grandes tempos de lutas, estendendo-se até os dias atuais.

GLOSSÁRIO

Campo de concentração: espaço para detenção de civis e militares, utilizado comumente em períodos de guerra.

1. Descreva os elementos que compõem a imagem.

2. Pesquise qual é a relação entre os elementos da fotografia e a criação do Estado de Israel na região da Faixa de Gaza.

ATIVIDADES

SISTEMATIZAR

1. Qual é a diferença entre o êxodo e a Diáspora Judaica? A que se devem esses fatos?

2. Explique quais foram as implicações da Diáspora para a cultura judaica.

REFLETIR

1. Judeus, árabes e cristãos têm origem nos povos semitas, grupos de pessoas que habitaram o Oriente Médio durante a Antiguidade. Com o passar do tempo, diversos conflitos políticos se desenvolveram entre uns e outros até os dias de hoje. Refletindo sobre isso, o artista polonês Piotr Mlodozeniec criou um símbolo com a palavra *coexist* (coexistir, em português) usando os símbolos das três religiões.

← Grafite com a palavra *coexist* no lado palestino do Muro da Cisjordânia, 2008.

   a) O que significa coexistir?
   b) Identifique os símbolos e pesquise o significado de cada um na religião que ele representa.
   c) Que mensagem o artista quis transmitir com a criação desse símbolo?

2. Pesquise o conflito conhecido atualmente como Questão Palestina e explique suas origens.

DESAFIO

1. Pesquise na internet, em jornais e outros meios de informação a intervenção de órgãos públicos para acabar com o conflito na região da Palestina.

2. O Muro da Cisjordânia representa uma barreira física construída pelo Estado de Israel segregando os palestinos.
   a) Pesquise como surgiu a ideia da criação desse muro e como ele foi construído.
   b) Descubra o que é o Tribunal Internacional de Justiça de Haia, como ele interfere em questões internacionais e o papel que desempenhou nessa questão.

CAPÍTULO 4
Povos fenícios, medos e persas

No capítulo anterior, você estudou a sociedade dos hebreus, povo que deu origem à primeira religião monoteísta. Neste capítulo, você vai estudar outros povos que também foram importantes na região do Oriente Próximo.

Fenícios

Fenícia é o nome dado a uma região que abrange a costa do Mar Mediterrâneo e as cadeias de montanhas do Líbano, onde estão atualmente parte da Síria, de Israel e do Líbano. Os fenícios eram de origem semita e se autodenominavam cananeus. Nas férteis terras dessa região, eles cultivavam cereais, legumes, linho e árvores frutíferas, além de extrair madeira para fabricar embarcações.

A Fenícia era formada por um conjunto de cidades-Estado autônomas, entre as quais se destacavam Biblos, Sídon e Tiro. Cada uma dessas cidades-Estado era governada por um **soberano** local apoiado pelas famílias mais poderosas.

Os navegadores da Antiguidade

A localização das cidades fenícias era propícia para o desenvolvimento do comércio marítimo, que se tornou a principal atividade econômica dos fenícios. Dos portos do Mar Mediterrâneo e do Mar Vermelho eles comercializavam com diferentes povos grande variedade de produtos, como cosméticos, medicamentos, especiarias, tecidos, pedras preciosas e alimentos.

Com o aperfeiçoamento dos conhecimentos de navegação, os fenícios passaram a dominar o comércio ao longo do Mar Mediterrâneo, aproximadamente no ano 1100 a.C., fundando **feitorias** – e, posteriormente, colônias – no Norte da África, na Península Ibérica e nas ilhas do Mediterrâneo, como podemos observar no mapa.

GLOSSÁRIO

Feitoria: pequeno entreposto para atividades comerciais.
Soberano: indivíduo que detém poder e exerce autoridade.

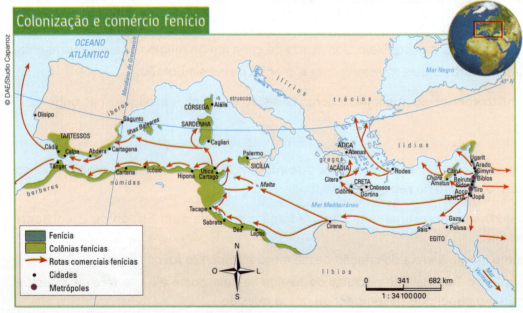

Fonte: Georges Duby. *Atlas histórico mundial*. Barcelona: Larousse, 2007. p. 30-31.

No auge da colonização dos fenícios, em 814 a.C., foi fundada a cidade de Cartago, como colônia de Tiro. Os cartaginenses transformaram-se em uma importante sociedade no Norte da África. Eles tinham as próprias frotas, o próprio exército (incluindo uma grande quantidade de mercenários) e, paulatinamente, tornaram-se protetores de todas as cidades-Estado fenícias na África.

O poderio fenício começou a declinar em 558 a.C., quando a região passou a ser dominada pelos persas. A Fenícia foi dividida em pequenos reinos, com exceção de Tiro, que foi conquistada cerca de 330 a.C. pela Macedônia.

Relevo de pedra do palácio do rei Senaqueribe (navio de guerra fenício no qual o rei conduziu uma expedição contra a Fenícia e a Palestina, em 702 a.C.). Nínive, Assíria, Iraque antigo, c. 700 a.C.

AQUI TEM MAIS

A escrita fenícia

Há poucos vestígios históricos que relatam a vida dos fenícios. Os estudos sobre esses povos baseiam-se principalmente em inscrições e moedas encontradas que datam do primeiro milênio antes de Cristo até o século V, em registros históricos que foram mantidos na cidade de Tiro e em narrativas escritas por historiadores judeus e gregos. Sabe-se que os fenícios utilizavam o papiro como meio de comunicação e para fazer registros diversos, porém somente alguns resistiram ao tempo até os dias atuais. Na maior parte, as inscrições fenícias foram marcadas em pedra ou cerâmica.

A constante troca de mercadorias com diferentes povos possibilitou que os fenícios desenvolvessem métodos simples para registrar suas transações comerciais. Assim, em vez de representar ideias por desenhos ou sílabas, eles desenvolveram desenhos que representavam sons da fala (fonemas). Foi o começo da escrita como a conhecemos hoje: letras (desenhos) representando sons (fonemas). Composto de apenas 22 letras, todas consoantes, o alfabeto fenício era fácil de ser aprendido e reproduzido, tanto que outros povos decidiram adotá-lo e, posteriormente, utilizaram esse sistema de escrita como base para desenvolver os próprios alfabetos. Assim, os caracteres fenícios serviram para a constituição dos alfabetos aramaico, grego, etrusco e latino, entre outros.

↑ Placa com inscrição em alfabeto fenício encontrada em sítio arqueológico na Ilha de Gozo, no Mar Mediterrâneo. Mármore, 14 cm × 16 cm.

1. Qual foi a contribuição cultural do alfabeto fenício para a humanidade?

2. Reflita na importância da invenção do alfabeto e na função que ele exerceu nas diferentes sociedades ao longo da história.

3. Explique como você imagina o cotidiano das pessoas que não sabem ler e escrever, mas vivem em sociedades letradas.

Medos e persas

Os medos e persas eram povos indo-europeus que, por volta do século X a.C., estabeleceram-se em territórios que hoje formam o Irã.

A princípio, os medos estavam organizados em tribos, que se fixaram no norte do planalto para se defenderem das constantes invasões assírias, povo que conseguiu derrotar no século VII a.C. com o auxílio dos babilônios.

No entanto, em 550 a.C., os persas lideraram uma revolta contra o rei medo e conseguiram derrotá-lo. Com essa vitória teve início o Império Persa. Nos anos que se seguiram, os persas tomaram a Lídia (546 a.C.) e outros territórios na Ásia Menor, até que em 539 a.C. conquistaram a Babilônia. Foi durante esse período que os judeus foram libertados da Babilônia e retornaram a Jerusalém.

A expansão do Império Persa prosseguiu com a conquista do Egito em 525 a.C., alcançando o máximo de expansão territorial do império no governo de Dario I, ao anexar a Anatólia (atual Turquia), parte da Núbia e a porção norte da Índia.

Dario I dividiu o império em satrapias e nomeou pessoas de confiança para governá-las. As satrapias eram províncias organizadas pela identidade étnica e governadas por um sátrapa, diretamente subordinado ao monarca. Os sátrapas eram os chefes da administração da província, e cabia a eles o controle da cobrança de impostos e a garantia do cumprimento das leis.

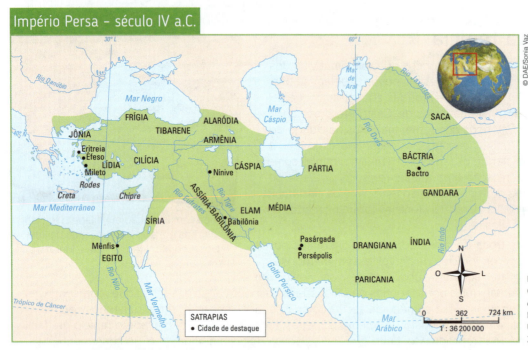

Fonte: Patrick O'Brien. *Atlas of world history*. Nova York: Oxford University Press, 2012. p. 42-43.

Para fiscalizar as satrapias, Dario I implantou um serviço de mensageiros que inspecionavam anualmente o trabalho dos sátrapas. Além disso, para facilitar as viagens e a comunicação no vasto território do império, foi construída a Estrada Real. O comércio e as trocas entre todo o território também foram unificados por meio da introdução de uma moeda única, o dárico.

Após Dario I, o império entrou em um processo de declínio. Seu filho, Xerxes, tentou continuar a expansão e investiu contra a Grécia, mas foi vencido. A partir de então, o império não cresceu mais. Revoltas internas, o declínio do poder central e o enfraquecimento do exército criaram condições para que o Império Persa fosse conquistado por Alexandre da Macedônia em 330 a.C.

↑ Dárico de ouro persa, c. 450 a.C.

ATIVIDADES

SISTEMATIZAR

1. Observe novamente o mapa da página 78 e responda às questões.
   a) Quais povos foram colonizados pelos fenícios?
   b) Com quais povos os fenícios comercializavam?
   c) Pesquise o significado da expressão "navegação de cabotagem" no dicionário. De acordo com o traçado das rotas comerciais, os fenícios faziam esse tipo de navegação?
   d) Em 814 a.C., o território da região da Fenícia era maior ou menor que o da região das colônias?
   e) Qual é a área comum entre o mapa da página 78, relativo aos fenícios, e o da página 80, relativo aos persas?

2. Qual é a principal diferença entre a escrita fenícia e outras utilizadas por povos que viveram na mesma época que os fenícios?

3. Quando foi o apogeu do Império Persa e quando ele começou a enfraquecer?

REFLETIR

1. Este pingente de ouro pertenceu à civilização fenícia. Com base no que você estudou no capítulo, responda às questões.

← Pingente fenício feito de ouro, datado de 404 a.C.-399 a.C.

   a) O que a forma do pingente revela sobre a civilização fenícia?
   b) O que o material com que ele foi produzido informa sobre os fenícios?
   c) Repare que há um número feito a caneta na lateral do objeto. Quem deve ter feito esse número e por quê?

DESAFIO

1. O alfabeto fenício é considerado o código mais próximo do atual alfabeto latino, que usamos na língua portuguesa. Pesquise os símbolos usados pelos fenícios e tente escrever seu nome nesse alfabeto. Lembre-se de que ele é formado apenas por consoantes e, por isso, você deve desconsiderar as vogais.

FIQUE POR DENTRO

Os zigurates

Os povos que construíram as primeiras grandes cidades na Mesopotâmia não descuidavam de seus rituais religiosos. Eles edificaram grandiosos templos e alguns resistiram à passagem dos milênios. Nessas edificações há indícios dos ritos religiosos praticados pelos sumérios, babilônios e acádios, entre outros povos que viveram na Mesopotâmia na Antiguidade.

CENTRO POLÍTICO E RELIGIOSO

Um zigurate é uma torre escalonada em forma piramidal, com um templo no topo. Para a construção de um templo com tamanha magnitude, era necessário amplo domínio de conhecimentos matemáticos e arquitetônicos. Nessa edificação era armazenada a produção de bens e alimentos, e dali eram redistribuídos nas cidades organizadas em seu entorno. O rei, que governava a cidade, era o representante dos deuses. Como residência divina, os zigurates eram acessíveis somente aos sacerdotes-reis.

Portal aberto

Escadas laterais
Para acesso ao santuário central.

Escada principal
A escada principal dava acesso ao templo, mas apenas podiam entrar os sacerdotes e demais indivíduos pertencentes ao clero.

A TORRE DE BABEL
A lendária Torre de Babel, mencionada no Antigo Testamento como um intento dos seres humanos para alcançar o céu, foi, possivelmente, um zigurate.

O ZIGURATE DE UR

É o mais monumental de todos os zigurates conhecidos. Essa edificação começou a ser erguida junto às ruínas da antiga cidade suméria de Ur (atual Iraque), há mais de 4000 anos. Foi dedicado ao deus Nannar (Lua) e media 61 m por 45,7 m de lado, e tinha 15 m de altura.

Templo
De acordo com a tradição mesopotâmica, os zigurates eram a moradia dos deuses, onde só os sacerdotes tinham acesso.

Tijolos com o nome do rei gravado.

saída de água

O zigurate foi construído com blocos de adobe e coberto de tijolos cozidos, alguns deles com cores que deixam a superfície semelhante a vidro.

escadas laterais

saída de água

Santuário central
Acredita-se que a população tinha acesso apenas até esse local para fazer o culto aos deuses.

1. Para que serviam os zigurates e quem tinha acesso a eles?

2. Reflita sobre as construções grandiosas dos zigurates e sobre quem podia frequentá-los. O que eles indicam sobre a concepção de Deus dos povos mesopotâmicos? Nas religiões mesopotâmicas, Deus era próximo ou distante do povo?

LABORATÓRIO DA HISTÓRIA

Interpretando um mapa histórico

Mapas são cartas de representação do mundo e, no decorrer de nossa história, tiveram vários formatos, que representavam a visão de mundo e do espaço de diferentes povos.

No entanto, os mapas históricos atuais trazem uma particularidade, pois buscam representar aquilo que conhecemos sobre a história dos povos e sobre o espaço habitado por eles, que, na maioria das vezes, tem nomes e fronteiras geográficas que podem ser muito diferentes das atuais. Por isso, com frequência, esses mapas não são fáceis de serem compreendidos.

Além disso, os mapas históricos também procuram demarcar o que a História pressupõe ter ocorrido em termos de conhecimento sobre as migrações humanas, contingentes populacionais, demarcações territoriais etc., de tempos muito distantes de nós. Assim, conforme os conhecimentos vão se aprofundando, os mapas históricos podem variar e se transformar, com o objetivo de representar a nova realidade que os historiadores acreditam ser a que melhor explica tempos e lugares passados.

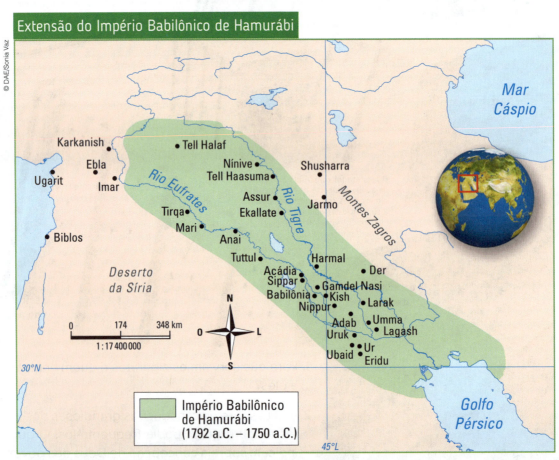

↑ Esse é um mapa atual, criado com base em dados coletados por historiadores.
Fonte: Cláudio Vicentino. *Atlas histórico*: geral e Brasil. São Paulo: Scipione, 2011. p. 34.

84

Passo a passo

1. Forme um grupo com alguns colegas e, juntos, pesquisem mapas históricos em atlas ou na internet.
2. Selecionem 1 mapa histórico para fazerem a análise.
3. Leiam e tentem compreender o título dele, ou seja, a que ele se refere.
4. Prestem atenção às legendas, aquelas caixas que indicam os símbolos impressos no mapa.
5. Verifiquem se no mapa escolhido há legendas. Que informações elas trazem? O que significam as cores? A que parte do mapa as legendas se referem?

↑ Mapa-múndi, de Henricus Martellus, publicado na obra *Insularium Illustratum*, em 1489.

6. Analisem cada item do mapa e procurem compreender o que são: há cidades, regiões, impérios etc.?
7. No caderno, escrevam uma descrição do mapa, com tudo o que ele contém.
8. Com a ajuda do professor, consultem um mapa-múndi atual e identifiquem nele as regiões descritas no mapa histórico.
9. Escrevam também um parágrafo para explicar a que local do mapa-múndi correspondem as regiões descritas no mapa histórico.

> Pronto! Você analisou com detalhes um mapa histórico.

Finalização

Agora chegou a hora de observar algumas transformações ocorridas nas regiões que vocês analisaram no mapa histórico.

1. Em uma folha de papel sulfite, cada grupo deve esboçar um mapa-múndi atual.
2. Com lápis de cor, identifiquem nele a região atual aproximada correspondente à do mapa histórico escolhido anteriormente.
3. Identifiquem no mapa confeccionado as diferenças entre os limites atuais e a região indicada no mapa histórico. O que mudou e o que permaneceu?
4. Abaixo do mapa-múndi que vocês confeccionaram, reescrevam, de forma cuidadosa, um parágrafo explicativo sobre a região do mapa histórico no mapa atual.
5. Troquem com os demais grupos os mapas produzidos para que todos tenham conhecimento das regiões descritas nos mapas históricos de seu material didático.

Bom trabalho!

PANORAMA

FAÇA AS ATIVIDADES A SEGUIR E REVEJA O QUE VOCÊ APRENDEU.

1. Com as melhorias nos processos de produção dos alimentos, as cidades começaram a produzir excedentes. De que forma esses excedentes mudaram a organização social das cidades?

2. As primeiras cidades do mundo cresceram em razão de melhorias na produção de alimentos. Quais eram as características geográficas desses locais e quais foram as primeiras modificações que os seres humanos fizeram na natureza para adequá-la a suas necessidades?

3. O texto a seguir relata uma importante descoberta para a História da Mesopotâmia, ocorrida em 2013. Leia a reportagem e, em seguida, faça o que se pede.

www.telegraph.co.uk/news/earth/environment/archaeology/10470443/Pictured-the-real-site-of-the-Hanging-Gardens-of-Babylon.html

O "verdadeiro local" dos Jardins Suspensos da Babilônia

Reunindo informações obtidas ao analisar textos antigos, a pesquisadora Stephanie Dalley, da Universidade de Oxford (Reino Unido), encontrou evidências de que os Jardins não foram construídos pelos babilônicos e seu rei, Nabucodonosor, como tradicionalmente se presumia, mas por seus vizinhos e inimigos, os assírios, sob o comando do monarca Senaqueribe, há cerca de 2,7 mil anos.

A antiga capital assíria, Nínive, está localizada nas proximidades da atual cidade de Mosul, no Iraque, área que sofre com intensa violência religiosa e Étnica, e embora a dra. Dalley tenha viajado para a região [...] sua equipe considerou muito perigoso visitar o local exato.

No entanto, usando mapas, ela foi capaz de orientar uma equipe de filmagem ao local que, acompanhada de uma escolta armada, fez pesquisas próximo às ruínas do palácio real.

[...]

A filmagem foi o resultado de mais de 20 anos de investigação cuidadosa comandada pela dra. Dalley no Instituto Oriental da Universidade de Oxford com o objetivo de provar a localização correta dos Jardins.

Como até então nenhuma prova arqueológica da existência dos Jardins havia sido encontrada, muitos pesquisadores os consideravam um mito.

Isso porque o conhecimento que temos dos Jardins é fundamentado em alguns relatos escritos centenas de anos depois do período que se imagina que foram construídos, por pessoas que nunca os viram.

Um desses relatos afirma que o Jardim foi construído 600 anos antes do nascimento de Cristo pelo rei Nabucodonosor, na Babilônia, como um presente para sua esposa, que sentia saudade das montanhas verdejantes de sua terra natal.

No entanto, em documentos do período – incluindo textos escritos por Nabucodonosor – não há menção a nenhum jardim, e em mais de um século de escavações na antiga Babilônia, nada foi encontrado.

Dra. Dalley redirecionou a área de sua pesquisa para o norte após decifrar um texto em escrita cuneiforme [...] que a levou a acreditar que a localização dos Jardins havia sido atribuída ao local errado, construídos pelo homem errado e no período errado.

[...] O texto cuneiforme traz a biografia de Senaqueribe, que viveu 100 anos antes de Nabucodonosor [...] descreve a construção de um palácio e um jardim ao lado que eram chamados de "uma maravilha para todo o povo".

[...] Como Nínive é muito distante de Babilônia, essa evidência não havia sido considerada. No entanto, em suas pesquisas, dra. Dalley encontrou vestígios de que quando os assírios conquistaram a Babilônia, a capital deles ficou conhecida como "Nova Babilônia", o que possivelmente deu origem à confusão dos nomes.

Jasper Copping. Pictured: the 'real site' of the Hanging Gardens of Babylon. © *Telegraph Media Group Limited 2013*. Disponível em: <www.telegraph.co.uk/news/earth/environment/archaeology/10470443/Pictured-the-real-site-of-the-Hanging-Gardens-of-Babylon.html>. Acesso em: jan. 2019. Tradução nossa.

a) O texto apresenta duas importantes descobertas sobre os Jardins Suspensos da Babilônia. Identifique-as e indique quais são.

b) De que forma essas descobertas foram possíveis?

c) Explique as características do trabalho do historiador e da construção da História na situação acima.

4. O Código de Hamurábi, organizado pelos babilônicos, foi importante para a construção da sociedade como conhecemos hoje. Explique o que é e de que trata esse documento.

5. Cite qual era a especialidade econômica dos povos fenícios e explique como esse saber contribuía para o seu cotidiano.

6. Explique qual foi o principal motivo para que Dario dividisse o império em satrapias.

7. Explique a seguinte afirmação: As religiões foram de grande importância na organização social dos povos antigos.

8. Israel e Palestina estão em conflito desde 1948. No entanto, na fotografia a seguir observamos duas senhoras – uma israelense e outra palestina – em situação que não aparenta ser conflituosa. Explique a mensagem que a fotografia transmite e levante hipóteses sobre qual foi a intenção do fotógrafo.

← Duas mulheres, uma muçulmana e outra judia, abraçam-se durante encontro de confraternização em Jerusalém, 2011.

DICAS

ACESSE

Museu Pergamon, Berlim, Alemanha: <www.smb.museum/en/home.html> (acesso em: jan. 2019). O *site* oficial do museu traz um *link* para uma visita virtual e nos convida a conhecer muitas obras da Antiguidade.

LEIA

O livro das lendas, de Shoham Smit (Editora Cia. das Letrinhas). O livro apresenta narrativas importantes da cultura judaica.

Religiões do mundo, de Maxwell Charlesworth e Robert John Ingpen (Global). O livro apresenta o modo como vivem as pessoas que acreditam em diferentes crenças politeístas e monoteístas. Trata-se de um livro importante, pois ajuda a promover o respeito por diversas religiões e promove uma perspectiva humanista e tolerante.

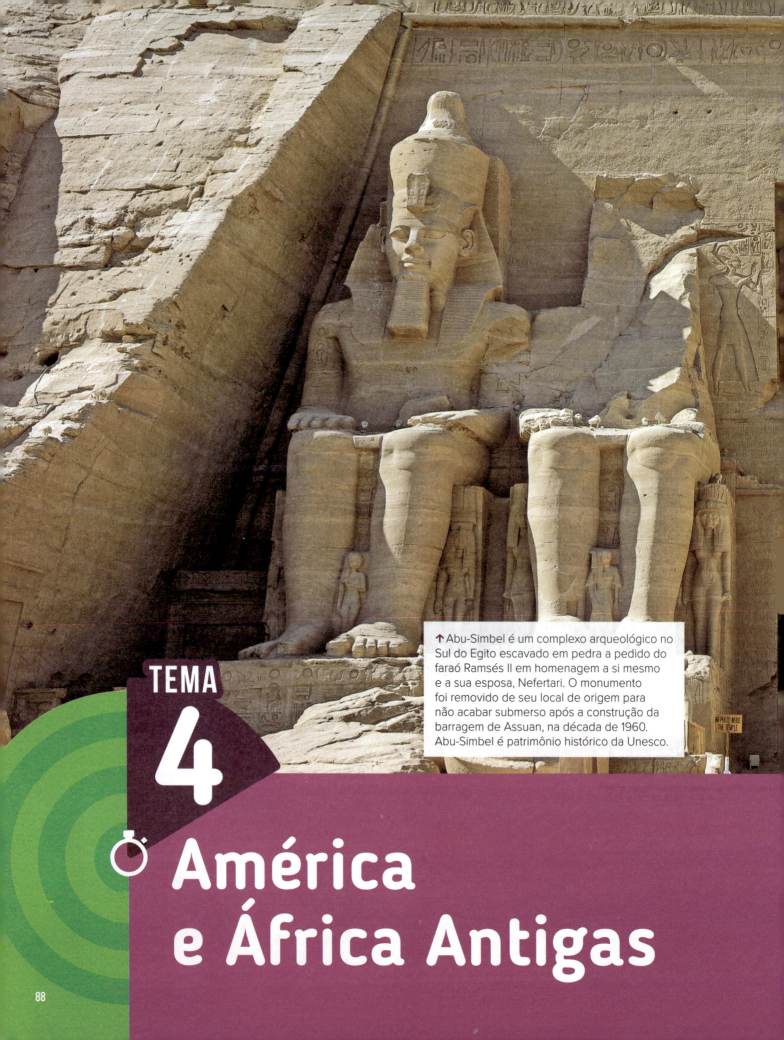

↑ Abu-Simbel é um complexo arqueológico no Sul do Egito escavado em pedra a pedido do faraó Ramsés II em homenagem a si mesmo e a sua esposa, Nefertari. O monumento foi removido de seu local de origem para não acabar submerso após a construção da barragem de Assuan, na década de 1960. Abu-Simbel é patrimônio histórico da Unesco.

TEMA 4
América e África Antigas

NESTE TEMA
VOCÊ VAI ESTUDAR:

- os povos mesoamericanos;
- os povos andinos;
- os primeiros habitantes do território brasileiro;
- o Egito na Antiguidade.

Abu-Simbel foi construído no século XIII a.C. por ordem do faraó Ramsés II. Com o passar do tempo, a areia encobriu esses templos, mas, em 1813, o especialista em Oriente Jean-Louis Burckhardt o encontrou.

Estudar os povos antigos da América e da África auxilia-nos a entender nossa sociedade. Vamos estudar como as sociedades complexas desses dois continentes se formaram?

CAPÍTULO 1
Povos mesoamericanos e andinos

Neste capítulo, você vai estudar alguns povos que habitaram o atual continente americano, bem como as relações sociais e as culturas que prevaleceram na região.

No II milênio a.C. havia no continente americano diversos grupos humanos que viviam em sociedades com estruturas sociais e culturais definidas e integradas ao meio natural.

Muitos grupos ainda carecem de descobertas de registros arqueológicos, antropológicos e históricos que nos possibilitem conhecer profundamente como viviam. Outros grupos, por sua vez, deixaram muitos vestígios, principalmente na região conhecida como Mesoamérica, que compreende o centro-sul do atual México e o norte da América Central (Guatemala, El Salvador, Belize e as terras ocidentais de Nicarágua, Honduras e Costa Rica), além da América Andina, que corresponde ao território sul-americano, onde está localizada a Cordilheira dos Andes.

O mapa ao lado mostra alguns dos grupos que habitavam o continente, que hoje denominamos como América, quando os espanhóis aqui chegaram, em 1492.

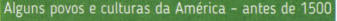
Alguns povos e culturas da América – antes de 1500

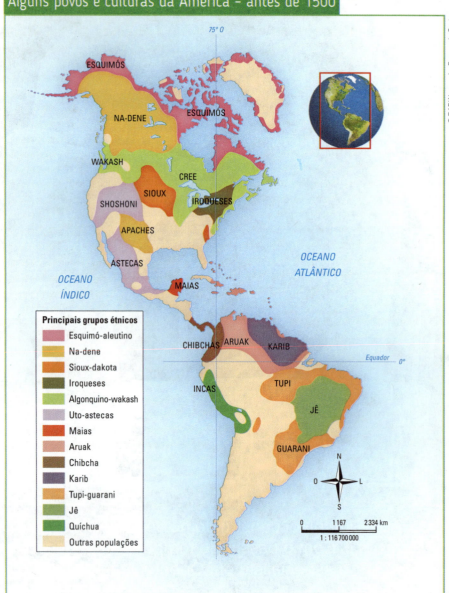

Fonte: José Jobson de A. Arruda. *Atlas histórico básico*. São Paulo: Ática, 2011. p. 21.

Por essa grande diversidade de grupos, deixou de ser considerada correta a ideia de chamar todos os povos nativos do continente americano por um único nome e de vê-los como um único povo, já que apresentam cultura e etnias diferentes.

90

Povos mesoamericanos

Veja abaixo informações sobre quatro dos principais povos que habitaram a região da Mesoamérica.

Cabeça de Quetzalcóatl, a "Serpente emplumada", nos detalhes da pirâmide dedicada a essa divindade. Teotihuacán, México.

TEOTIHUACANOS

Há indícios de que os olmecas tenham formado pequenos agrupamentos em diversas regiões da Mesoamérica por volta de 600 a.C. Com o passar dos séculos, esses agrupamentos expandiram-se, tornando-se centros urbanos.

Teotihuacán foi uma das mais importantes cidades mesoamericanas. Localizava-se no planalto central mexicano, a oeste das cidades olmecas. Na língua dos astecas, povo que atribuiu esse nome à cidade, Teotihuacán significa "lugar onde se fazem deuses".

O espaço era todo planejado, com ruas largas e pavimentadas por pedras, praças e aproximadamente 600 pirâmides, além de edifícios públicos e palácios. Como o próprio significado do nome indica, Teotihuacán era um centro religioso, o que atraía importantes rotas comerciais. Entre 650 e 750, houve um declínio das atividades na região, por razões ainda não completamente desvendadas, que acabou abandonada por seus habitantes. Entre as hipóteses para seu fim, estão mudanças climáticas, revoltas camponesas internas, ataques externos e uma série de incêndios.

OLMECAS

Esse povo é o primeiro de que se tem registro na Mesoamérica. Estabeleceu-se na costa do Golfo do México por volta de 1200 a 400 a.C. Com isso, todas as culturas mesoamericanas posteriores foram largamente influenciadas pela cultura olmeca.

Entre suas principais contribuições culturais estão os grandes templos, a primeira escrita hieroglífica da região e o calendário com 360 dias baseado em observações astronômicas. Outro marco cultural desse povo são as esculturas monumentais de cabeças entalhadas em basalto, com mais de 2 metros de altura e peso na casa das toneladas. A partir de 400 a.C., os olmecas entraram em decadência por causas ainda desconhecidas.

Enorme cabeça entalhada em basalto, um dos símbolos da cultura olmeca.

ZAPOTECAS E MIXTECAS

Esses povos foram contemporâneos aos teotihuacanos, falavam línguas semelhantes, tinham cultura militar e uma sociedade hierarquizada. Especula-se que o ancestral deles seja comum, talvez anterior ao ano 4000 a.C.

Os vestígios arqueológicos encontrados em Monte Albán revelam um conjunto arquitetônico com funções urbanas e cerimoniais, palácios, edifícios públicos, praças de jogos e residências.

Uma característica dos mixtecas era a fabricação de objetos de cerâmica, como vasos, pratos e xícaras, decorados com várias cores (cerâmica policromática). Já os zapotecas dedicavam-se, entre outras atividades, à fabricação de joias de ouro.

O declínio desses povos ocorre simultaneamente ao de Teotihuacán.

Peitoral mixteca de ouro e jade em forma de escudo adornado com quatro flechas, século VIII. Artefato localizado em Yanhuitlán, México.

Fontes: Georges Duby. *Atlas histórico mundial*. 3. ed. Barcelona: Larousse, 2011. p. 65 e 144; Patrick O'Brien. *Atlas of world history*. Nova York: Oxford University Press, 2012. p. 85.

Os maias

A sociedade maia estendeu-se por onde é hoje o sul do México, Guatemala, Belize e partes de El Salvador e Honduras, tendo sido influenciada por olmecas, zapotecas e teotihuacanos. Ela se destaca de outras culturas mesoamericanas pela longa duração de sua história (aproximadamente, de 2000 a.C. a 1250 d.C.) e pelo desenvolvimento da escrita, que provavelmente foi influenciada pelos olmecas.

Fonte: José Jobson de A. Arruda. *Atlas histórico básico*. São Paulo: Ática, 2011. p. 21.

Arqueólogos afirmam que, por volta de 700 a.C., os maias já haviam desenvolvido a agricultura, a religião e as artes. Em meados de 100 a.C., organizavam-se em pequenas vilas agrícolas e comerciavam por terra e por mar com povos ao norte e ao sul. Entre 250 e 1250 d.C., teriam existido mais de 50 importantes centros maias, entre eles Tikal, Uaxactún e Piedras Negras (na atual Guatemala), Nakun (em Belize), Copán (em Honduras), Palenque, Bonampake e Yaxchilán (no estado mexicano de Chiapas) e Chichén Itzá e Uxmal (na Península de Iucatã).

Essa sociedade entrou em declínio a partir do século X por razões pouco conhecidas. Alguns estudiosos destacam como possível motivo uma sequência de más colheitas (relacionadas a um período de seca prolongada), o que pode ter originado uma crise religiosa e alimentar. A população deve ter relacionado o desastre natural às ações dos governantes e sacerdotes, o que os fez perder a confiança nos líderes locais.

Entretanto, na Península de Iucatã, cidades como Chichén Itzá permaneceram habitadas e receberam mais tarde a influência de outra cultura que emergiu na parte norte do México, a dos toltecas.

Sociedade e cultura

A sociedade maia era dividida em dois grupos: o dominante, formado por sacerdotes e militares, controlava o poder político e executava as cerimônias religiosas. Já o outro grupo, constituído pela maioria de camponeses e pequenos artesãos, era a base da sociedade.

A escrita maia ainda não foi totalmente decifrada, mas acredita-se que era considerada sagrada e limitada ao poder real e às práticas religiosas. Era composta tanto de **hieróglifos** como de símbolos que significavam sons, apresentando, assim, características de um alfabeto.

Com base nos estudos dos templos e de outras construções, bem como na qualidade de esculturas e pinturas maias, os pesquisadores descobriram que eles não dispunham de ferramentas de metal. Por outro lado, a sociedade maia ficou muito conhecida por sua arquitetura, que ostentava obras grandiosas, feitas com técnicas de engenharia aprimoradas – como as de drenagem e escoamento de água.

> **GLOSSÁRIO**
>
> **Hieróglifos:** sistema de escrita pictográfica usada por sociedades antigas, como a egípcia.

Vista aérea de El Castillo, Chichén Itzá (Iucatã, México), 2013.

Os maias alcançaram grande desenvolvimento na Astronomia e criaram três calendários observando o Sol, a Lua e Vênus. Em um deles, o ano solar tinha 18 meses de 20 dias e mais cinco dias complementares, totalizando 365 dias. Havia também um calendário ritual e divinatório de 13 meses de 20 dias, totalizando 260 dias. O terceiro calendário, de 584 dias, era atrelado ao planeta Vênus.

Na Matemática, os maias chegaram a estabelecer um símbolo para o zero e o princípio do valor relativo (ou seja, o valor de um número depende da posição em que ele está localizado).

Já na religião, os povos maias eram politeístas, ou seja, acreditavam na força da natureza representada por diversas divindades.

Produção de alimentos

O principal alimento consumido pelos maias era o milho, considerado sagrado, pois acreditavam que ele teria sido utilizado como matéria-prima pelos deuses para criar o ser humano. Além disso, o milho amarelo levava os maias a associar a cor ao Sol, elemento da natureza cultuado por eles.

Outro importante alimento dos maias era o cacau. Os cacaueiros eram cultivados desde o ano 600 e forneciam a matéria-prima para a produção de uma bebida destinada à elite. As sementes do cacau eram consideradas muito valiosas e, às vezes, eram utilizadas em trocas comerciais.

Esses alimentos eram tão essenciais para os maias que a própria criação do ser humano estava relacionada a eles. Sabe-se disso por meio do *Popol Vuh* ou *Livro do Conselho*, um importante documento maia descoberto no século XVIII que narra a origem do mundo de acordo com esse povo.

Criados preparando alimentos. Decoração de um jarro cilíndrico de Palenque, 559-950. Terracota policromada.

Os astecas

Os astecas, ou *mexicas*, estabeleceram-se no Vale do México por volta de 1300. Antes deles, outros povos já habitavam a região, como os olmecas e os teotihuacanos. Os astecas vieram da cidade de Aztlán e dominaram os demais povos que ali viviam, consolidando-se durante o reinado de Itzcoatl, entre 1428 e 1440. Em outras palavras, eles conquistaram diversos povos de origem maia para se estabelecerem como povo **hegemônico** na Mesoamérica.

Fonte: José Jobson de A. Arruda. *Atlas histórico básico*. São Paulo: Ática, 2011. p. 21.

GLOSSÁRIO

Aristocracia: organização social e política monopolizada por uma parcela pequena e privilegiada da população.
Hegemonia: nesse caso, dominação política e econômica de um povo sobre outro.
Nobre: indivíduo da privilegiada classe da nobreza.

Organização social e econômica

A hierarquia da sociedade asteca começava pelo *tlatoani*, "aquele que manda", que, além de ser o chefe político supremo, era considerado um deus vivo. Abaixo dele estavam os *pipiltin*, uma **aristocracia** formada por sacerdotes, altos funcionários e chefes militares. Depois, vinham os artesãos e os comerciantes. Por último, os escravizados, que podiam ser prisioneiros de guerra ou condenados pelo direito comum. A monarquia era eletiva. Assim, com a morte do governante, o sucessor era escolhido, por um grupo de **nobres**, entre seus parentes mais próximos.

A economia asteca baseava-se na agricultura. Grande parte da população organizava-se em aldeias comunais e trabalhava coletivamente nas terras. O grupo dominante apropriava-se de parte da produção, distribuindo-a, então, entre os membros de acordo com sua função. Os principais produtos cultivados eram milho, feijão, baunilha, tomate, cacau e diversas espécies de algodão.

Homem asteca plantando milho. Parte do *Códice Florentino*, de Bernardino de Sahagún, c. 1540-1585.

Cultura e religião

Os astecas falavam o idioma náuatle e produziram manuscritos chamados de códices pelos europeus. Formados por imagens, esses documentos foram considerados de difícil interpretação, já que seu significado não estava apenas nos traços mas também nas cores de cada imagem.

Eles tinham dois calendários: o solar, com 18 meses de 20 dias, aos quais eram acrescentados 5 dias; e o lunar, no qual se fundamentava a vida religiosa e a astrologia deles.

A arquitetura asteca também era marcada por construções monumentais, como a Grande Pirâmide de Tenochtitlán, o Palácio de Montezuma e a Pirâmide de Tenaiuca. Os astecas destacavam-se ainda na escultura e na pintura, cujas produções costumavam contemplar aspectos políticos e religiosos.

A religião estava muito presente no cotidiano desse povo. A maioria de suas atividades era associada a um deus protetor. Para eles, tudo se organizava em ciclos, pois acreditavam que o que era vivo, um dia morreria e o que estava morto, um dia renasceria.

→ Estátua que representa Ometecuhtli, importante divindade do panteão dos astecas, c. 1350-1521. Basalto, 34 cm.

↑ Ruínas do Templo Mayor. Cidade do México, 2016. O Templo Mayor, destruído pelos espanhóis em 1521, foi um dos principais de Tenochtitlán.

Povos andinos

A região chamada de América Andina corresponde ao território sul-americano onde está localizada a Cordilheira dos Andes. Por volta do segundo milênio antes de Cristo, grupos humanos começaram a se estabelecer na região dos Andes e ali fundar vilas agrícolas. Próximo a essas vilas surgiram diferentes centros religiosos, que, por sua vez, deixaram vestígios que nos possibilitam conhecer um pouco melhor as primeiras culturas daquele local.

CHAVÍN DE HUANTAR

Entre 850 e 250 a.C., Chavín era um centro religioso que se destacava na região pela arquitetura, arte (principalmente esculturas) e desenvolvimento de tecnologias de construção e irrigação.

O centro cerimonial era visitado por peregrinos vindos das regiões próximas, mas habitado apenas pelos sacerdotes. A sociedade de Chavín era teocrática e politeísta: prestava devoção a diversos deuses, sendo o jaguar o principal deles.

Chavín influenciou muitas sociedades andinas, porém foi dominado por duas delas: nazca, localizada ao sul; e moche, ao norte.

MOCHE

Os primeiros registros desse povo datam de 600 a.C. Ele alcançou o apogeu entre os anos 1 e 650 d.C. Era uma cidade bem organizada, com grandes templos dedicados aos astros, como o Templo do Sol, com 40 metros de altura.

A religião era muito importante na vida social mochica. Fontes históricas, como pinturas em cerâmicas, revelam aspectos da vida cotidiana, adoração aos deuses e culto aos mortos.

A sociedade mochica também se destacou pelos trabalhos dedicados às obras públicas e ao poderio militar, que possibilitou muitas conquistas territoriais.

Fonte: Patrick O'Brien. *Atlas of world history*. Nova York: Oxford University Press, 2012. p. 34.

Fonte: Patrick O'Brien. *Atlas of world history*. Nova York: Oxford University Press, 2012. p. 34.

NAZCA

A sociedade nazca destacou-se por volta de 375 a.C. Suas principais atividades eram a produção têxtil e de cerâmicas policromáticas. Cahuachi era o centro cerimonial, onde peregrinos participavam de festivais e cerimônias religiosas. Nazca foi amplamente influenciada por Chavín, especialmente na arquitetura e nos sistemas de irrigação.

O maior legado dessa sociedade encontra-se nos arredores da atual cidade de Nazca, onde estão as gigantescas figuras formadas no solo chamadas Linhas de Nazca. Especula-se que, para fazer os traçados, as pedras escuras da superfície do deserto tenham sido retiradas e empilhadas ao lado dos sulcos, que têm cor mais clara, o que possibilitou a formação das imagens de animais e de outras formas geométricas. Como só podem ser vistas por sobrevoo, acredita-se que tenham sido feitas para os deuses.

IMPÉRIO CHIMU

Esse império dominou a região do norte da costa do atual Peru, no Vale do Chimo, de aproximadamente 700 até 1475. Como os chimus habitavam a mesma região que no passado mais distante era povoada pelos mochicas, especula-se que sejam herdeiros daquela cultura.

Durante a expansão territorial do império, ao dominar um povo, os chimus mantinham a estrutura do governo local. Chan Chan era a capital, onde se centralizava o poder ao qual os dominados passavam a obedecer. Essa sociedade entrou em decadência por volta de 1475, quando foi derrotada pelos incas, que tomaram o império e transferiram sua capital para Cuzco.

TIAHUANACO

No século V, a cidade de Tiahuanaco tinha a maior população da região, com cerca de 40 mil habitantes. Ela também era um centro religioso, que recebia peregrinos de todas as regiões andinas. Destacava-se por seus templos, portões monumentais e grandes esculturas monolíticas.

Uma das mais importantes construções desse povo é a Porta do Sol, que era a entrada do templo de Kalasasaya. Entalhada em um grande bloco de pedra, nela pode-se observar a imagem do deus Viracocha, que, para muitas culturas andinas, teria criado a humanidade.

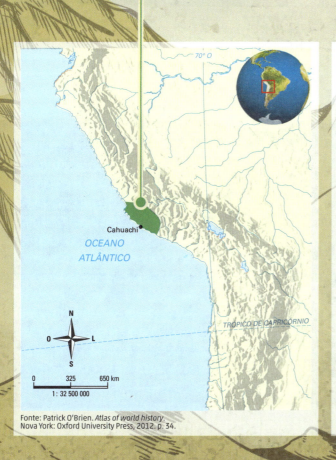

Fonte: Patrick O'Brien. *Atlas of world history*. Nova York: Oxford University Press, 2012. p. 34.

Fonte: Patrick O'Brien. *Atlas of world history*. Nova York: Oxford University Press, 2012. p. 84.

O Império Inca

A partir do século XIV, os incas estabeleceram-se na região da Cordilheira dos Andes, dominando o Império Chimu, na América do Sul. Os incas eram um clã que vivia na região andina e que, ao conquistar outros povos locais, expandiu seu território e aumentou sua força política. Nesse contexto, a cidade de Cuzco começava a se destacar como centro desse império, conhecido na época como Tahuantinsuyo.

Sociedade e cultura

O governo era centralizado e, seu líder, denominado Inca. A princípio, o Inca era o líder de um clã que mantinha relações com outras tribos e clãs locais e estabelecia relações de matrimônio entre membros de sua família com membros de outros clãs, o que fez com que seu poder e território expandissem a ponto de torná-lo um monarca.

Para assessorá-lo, eram nomeados nobres e sacerdotes da família do Inca, os quais ficavam responsáveis pela administração das várias regiões do império. Esses nobres eram educados em escolas especiais, onde aprendiam a língua quéchua, a religião oficial e a manipulação dos *quipus*. Além disso, estudavam História, Geometria, Geografia e Astronomia.

Outros nobres do Império Inca eram os chamados curacas. Essa nobreza era composta de líderes locais, geralmente de clãs aliados que estabeleciam com o Inca uma relação de fidelidade.

O clero era regido por um grande sacerdote, geralmente o próprio Inca, que tinha o posto mais alto da hierarquia religiosa, seguido por adivinhos, hipnotizadores e sacrificadores. Na religião incaica, havia uma divindade, Viracocha, que tinha dois intermediários: Inti, o Sol, que se comunicava com os seres celestiais, e o Inca, que se comunicava com os seres humanos.

Por fim, havia a população em geral, que desempenhava funções militares e civis, como os camponeses e os artesãos.

Fonte: José Jobson de A. Arruda. *Atlas histórico básico*. São Paulo: Ática, 2011. p. 21.

→ Vista de Machu Picchu, importante centro urbano da antiga sociedade inca. Peru, 2016.

O sistema de produção

O sistema de produção no Império Inca era bem estruturado e definido. O império era dividido em seis regiões produtivas: Puna, Suni, Quéchua, Yunga, a costa e a floresta.

Em Puna eram criadas lhamas e alpacas; já em Suni, a terra era irrigada pelo descongelamento das partes mais altas e cultivavam-se pimentões, tomates e batatas.

Em Quéchua eram produzidos milho, arroz (*Oriza sp*) e cacau. Por se tratar de uma região localizada muito acima do nível do mar, o cultivo dependia de um sistema de terraços em encostas, que eram amparados por muros de pedra.

Em Yunga eram cultivadas pimenta, coca e frutas. A produção nessa região dependia da implantação de canais de irrigação. Da costa vinham peixes e mariscos, enquanto da floresta, produtos tropicais, como frutas, ervas comestíveis, fungos, mel e madeiras, além de animais, como aves, rãs, lebres, entre outros.

↑ Terraços agrícolas no Vale do Colca (Peru), 2014.

 AQUI TEM MAIS

A sincronicidade no raciocínio matemático

Sincronismo é um conceito que representa a experiência em que eventos ou fenômenos ocorrem simultaneamente em muitos lugares ou de forma similar com várias pessoas. Na História, esse fenômeno pode ser observado com base em fatos sociais ou culturais. Os historiadores procuram compreendê-lo com dados e descobertas sobre certos objetos e instrumentos utilizados por vários povos do mundo.

Este é o caso dos ábacos, instrumentos matemáticos utilizados por algumas sociedades do passado. Embora não tivessem o mesmo formato nem fossem feitos dos mesmos materiais, a utilidade de todos era basicamente a mesma: realizar cálculos matemáticos.

Os incas inventaram um ábaco muito particular, chamado *yupana*, com o qual realizavam operações de soma, subtração, multiplicação e divisão. Para registrar cálculos importantes, essa sociedade desenvolveu outro instrumento, o *quipu*, que era feito de cordas e movimentado por nós. O *quipu* contribuiu também para a criação da noção de vazio, de ausência, que futuramente seria representado pelo algarismo numérico denominado zero.

↑ Gravura do século XVI que mostra um contador inca e seu *quipu*. Na parte inferior esquerda da imagem, é possível ver a representação de um *yupana*.

1. O que significa sincronismo?

2. O que o *quipu* representa para a história da Matemática?

LINK

Reduzir distâncias

Administrar extensos territórios é uma tarefa complexa, tanto no passado quanto no presente. Várias sociedades humanas criaram mecanismos para isso por meio de ações militares, de questões econômicas e até mesmo de **gestão** de vários agrupamentos urbanos. A demanda por sistemas de comunicação e transporte entre territórios acabou tornando-se algo recorrente na história.

Na América do Sul, o Império Inca criou uma rede de estradas que cumpria essas várias funções, chamada de Qhapaq Ñan, que em tradução livre significa "caminho principal".

↑ Ponte suspensa feita de cordas, parte do antigo Qhapaq Ñan, na região de Cuzco (Peru), 2015.

A expansão do Império, que atingiu seu apogeu no século XV, não teria sido possível sem esse eficiente sistema de integração, uma rota que passa pelos atuais territórios de Argentina, Bolívia, Chile, Colômbia, Equador e Peru. Cortando a Cordilheira dos Andes, o caminho foi adaptado às dificuldades da variada **topografia** da região. Essa rota vai desde os picos nevados, a cerca de 6 mil metros de altitude, até a costa do Oceano Pacífico, passando por bosques tropicais úmidos, vales férteis e desertos. Entre suas famosas rotas, destaca-se a que une a cidade de Cuzco ao sítio arqueológico de Machu Picchu, no Peru.

GLOSSÁRIO

Gestão: ato de administrar.
Topografia: descrição exata e minuciosa de um lugar.

Essa rede de estradas ligava importantes centros de produção, de administração e de cerimoniais. Se procurarmos algo similar a esse sistema na atualidade, não encontraremos nada parecido.

Considerando as vias terrestres em nossa realidade sócio-histórica, podemos compreender que o território brasileiro se desenvolveu muito devido às vias terrestres – por meio das rotas de tropeiros, por exemplo, e, posteriormente, por estradas, inclusive estradas de ferro.

Após a década de 1950, as autoestradas foram escolhidas por nossos governantes como a principal forma de deslocamento dentro do território nacional. Como se tornaram fundamentais para nosso sistema econômico, político e social, as autoestradas ganharam prioridade nos investimentos em infraestrutura para transporte de cargas e pessoas.

1. De que modo um sistema de estradas pode contribuir para o desenvolvimento econômico e social de uma população em geral?

2. Como é possível estabelecer relações entre as estradas construídas durante o Império Inca e sua influência política, econômica e militar sobre a região dos Andes?

3. É possível estabelecer relações entre a importância das estradas para o Império Inca e para o Brasil atualmente?

ATIVIDADES

SISTEMATIZAR

1. Embora o milho fosse a base da alimentação dos povos mesoamericanos, os maias não o consideravam apenas um alimento para saciar a fome. Comente a importância do milho para os povos maias.

2. Qual é a importância dos canais de irrigação para a agricultura asteca?

3. Embora a sociedade mochica não tenha desenvolvido a escrita, ainda assim é possível estudá-la. Explique como os pesquisadores puderam desvendar a cultura mochica.

4. Explique a importância dos conhecimentos hidráulicos para as civilizações andinas.

5. Como os incas resolveram o problema do terreno montanhoso para plantação?

6. Reproduza o quadro a seguir no caderno e preencha-o com as principais características de cada sociedade.

	Maia	Asteca	Inca
Sociedade			
Política			
Economia			
Cultura			
Religião			

REFLETIR

1. Com base na fotografia ao lado, explique quais conhecimentos foram necessários para que os chimus construíssem a grande cidade de Chan Chan.

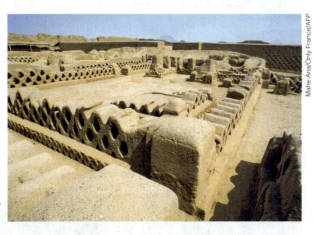

→ Ruínas da cidade de Chan Chan, capital do Império Chimu. Peru, 2013.

DESAFIO

1. A fotografia a seguir mostra uma das Linhas de Nazca. Apesar dessas linhas terem sido feitas há mais de um milênio, a maioria delas está intacta e é visível.
Em grupo, pesquise quando e como foram descobertas essas linhas e quais são as hipóteses defendidas pelos cientistas para sua permanência por tanto tempo.

2. Você sabe se alguma prática cultural andina é realizada atualmente no Brasil? Com o auxílio do professor, faça uma pesquisa e descubra.

↑ Geoglifo que representa um beija-flor. Peru, 2017.

101

CAPÍTULO 2
Primeiros habitantes do Brasil

No capítulo anterior, você estudou os povos mesoamericanos e andinos. Neste capítulo, você vai conhecer quem foram os primeiros habitantes do território que hoje forma o Brasil e como eles chegaram até aqui.

Em 1974, foi encontrado na região de Lagoa Santa, no atual estado de Minas Gerais, o fóssil mais antigo da América. Trata-se de restos humanos de uma mulher adulta que tinha cerca de 20 anos e que viveu há aproximadamente 11 mil anos. Ela foi chamada pelos pesquisadores de Luzia, em referência a Lucy, sua ascendente africana.

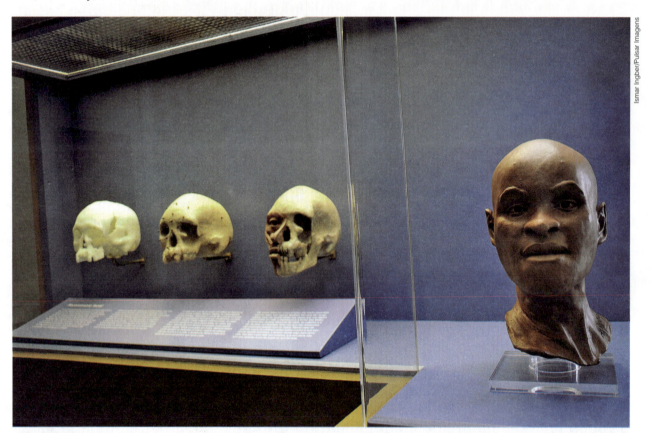

↑ Crânio de Luzia e sua provável face reconstituída com resina por estudiosos da Universidade de Manchester, Inglaterra.

Apesar de ter sido encontrado na década de 1970, o fóssil de Luzia recebeu maior atenção na década de 1990, com os estudos realizados pela equipe de pesquisadores chefiada pelo bioarqueólogo Walter Neves.

O trabalho deles resultou na reconstituição da provável feição de Luzia, revelando traços negroides semelhantes aos dos atuais australianos e de alguns povos africanos. Segundo essa teoria, Luzia pertenceria a um grupo étnico semelhante ao das populações originárias da África e da Austrália, bem diferente de grande parte dos povos indígenas contemporâneos, que têm origem mongol.

Com isso, novas hipóteses foram levantadas sobre a ocupação da América. Walter Neves e sua equipe de pesquisadores inferem que o continente tenha sido povoado por pelo menos duas levas migratórias.

Os sítios arqueológicos brasileiros

O Brasil possui mais de 24 mil sítios arqueológicos cadastrados distribuídos em diversas regiões.

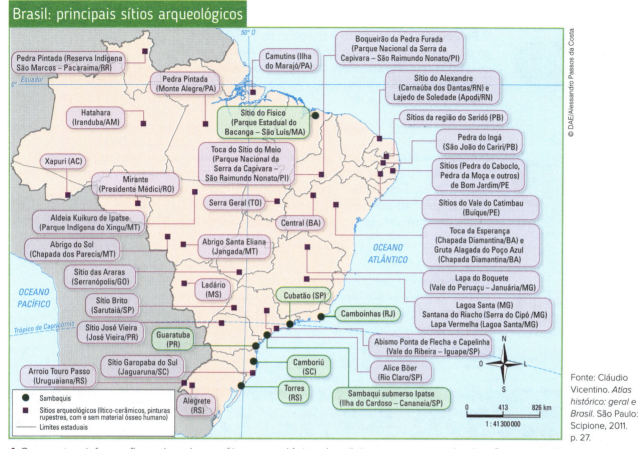

↑ O mapa traz informações sobre alguns sítios arqueológicos brasileiros e mostra sua distribuição territorial.

O Parque Nacional da Serra da Capivara

O Parque Nacional da Serra da Capivara, no Estado do Piauí, destaca-se como um dos maiores complexos de sítios arqueológicos por conter a maior concentração de vestígios do continente americano. A região é considerada Patrimônio Mundial da Humanidade pela Unesco desde 1991. O parque abriga diversos vestígios da presença humana, com destaque para as pinturas rupestres.

Os estudos liderados pela arqueóloga brasileira Nièdе Guidon na Serra da Capivara apontam a presença de seres humanos há cerca de 50 mil anos. Nas escavações realizadas por sua equipe desde a década de 1970 foram encontrados restos de fogueiras e instrumentos de uso doméstico. Durante mais de 30 anos esses vestígios foram contestados pela comunidade científica, mas, na década de 2000, nova análise foi realizada, e os dados até então contestados passaram a ser mais aceitos.

→ Nièdе Guidon ao lado de pintura rupestre no Sítio Arqueológico do Veado, no Parque Nacional da Serra da Capivara. São Raimundo Nonato (PI).

A ocupação do território

A ocupação do território que viria a se tornar o Brasil não foi um processo homogêneo e costuma ser dividida em três grandes períodos.

Paleoíndio

O **Paleoíndio** corresponde à chegada dos primeiros grupos humanos até cerca de 9 mil anos. Nesse período, os grupos reuniam um número reduzido de pessoas com certa semelhança cultural, e elas viviam tanto da caça quanto da coleta de frutos.

Arcaico

O **Arcaico** estende-se de 9 a 5 mil anos atrás, quando a ocupação do território se tornou mais densa. As populações do período passaram a ocupar regiões diversas, como o litoral. Esses grupos humanos apresentavam maior desenvolvimento técnico, que lhes possibilitava formas mais sofisticadas de explorar o ambiente e fontes de alimentos, embora ainda predominassem os caçadores e coletores.

Formativo

O **Formativo** é o período que se estende de 5 mil anos até a chegada dos europeus, mais de 500 anos atrás. Nesse período formaram-se os grupos indígenas do Brasil, que, com o passar do tempo, tornaram as práticas agrícolas mais sofisticadas, fabricaram utensílios domésticos e formaram as aldeias. Esses grupos humanos tornaram-se numerosos, permanecendo mais tempo nos lugares.

Representação artística de uma comunidade indígena que habitava o território onde atualmente é o Brasil.

A faixa litorânea

Os sítios arqueológicos mais antigos do litoral brasileiro são os sambaquis, palavra que resulta da junção de dois termos de origem tupi: *tamba* (concha) e *ki* (amontoado), formados no Paleoíndio. Com altura entre 2 e 30 metros, olhando de longe, os sambaquis parecem morros no litoral brasileiro. Contudo, pesquisas arqueológicas indicam que, em seu interior, eles abrigam objetos de uso cotidiano e sepultamentos.

Os sambaquieiros, denominação dada à população que habitava os sambaquis, viveram entre 8 mil e mil anos atrás e acumulavam conchas dos mariscos nessas espécies de plataformas em que residiam. Eram predominantemente caçadores e pescadores com características seminômades, pois não tinham a necessidade de se mudarem com frequência devido à abundância de alimentos e de outros recursos necessários à sobrevivência. Essa população coletava mariscos na faixa litorânea, geralmente em baías como as de Guanabara (RJ), Iguape (BA), Paranaguá (PR), Joinville (SC) e Laguna (SC).

↑ Sambaqui em Garopaba do Sul tem 30 metros de altura e 200 metros de diâmetro. Jaguaruna (SC), 2016.

O interior

Pesquisas recentes trazem informações mais precisas sobre a ocupação do Brasil nos últimos 15 mil anos. Com base nisso, acredita-se que os povos desse período tenham vindo tanto de áreas próximas do Oceano Pacífico quanto do Oceano Atlântico pelo Vale do Rio Amazonas, espalhando-se posteriormente para as demais áreas do território.

Os vestígios deixados indicam sinais de grupos humanos, compostos de caçadores e coletores que apresentavam características culturais semelhantes, nos atuais estados de Minas Gerais, Pernambuco e Rio Grande do Sul. O uso de instrumentos de pedras e ossos foi agregado ao uso de arco e flecha. Essa inovação tecnológica permitia a caça de presa a distância. Os abrigos eram predominantemente grutas e edificações de pedras.

← Abrigo no sítio arqueológico Lapa do Santo, na região de Lagoa Santa, Minas Gerais, 2016.

Os povos indígenas no Brasil

Brasil: grupos indígenas no início do século XVI

Fonte: Vera Caldini, Leda Ísola. *Atlas geográfico Saraiva*. 4. ed. São Paulo: Saraiva, 2013. p. 62.

O território que hoje corresponde ao Brasil era povoado por diversos povos com culturas variadas. Parte significativa dessa diversidade tinha origem comum percebida na língua e em hábitos culturais.

Estima-se que, antes de 1500, no território que hoje corresponde ao Brasil, vivia uma população de cerca de 5 milhões de indígenas. Essa quantidade foi reduzida de forma drástica. As mortes, em sua maioria, ocorreram por participação em guerras com outros povos, lideradas pelos europeus, e pelas doenças trazidas por estes (a população local não tinha **imunidade** para sobreviver a elas).

Tupis e guaranis

↑ Indígenas da etnia guarani em ritual de dança. Aldeia Itakupe, Pico do Jaraguá, São Paulo.

Acredita-se que o povo tupi-guarani tenha se formado no interior da Amazônia há cerca de 5 mil anos. De lá eles começaram a migrar para o Sul por volta de 500 a.C. Até o século XVI, eles haviam percorrido dois caminhos distintos: um pela faixa litorânea e outro pelo interior.

Os grupos que seguiram para o litoral formaram os povos tupis. Os guaranis, por sua vez, rumaram para o interior, seguindo a **Bacia do Prata** e chegando ao que atualmente corresponde à região Sul do Brasil e aos territórios da Bolívia, Argentina e Paraguai.

Os tupis e os guaranis formavam o maior conjunto de povos indígenas no momento do contato com os europeus em 1500. Esses povos tinham diferenças, mas também muitas semelhanças, como a forma de se organizar em aldeias e a estrutura da língua falada. Outra semelhança eram os hábitos migratórios mesmo dominando a agricultura.

> **GLOSSÁRIO**
>
> **Bacia do Prata:** segunda maior bacia hidrográfica da América do Sul. É formada pelos rios Paraná, Paraguai e Uruguai e seus afluentes. Estende-se por quatro países: Brasil, Uruguai, Paraguai e Argentina.
>
> **Imunidade:** defesa do organismo contra doenças contagiosas.

ATIVIDADES

SISTEMATIZAR

1. Por que o fóssil de Luzia é importante para estudarmos a ocupação da América?
2. Qual é a importância dos estudos de Niède Guidon sobre a ocupação da América?
3. Quais são os períodos de ocupação do território que viria a se tornar Brasil? Explique cada um deles.
4. Como era o modo de vida dos povos sambaquieiros?
5. Como se deu a ocupação dos tupis-guaranis no Brasil?

REFLETIR

1. Os mais de 200 povos indígenas no Brasil somam menos de 1 milhão de indivíduos, segundo o Censo 2010, realizado pelo IBGE. Compare esse número com o estimado no ano de 1500 e, em seguida, aponte quais são as diferenças que se pode perceber com essa comparação.

2. As pinturas corporais e os adornos dos diferentes grupos indígenas, do passado e atuais, fazem parte da singularidade das artes indígenas e têm significados próprios para cada etnia. As perfurações nos lábios, orelhas e queixo, os enfeites de plumas, os colares de sementes e de outros elementos da natureza etc. são, nas culturas indígenas, utilizados no cotidiano e podem ter simbologias diversas: ornamento de guerra, decoração de festas e rituais – como ritos de passagem, comunicação com o sobrenatural, entre outras.

← Indígenas yanomâmis com adornos confeccionados com palitos de bambu. Aldeia do Demini, Barcelos (AM).

Entre os grupos não indígenas, os adornos pessoais também podem ser sinais de identificação? Elabore um texto apontando semelhanças e diferenças e complete com exemplos.

DESAFIO

1. Faça uma pesquisa na internet sobre as principais colaborações culturais dos povos indígenas à nação brasileira, eleja uma delas e escreva uma redação com o tema: "A presença da cultura indígena na sociedade brasileira".

CAPÍTULO 3 Povos africanos

No capítulo anterior, você estudou como foi ocupado o território onde está localizado o Brasil. Neste capítulo, estudará duas sociedades africanas da Antiguidade de que se tem bastante vestígios: o Egito e o Reino de Cuxe.

Egito Antigo

O Egito se localiza no nordeste da África, em uma região predominantemente desértica. O país é irrigado pelo Rio Nilo, que percorre mais de 6 500 quilômetros até desembocar no Mar Mediterrâneo.

As cheias do Nilo ocorrem de julho a novembro e são provocadas pelas chuvas e pelo derretimento da neve das montanhas da Etiópia. Nesse período, o rio transborda e deposita nas margens o **húmus**, que fertiliza a terra, possibilitando o aproveitamento agrícola.

Até hoje, o rio continua sendo fundamental para a permanência dos grupos humanos na região.

O Estado

Estima-se que por volta de 6000 a.C. o Vale do Nilo tenha sido ocupado por comunidades sedentárias, chamadas de nomos.

Os nomos eram independentes uns dos outros, mas havia cooperação econômica entre eles. Quem os governava eram chefes políticos **hereditários**, os nomarcas.

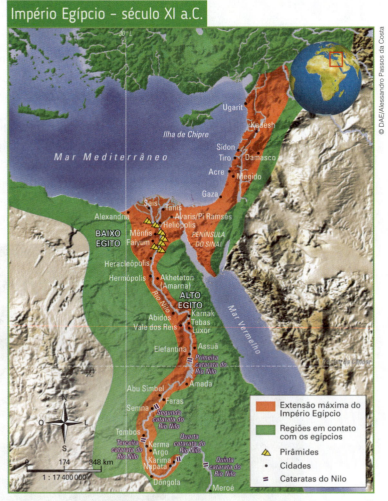

Fontes: Jeremy Black. *World history atlas*. Londres: Dorling Kindersley, 2008. p. 159; Claudio Vicentino. *Atlas histórico: geral e do Brasil*. São Paulo: Scipione, 2011. p. 33.

Em torno de 3500 a.C., esses nomos foram reunidos e formaram dois reinos. Contudo, eles passaram a disputar terras férteis e, nesse conflito, o rei Menés (também identificado como Narmer) unificou o território, tornando-se o primeiro faraó, em aproximadamente 3200 a.C.

Com a unificação do território e o estabelecimento de um sistema de governo baseado na monarquia hereditária – em que o faraó era um soberano absoluto –, organizou-se o Estado egípcio.

GLOSSÁRIO

Hereditário: o que se recebe ou se transmite por herança.
Húmus: matéria orgânica em processo de decomposição que, acumulada na superfície, proporciona fertilidade ao solo.

Sociedade

A sociedade egípcia era hierárquica e de pouca mobilidade. Observe a seguir como ela era estruturada.

Faraó: exercia poder absoluto, que era justificado pelo caráter divino atribuído a ele. Tinha funções religiosas, administrativas, militares, e era responsável também pela Justiça.

Vizir: espécie de ministro, auxiliava o faraó em atividades como o processo de arrecadação de impostos e a fiscalização de construções, além de ser o transmissor das ordens do faraó.

Nomarcas: tinham a função de gerir as províncias dominadas pelo Egito.

Guerreiros: garantiam a defesa do reino e a manutenção da paz.

Sacerdotes: comandavam os templos e as atividades religiosas. (Nos templos, além de serem celebrados ritos religiosos, havia escolas, bibliotecas, centros administrativos, oficinas e armazéns).

Escribas: pessoas que sabiam ler e escrever e, por isso, executavam funções administrativas, principalmente ligadas à cobrança de impostos, e registravam os acontecimentos do Império.

Artesãos: pessoas que trabalhavam na confecção de ferramentas e objetos variados.

Trabalhadores urbanos: trabalhadores livres que atuavam na construção e conservação de obras públicas e dos sistemas de irrigação, em expedições extrativistas (minas e pedreiras), auxiliando artesãos. Podiam também ser convocados para a guerra.

Escravos: eram prisioneiros de guerra e pessoas que não pagavam os impostos. Trabalhavam nas lavouras, construções, afazeres domésticos e como artesãos.

Camponeses: compunham a maior parte da população. Desenvolviam atividades ligadas à produção de alimentos e, quando necessário, trabalhavam na construção de obras públicas.

A sociedade egípcia na Antiguidade existiu por mais de 3 mil anos. O Estado egípcio manteve-se independente por longos períodos, exceto em épocas marcadas por instabilidade política e social, bem como por invasões estrangeiras.

As mulheres egípcias tinham grande influência política e social. Elas podiam exercer diversas profissões e, em alguns casos, sua remuneração era semelhante à dos homens. Algumas chegaram ao poder, tornando-se rainhas do Egito.

A agricultura era a principal atividade econômica egípcia. Ela se fundamentava em um complexo sistema de irrigação, em que as águas do Rio Nilo chegavam à plantação. Os principais cultivos eram trigo, cevada, linho, legumes e árvores frutíferas. Os egípcios criavam bois, asnos, carneiros, cabras, porcos e aves diversas, e ainda pescavam. Os artesãos produziam roupas, joias, móveis e ferramentas, entre outras coisas. O comércio, assim como em outras sociedades da época, era controlado pelo Estado.

O Estado era proprietário da maior parte das terras e dos instrumentos de trabalho. Os camponeses recebiam lotes de terras, tinham direito de uso por meio do pagamento de tributos ao Estado, e prestavam serviço na construção das grandes obras públicas.

Cultura
Religião

O Estado egípcio era teocrático, ou seja, todas as políticas e leis eram pautadas por normas religiosas.

A religião desempenhou um papel marcante na vida dos antigos egípcios. Eles eram politeístas, e os deuses mais conhecidos eram Rá, Osíris, Ísis e Hórus. O faraó era considerado a encarnação do deus Rá; por isso, cabia a ele a manutenção da fertilidade e da prosperidade de seu povo.

Os antigos egípcios acreditavam na imortalidade da alma, mas, para que renascessem em outro plano, o corpo precisaria estar intacto. Dessa maneira, desenvolveram a técnica da mumificação com o objetivo de conservar os cadáveres.

↑ Papiro egípcio retratando o Tribunal de Osíris. *Livro dos Mortos* (detalhe), c. 380 a.C. - 343 a.C.

Segundo a sua crença, após a morte a alma era levada ao Tribunal de Osíris. No julgamento, o coração do morto era colocado em uma grande balança e, do outro lado, colocava-se uma pena. Se as boas ações predominassem, ou seja, se o coração pesasse menos do que a pena, o falecido teria vida eterna. Caso contrário, o coração era entregue a Ammit (deusa da retribuição divina), que o comeria, destruindo assim a alma do falecido.

Normalmente, no túmulo eram depositados alimentos, joias e outros objetos que, de acordo com as crenças egípcias, seriam utilizados pelo morto em sua vida futura.

Arte e ciência

Para os antigos egípcios, a presença dos seres divinos era constante. Sendo assim, tudo o que era alcançado em termos de tecnologia e arte estava relacionado com a religião.

Financiada pelos faraós e outros nobres, a arte egípcia era amplamente funcional. Parte integrante dos rituais sagrados, as grandes construções arquitetônicas, as estátuas de deuses e faraós e as pinturas nas paredes eram consideradas essenciais para a manutenção do Estado egípcio.

Na arquitetura, encontramos construções de grandes dimensões, feitas para mostrar o poder dos faraós e a importância da religião. Entre os principais templos estão o de Amon-Rá, em Karnak; o de Luxor, em Tebas; e o de Ramsés II, em Abu-Simbel. As esculturas e os afrescos decoravam templos e palácios, e representavam deuses, animais, plantas e seres humanos.

↑ As Pirâmides de Gizé são uma das Sete Maravilhas do Mundo Antigo. Cairo, Egito.

Uma das maiores conquistas técnicas e artísticas dos antigos egípcios foi a construção das pirâmides. Elas eram parte de um extenso complexo de construções dedicadas aos mortos. As pirâmides egípcias mais conhecidas são as dos faraós Quéops (ou Khufu), Quéfren e Miquerinos, em Mênfis, atual Gizé.

No interior das pirâmides eram guardados objetos da vida cotidiana do falecido, e nas paredes eram pintados textos que falavam, entre outros assuntos, sobre a vida do faraó a quem aquela pirâmide pertencia. Esses textos foram escritos em hieróglifos.

Os hieróglifos não foram a única escrita desenvolvida pelos egípcios. Para a comunicação em papiros havia outras duas formas: a escrita demótica – de uso popular – e a escrita hierática – usada em documentos. Ainda que os hieróglifos tivessem sido simplificados para formar maneiras mais fáceis de escrever em papiros, eles nunca formaram um alfabeto, pois essa não era uma preocupação dos egípcios.

A maior parte da literatura egípcia chegou até nós escrita em rolos de papiro ou tabletes de madeira. Ela inclui hinos aos deuses, escritos mágicos e mitológicos e uma extensa coleção de textos funerários.

A construção das pirâmides exigiu conhecimentos de Engenharia e Matemática, que também foram aplicados na construção de obras públicas, na cobrança de impostos e na otimização da produção agrícola no que tange às cheias do Rio Nilo e aos métodos de irrigação mais adequados.

Sabe-se também que os egípcios tinham conhecimentos de Astronomia, pois elaboraram um calendário solar com o ano dividido em 12 meses de 30 dias cada, aos quais se adicionavam cinco dias complementares.

← Papiro do século XIII a.C. que contém a escrita hierática. Esse documento relata uma batalha empreendida pelo faraó Ramsés II.

A Medicina egípcia

Os médicos egípcios da Antiguidade tinham excelente reputação, a ponto de existirem relatos de governantes de outros impérios que pediam ajuda ao faraó em questões de saúde de seus familiares.

Os profissionais egípcios estudavam as artes da cura em templos e conseguiam fazer algumas operações, como cirurgias oculares, extrações de dentes, remoção de amígdalas e pedras nos rins, entre outras.

Eles faziam referências ao Rio Nilo para explicar doenças e curas. Por exemplo, havia uma teoria de que o corpo humano era formado por canais, nos quais circulavam ar, água ou sangue. Quando uma pessoa adoecia, eles diziam que isso ocorria porque esses canais haviam sido bloqueados.

↑ Relevo que representa um homem apoiado em uma muleta em frente a um sacerdote médico. Entrada da tumba de Sabni, construída por volta do século XXII a.C., em Assuan, no Egito.

1. Cite os problemas de saúde que os médicos egípcios tratavam com habilidade e eficácia.

2. Compare os conhecimentos básicos de Medicina dos egípcios com os da sociedade contemporânea.

O Reino de Cuxe

Próximo ao Egito, ao longo do curso do Rio Nilo, desenvolveu-se também o Reino de Cuxe, na região da Núbia (norte do atual Sudão), motivo pelo qual os cuxitas são também chamados de núbios.

Os cuxitas ocupavam essa região desde cerca de 3200 a.C. e viviam da domesticação de animais, pesca, caça e coleta.

Fontes: Jeremy Black. *World history atlas*. Londres: Dorling Kindersley, 2008. p. 30-31; Claudio Vicentino. *Atlas histórico: geral e Brasil*. São Paulo: Scipione, 2011. p. 33.

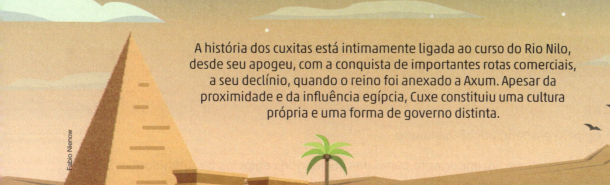

A história dos cuxitas está intimamente ligada ao curso do Rio Nilo, desde seu apogeu, com a conquista de importantes rotas comerciais, a seu declínio, quando o reino foi anexado a Axum. Apesar da proximidade e da influência egípcia, Cuxe constituiu uma cultura própria e uma forma de governo distinta.

3200 a.C.- 2000 a.C.

Os núbios eram seminômades, mas estabeleceram relações com os egípcios, especialmente comerciais, aos quais forneciam produtos como ouro, marfim, pedras semipreciosas, entre outros. Essas riquezas despertaram o interesse egípcio que, a partir de 2000 a.C., passou a controlar todos os povos na região da Núbia.

1750 a.C.- 1500 a.C.

Por volta de 1750 a.C., a Núbia conquistou autonomia. Foi fundado o Reino de Cuxe, com capital na cidade de Napata. Essa fase durou 250 anos, quando novamente os egípcios dominaram grande parte da região. Os cuxitas passaram a ser governados por vice-reis, escolhidos pelos faraós egípcios, que exerciam a função de chefes religiosos e eram responsáveis pela segurança interna e pelo pagamento de tributos ao faraó.

750 a.C.- 663 a.C.

A partir de 750 a.C., os cuxitas tomaram novamente o poder; de dominados, passaram a dominar os egípcios. O rei cuxita Piiê iniciou uma campanha militar que possibilitou a seu irmão, Xabaca, conquistar o Egito e fundar a XXV dinastia faraônica, também conhecida como Dinastia Cuxita, que governou por cerca de 50 anos. Por volta de 670 a.C., os assírios invadiram a região do Delta do Rio Nilo e, em 663 a.C., derrotaram os cuxitas, que se retiraram do Egito.

663 a.C.- 200 d.C.

Após deixarem o Egito, os cuxitas estabeleceram-se em torno de uma nova capital, Méroe, distanciaram-se da cultura egípcia, resgataram práticas tradicionais de seu povo e desenvolveram novos hábitos. Antigos deuses núbios voltaram a ser cultuados, a escrita egípcia foi substituída por duas formas de escrita meroíticas e as artes assumiram identidade própria. O governo frequentemente era exercido pela mãe do rei e, a partir do século II a.C., por rainhas, denominadas candaces.

Século III d.C.

Mesmo com a tomada do Egito pelo Império Romano em 30 a.C., Méroe manteve-se autônoma. Porém, no século III d.C. o comércio começou a ser prejudicado por outros mercadores e pelos constantes assaltos praticados por povos nômades nas rotas do deserto, e a história desse povo entrou em declínio. Com a queda de Méroe, Cuxe foi anexado por Axum, poderoso reino da Etiópia.

ATIVIDADES

SISTEMATIZAR

1. O Estado egípcio era teocrático? Justifique.

2. A religião desempenhava um importante papel nas sociedades egípcias da Antiguidade. Escreva o que você sabe sobre a religião praticada no Egito Antigo.

3. Quais eram as funções do faraó?

4. Explique resumidamente a frase: "A história de Cuxe está intimamente ligada ao Egito".

5. O Reino de Cuxe foi uma sociedade matriarcal. Com o auxílio do professor, estabeleça a diferença entre matriarcado e patriarcado.

6. No Reino de Cuxe, assim como no Egito, o papel da mulher era muito importante. Qual era a função da mulher na sociedade cuxita? Qual título ela recebia ao se tornar rainha?

7. De que modo os núbios expandiram seus domínios e qual foi o motivo de seu declínio?

REFLETIR

1. Leia o trecho a seguir e, depois, faça o que se pede.

> LXXXVI
> Os embalsadores trabalham em suas próprias casas, e eis como procedem nos embalsamentos mais caros: Primeiramente, extraem o cérebro pelas narinas, parte com um ferro recurvo, parte por meio de drogas introduzidas na cabeça. Fazem, em seguida, uma incisão no flanco com pedra cortante da Etiópia e retiram, pela abertura, os intestinos, limpando-os cuidadosamente e banhando-os com vinho de palmeira e óleos aromáticos. O ventre, enchem-no com mirra pura moída, canela e essências várias, não fazendo uso, porém, do incenso. Feito isso, salgam o corpo e cobrem-no com natro, deixando-o assim durante setenta dias. Decorridos os setenta dias, lavam-no e envolvem-no inteiramente com faixas de tela de algodão embebidas em *commi*, de que os egípcios se servem ordinariamente como cola. Concluído o trabalho, o corpo é entregue aos parentes, que o encerram numa urna de madeira feita sob medida, colocando-a na sala destinada a esse fim. Tal a maneira mais luxuosa de embalsamar os mortos.
> [...]
> LXXXVIII
> O terceiro tipo de embalsamento destina-se aos mais pobres. Injeta-se no corpo o licor denominado *surmaia*, envolve-se o cadáver no natro durante setenta dias, devolvendo-o depois aos parentes.
>
> Heródoto. *História*. Trad. Pierre Henri Larcher. São Paulo: Montecristo Editora, 2012. (Clássicos da Literatura Universal). E-book.

a) Explique o que é a "urna de madeira" citada no texto.

b) Explique a finalidade de mumificar os mortos para os egípcios.

c) Elabore hipóteses para explicar por que havia diferenças na forma de embalsamar os ricos e os pobres.

2. Observe a imagem abaixo e, depois, faça o que se pede.

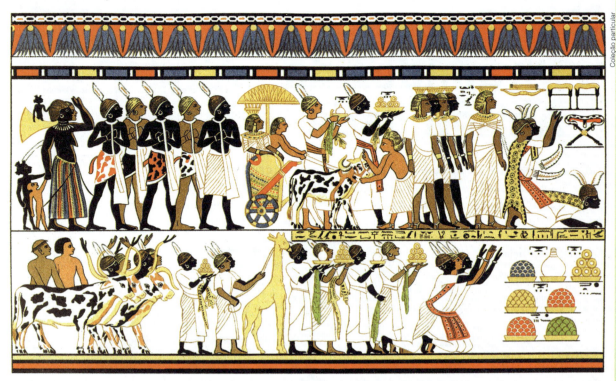

↑ Chefes da Núbia levando presentes ao rei do Egito. Cópia de uma pintura de parede de túmulo do Egito Antigo em Tebas, c. 1380 a.C., publicada no livro *História da humanidade*, v. III, do professor Friedrich Ratzel, em 1898.

a) Descreva o que você observa na imagem.

b) Responda: Há alguma diferença entre as vestimentas dos personagens? Quais são elas?

3. A fotografia a seguir mostra algumas pirâmides de Méroe. Indique que influências da cultura egípcia é possível encontrar nessas construções.

← Pirâmides de Méroe, Sudão. Os núbios, assim como os egípcios, também construíram pirâmides.

DESAFIO

1. A região da Núbia, atual Sudão, foi palco de inúmeros conflitos bélicos ao longo da história. Um dos mais recentes foi o conflito de Darfur, que teve início em 2003. Faça uma pesquisa sobre esse conflito e elabore uma redação estabelecendo diferenças entre os conflitos na antiga Núbia e no atual Sudão.

FIQUE POR DENTRO

Pirâmides da Antiguidade

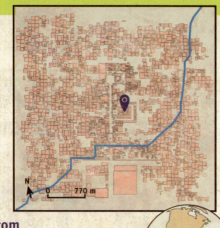

Estruturas piramidais feitas com pedra, algum tipo de argamassa ou com terra foram encontradas em diferentes locais do mundo, apesar de não ter havido contato entre os povos que as construíram. Veja neste infográfico duas dessas pirâmides e o que elas podem revelar sobre seus construtores.

1. Rituais de sacrifício
Animais e humanos eram sacrificados aos deuses no topo da pirâmide. Além do aspecto religioso, esses grandes eventos públicos eram uma forma de a elite amedrontar e controlar a população.

2. Estrutura interna
Seu interior é de terra compactada e foi coberta com uma camada de pedras e argamassa a base de cal.

Metrópole da Mesoamérica
A cidade fica no atual território do México e chegou a ter entre 100 e 200 mil habitantes. Note que as quadras seguem uma grade e até mesmo o rio que corta a cidade teve seu curso modificado para acompanhar o ordenamento urbano.

Entrada do túnel

PIRÂMIDE DO SOL
TEOTIHUACÁN

A cidade foi construída por um povo de identidade ainda desconhecida, que viveu ali entre 150 a.C. e 650 d.C. Teotihuacán foi um importante centro religioso, comercial e a sede política de uma confederação de cidades da Mesoamérica. Os grandes eventos religiosos, que reuniam os habitantes de várias cidades, aconteciam na pirâmide.

3. Câmara interior
Foram encontradas estatuetas religiosas nesta câmara que parece uma caverna. Nos mitos mesoamericanos, os seres humanos teriam vindo ao mundo por uma caverna, como uma criança que nasce do ventre de sua mãe.

Nenhum sistema de escrita foi descoberto e a iconografia que cobre algumas construções da cidade ainda está sendo estudada. Como não há nenhuma representação de um rei, acredita-se que não glorificavam as autoridades, como no Egito.

AS PIRÂMIDES EM NÚMEROS

Antigos egípcios e teotihuacanos nunca tiveram contato entre si, apesar disso, os mais importantes edifícios religiosos desses povos são pirâmides. As dimensões das duas são comparáveis, embora a pirâmide egípcia seja mais alta.

	Pirâmide do Sol	Pirâmide de Khufu
Altura	64 metros	147 metros
Lagura da Base	215 metros	230 metros

PIRÂMIDE DE KHUFU
EGITO

A maior pirâmide egípcia foi construída pelo faraó Khufu, em 2589 a.C. O controle do Estado sobre a sociedade egípcia tornou possível concentrar o trabalho de milhões em grandes obras, como os diques para controlar as águas do Rio Nilo e as pirâmides, que tinham uma função religiosa: levar o faraó, um deus vivo, ao mundo dos mortos.

O entorno da pirâmide
As edificações ao redor da pirâmide são religiosas e estão relacionados à vida após a morte de Khufu e outros faraós. Foram construídas por camponeses que acreditavam na natureza sagrada do faraó.

1. Câmara mortuária
Os antigos egípcios acreditavam na vida pós-morte e preservar o corpo do morto e seus pertences era essencial para a ressurreição na outra vida. Na câmara mortuária, estava o corpo de Khufu e seus tesouros, mas tudo foi saqueado, restando apenas inscrições nas paredes.

2. Construção
A pirâmide foi feita em degraus com 2,3 milhões de blocos empilhados, levados em toras de madeira por rampas nas laterais da pirâmide.

Entrada secreta do túnel

3. Templo
Local onde Khufu foi mumificado e onde os sacerdotes deixavam alimentos ao rei morto para a vida no além.

4. Bote funerário
Ao lado da pirâmide, foi encontrado o barco que trouxe o faraó pelo Rio Nilo para ser mumificado e sepultado. O bote serviria ao faraó na vida pós-morte.

Estas são pirâmides feitas para as três esposas de Khufu, mas elas nunca foram enterradas aí.

Renato Faccini / Mauro Brosso

---

1. Com base nos mapas e nas informações do infográfico, analise onde cada pirâmide foi construída e associe sua localização ao planejamento e ao uso que cada povo fez desse tipo de construção.

FONTES: MILLON, R.; DREWITT, B.; BENNYHOFF, J. "The Pyramid of the Sun at Teotihuacán". In: *Transactions of the American Philosophical Society*, V. 55, N. 6, 1965, p. 1-93; HEYDEN, D. "An interpretation of the cave underneath the Pyramid of the Sun in Teotihuacan, Mexico". In: *American Antiquity*, V. 40, N. 2, 1975, p. 131-147; DONADONI, S. *O homem egípcio*. Lisboa: Editorial Presença, 1994; PUTNAM, J. *Eyewitness Pyramid*. Nova Iorque: DK Publishing, 2011.

O Tribunal de Osíris

Na imagem, podemos observar seres antropomórficos, ou seja, com forma de seres humanos, e antropozoomórficos, isto é, uma mescla de figuras humanas e animais. As figuras antropozoomórficas, para os egípcios antigos, representavam seus deuses.

Além de hieróglifos, da esquerda para a direita, podem ser observadas figuras com rostos e pés virados para as laterais, tanto para a direita quanto para a esquerda. São os seguintes personagens:

- o morto sendo conduzido ao tribunal pelo deus Anúbis (deus dos mortos, com cabeça de cachorro);
- o deus Anúbis e a deusa Ammit (deusa da destruição, com figura de monstro, numa mescla de hipopótamo, leão e com cabeça de crocodilo), embaixo de uma balança, onde será pesado o coração da alma do morto;
- o deus Thot (deus do conhecimento, da sabedoria, com cabeça de íbis, uma espécie de ave), virado para a balança, acompanha a pesagem do coração da alma do morto;

118

- **Título:** "O Tribunal de Osíris"
- **Autoria:** desconhecida
- **Local de origem:** Antigo Egito
- **Ano de produção:** 1275 a.C.
- **Acervo:** parte integrante do Livro dos Mortos, em exemplar localizado no Museu Britânico, Londres, Inglaterra.

- o deus Hórus (deus do céu, com cabeça de falcão), que conduz o morto para Osíris (deus do julgamento dos mortos), sentado em uma espécie de trono;
- as esposas de Osíris: Ísis (deusa do amor e da magia) e Néftis (deusa das terras secas e áridas do deserto), que acompanham o marido e o julgamento.

Contextualizando a ilustração

A ilustração "O Tribunal de Osíris" foi desenhada em papiro, um tipo de papel amarelado e texturizado, feito de fibras de plantas. Uma ilustração é uma imagem (que pode ser desenho, pintura, fotografia etc.) utilizada para acompanhar um texto com o objetivo de acrescentar informação.

O "Tribunal de Osíris" é uma parte do Livro dos Mortos, um livro sagrado do Antigo Egito em que constavam as regras de boa conduta que a pessoa deveria seguir para atingir a imortalidade, como nunca fazer mal aos animais nem cometer injustiças, sobretudo aos mais pobres. Nessa parte selecionada do livro é explicado como ocorre o julgamento divino de uma pessoa que faleceu.

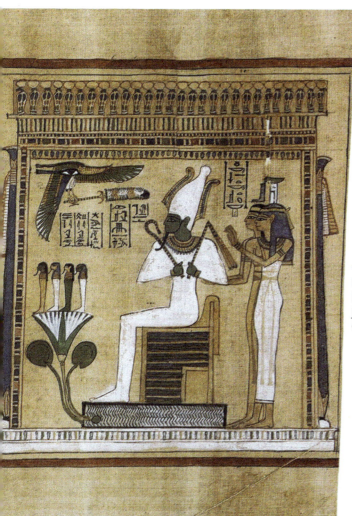

← Livro dos Mortos de Hunefer (detalhe): o julgamento diante de Osíris, c. 1275 a.C.

1. Escreva um parágrafo descrevendo, com suas palavras, o que você observa na imagem.

2. Explique por que era importante para os antigos egípcios serem absolvidos no Tribunal de Osíris.

PANORAMA

FAÇA AS ATIVIDADES A SEGUIR E REVEJA O QUE VOCÊ APRENDEU.

1. Os povos da Mesoamérica eram fascinados por Astronomia. Eles construíram instrumentos com base em estudos dos ciclos terrestres. Leia o trecho a seguir e responda às questões.

> Todos os grandes povos da Mesoamérica sentiram-se poderosamente fascinados pelo mistério do cosmo: a recorrência cíclica e previsível dos fenômenos celestes, o ritmo infatigável das estações e a influência destas nas diversas fases da cultura do milho; o próprio ciclo da vida e da morte, do dia e da noite em sua alternância inexorável, mas necessária. Com a finalidade de devassar mais profundamente o segredo dos astros, que para ele representava a vontade dos deuses, o homem mesoamericano moldou, através dos séculos, um aparelho especulativo fortemente complexo.
>
> Paul Gendrop. *A civilização maia*. Rio de Janeiro: Jorge Zahar Editor, 2005. p. 36.

a) Qual é o aparelho especulativo citado no texto de Paul Gendrop?
b) Qual era o objetivo dos povos mesoamericanos ao estudarem Astronomia?

2. Leia o texto e responda.

> As características básicas deste período são: o grande desenvolvimento tecnológico e artístico; o surgimento de Estados altamente organizados e agressivos; o nascimento do urbanismo andino, embora nesta fase limitados às terras altas do sul. Nesta última região surgiram as cidades de Tiahuanaco, Pucara e Huari, cada uma delas com um núcleo monumental provido de praças e edifícios públicos, cercado de bairros residenciais e agindo como foco de atração para numerosos povoados e aldeias circunvizinhas.
>
> Ciro Flamarion S. Cardoso. *América pré-colombiana*. São Paulo: Brasiliense, 1994. p. 89.

Com base nos dados do texto e nas informações anteriores, como podemos descrever as civilizações da América Andina?

3. Explique de que forma os sítios arqueológicos contribuem para a recomposição da História do Brasil.

4. A escultura abaixo – produzida no Egito Antigo e hoje exposta no Museu do Louvre, em Paris – representa um escriba. Observe-a e responda às questões.

a) Quais eram as funções desenvolvidas pelos escribas?
b) Além dos deuses, de quem os antigos egípcios faziam esculturas?
c) Por que o escriba era considerado importante a ponto de ter sido representado em uma escultura?

← O *escriba sentado*. Esta estátua de calcário, alabastro e quartzo, feita aproximadamente entre os séculos XXV e XXIV a.C., tem 53,7 cm de altura.

5. Observe a fotografia e, depois, responda às questões.

Máscara funerária à base de ouro com pedras semipreciosas e pasta de vidro incrustadas – feita entre os séculos XVI e XIV a.C. e encontrada no túmulo de Tutancâmon. A máscara é repleta de simbologias: a cabeça de abutre representa a soberania sobre o Alto Egito; e a cobra, a soberania sobre o Baixo Egito.

a) Qual era a importância dos faraós no Antigo Egito?

b) Que elementos dessa máscara mostram a suntuosidade do sepultamento de faraós no Antigo Egito?

6. Leia o trecho a seguir e responda às questões.

Em vista de sua situação geográfica, a Núbia desempenhou um papel especial – por vezes involuntariamente – como intermediária entre a África central e o Mediterrâneo. O Reino de Napata, o império de Méroe e o reino cristão fizeram da Núbia o ponto de ligação entre o norte e o sul.

Graças a ela, a cultura, as técnicas e os instrumentos se expandiram até as regiões vizinhas. Prosseguindo incansavelmente nossas pesquisas, talvez possamos descobrir que a civilização egípcio-núbia desempenhou na África um papel análogo ao da civilização greco-romana na Europa.

Gamal Mokhtar (Ed.). *História geral da África*. 2. ed. Brasília: Unesco, 2010. p. 860.

a) De acordo com o texto, o Reino de Cuxe era importante? Por quê?

b) Em sua opinião, que tipo de documento pode ser analisado por um historiador que pretende pesquisar a cultura de um povo cujo idioma ele desconhece, como é o caso dos cuxitas?

DICAS

LEIA

Nos passos... dos deuses do Egito, de Olivier Tiano (Rocco).
O livro convida o leitor a fazer uma viagem para descobrir as maravilhosas histórias da mitologia egípcia e conhecer detalhes como os benefícios do Nilo, as pirâmides, os deuses, os escribas, os ritos de passagem. É acompanhado de um dossiê temático de contextualização histórica.

ACESSE

www.videonasaldeias.org.br
O projeto Vídeo nas Aldeias oferece oficinas de formação, produção e difusão da cultura indígena, incentivando a produção de vídeos pela própria comunidade (acesso em: jan. 2019).

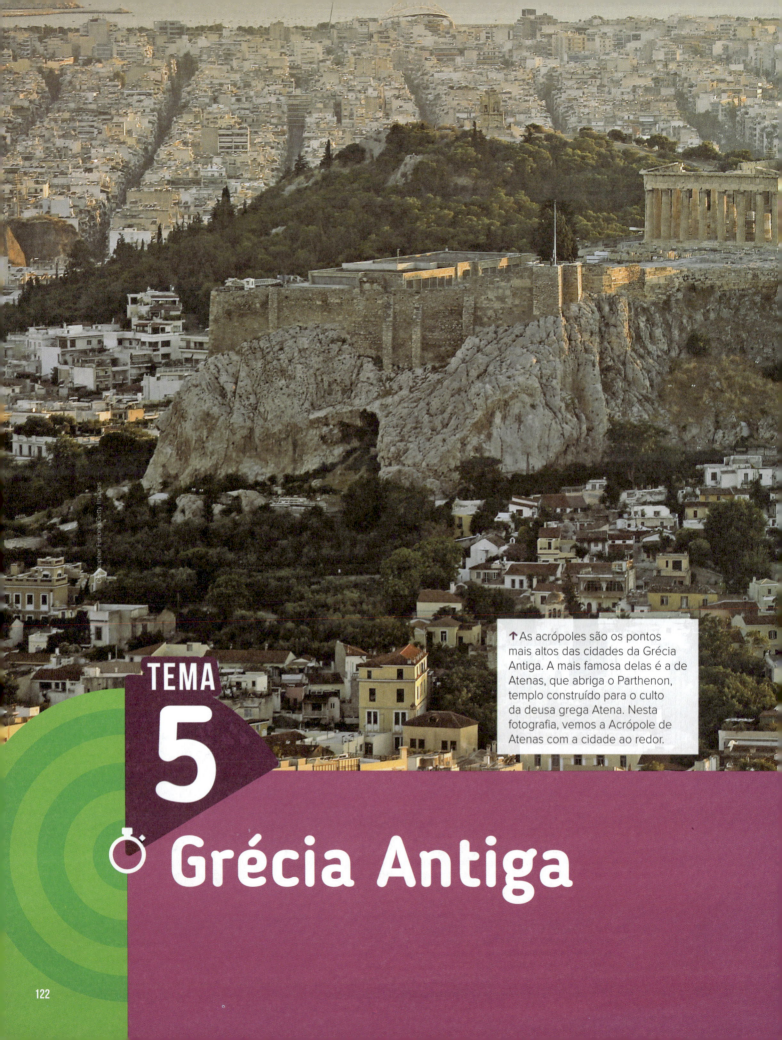

TEMA 5

Grécia Antiga

↑ As acrópoles são os pontos mais altos das cidades da Grécia Antiga. A mais famosa delas é a de Atenas, que abriga o Parthenon, templo construído para o culto da deusa grega Atena. Nesta fotografia, vemos a Acrópole de Atenas com a cidade ao redor.

NESTE TEMA
VOCÊ VAI ESTUDAR:

- os povos que viviam na Grécia Antiga;
- a formação das estruturas sociais dos povos gregos;
- os conflitos e a expansão da cultura grega;
- as práticas sociais e o cotidiano dos povos gregos.

A acrópole tinha funções importantes na estrutura social da Grécia Antiga. Ela servia de refúgio para os habitantes durante as guerras que assolavam os povos gregos na Antiguidade.

Como o estudo das sociedades da Grécia Antiga possibilita entender o mundo ocidental? Como as estruturas sociais da Grécia Antiga se relacionam com o mundo contemporâneo?

CAPÍTULO 1
A formação da Grécia Antiga

Neste capítulo, você vai estudar os povos que formaram a população grega, bem como a ocupação do território, o cotidiano e as relações sociais na Grécia Antiga.

A região da Península Balcânica foi habitada há milhares de anos, desde pelo menos 4500 a.C., por pessoas vindas do Oriente. Durante aproximadamente dois milênios, os habitantes da região mantiveram a própria forma de organização social e política e um sistema econômico com base na produção agrícola e de animais, o pastoreio.

Antes da chegada dos povos que dariam origem aos gregos, a região já era dominada pelos cretenses e pelos micênicos. Essas sociedades eram organizadas social e politicamente e exerceram influência sobre outros povos da época.

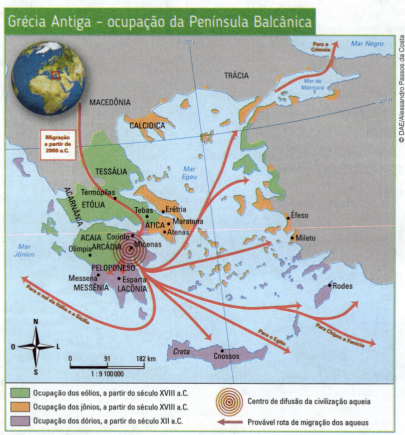

Fonte: José Jobson de A. Arruda. *Atlas histórico básico*. São Paulo: Ática, 2011. p. 8.

Em cerca de 2000 a.C., chegaram à região outros povos seminômades que vieram do Oriente e se estabeleceram nas ilhas do Mar Egeu. Os primeiros foram os jônios, que viviam em cidades cercadas por muralhas e eram fortemente militarizados; e os eólios. Depois deles, chegaram os aqueus.

A existência de sociedades de origens diversas e a alternância de convívios pacíficos com conquistas militares tornaram a região oriental do Mar Mediterrâneo bastante dinâmica.

Um exemplo dessa relação refere-se à conquista de Creta pelos aqueus, em 1400 a.C. Mesmo tendo conquistado a região, os aqueus absorveram parte da cultura de Creta, uma grande potência política e econômica da época. Outro exemplo é a sociedade micênica, que foi conquistada pelos dórios entre os séculos XII e XI a.C. Dessa mistura de cultura dos povos dominados com a dos conquistadores originou-se uma nova sociedade, que costuma ser denominada de Grécia Clássica.

O comércio na região também favoreceu as trocas culturais, pois as ideias circulavam pelas mesmas rotas que as mercadorias. Esse intercâmbio possibilitou o contato entre diversos povos orientais, que exerceram forte influência na formação da cultura grega.

Assim, os gregos construíram uma sociedade diversa, plural e culturalmente miscigenada.

As cidades de Creta e seus palácios

A primeira sociedade a se desenvolver no território que se tornaria a Grécia surgiu na ilha de Creta. Entre os séculos XXII e XV a.C., essa sociedade construiu cidades como Cnossos e Faestos, com grandes e ricos palácios.

Erguidos sobre colinas, os palácios eram compostos de muitas salas ligadas umas às outras, sem corredor, com a sala do trono ao centro. Essas construções abrigavam o rei e, provavelmente, os altos funcionários do governo, além de servir de centro administrativo e religioso, onde eram realizadas as cerimônias e homenagens aos deuses.

Acredita-se que, entre 2000 e 1700 a.C., a sociedade cretense era organizada em cidades-Estado, sendo as principais: Cnossos, Faestos, Mália e Zakro. Por razões ainda não elucidadas (talvez terremotos, invasões decorrentes de guerras, entre outras hipóteses), esses palácios foram destruídos. Entre 1700 e 1400 a.C., edificaram-se novos palácios, ainda mais suntuosos, tendo como principal centro Cnossos.

Vestígios arqueológicos apontam que, nesse período, os oficiais e os escribas tinham grande importância na sociedade cretense. Os oficiais controlavam a agricultura e as transações mercantis, enquanto os escribas eram os responsáveis pela supervisão da produção e pela coleta de impostos. Os escribas detinham o conhecimento do sistema padronizado de pesos e medidas e da escrita, conhecida pelos especialistas como **Linear A**, escrita esta que ainda não foi decifrada.

↑ Ruínas do Palácio de Cnossos, Grécia, 2013.

A vida cotidiana dos povos cretenses

Nas paredes dos palácios cretenses foram encontradas pinturas que revelam o cotidiano das pessoas daquela sociedade.

O principal deus dos cretenses era uma figura feminina que simbolizava a fertilidade e zelava pelos animais e plantas. Há indícios de que as mulheres tinham várias ocupações, como sacerdotisas, caçadoras, fiandeiras, entre outras.

Os cretenses viviam da caça, da pesca, da coleta, da agricultura e do comércio, que era realizado até com regiões distantes, como partes da Mesopotâmia e do Egito Antigo, por meio da navegação.

Essa sociedade entrou em crise por volta de 1450 a.C., quando foi conquistada por povos aqueus vindos, principalmente, da cidade de Micenas, no continente. Durante muito tempo, acreditou-se que o declínio decorrera da erupção de um vulcão em Thera (hoje Santorini); contudo, pesquisas feitas por meio de modernos processos de datação revelaram que a erupção ocorreu no século XVI a.C., bem antes da destruição dos palácios.

→ Estatueta da Deusa das Serpentes, localizada em um santuário do Palácio de Cnossos, c. 1800-1600 a.C.

A sociedade micênica

Os aqueus viviam na Grécia continental, sobretudo no Peloponeso, na Beócia e na Ática, desde aproximadamente 1900 a.C., tendo a cidade de Micenas como seu centro cultural; daí o nome dado a essa sociedade: micênica.

A sociedade micênica tinha uma organização social semelhante à dos cretenses, porém sem unidade política, o que possibilitou a existência de diferentes reinos, cada um com seu exército. Por receio de ataques dos reinos vizinhos, os palácios micênicos eram edificados no alto de colinas e cercados por muros.

↑ Sítio arqueológico de Micenas, Grécia.

Os micênicos forjavam armas de bronze, confeccionavam tecidos e fabricavam utensílios de cerâmica. Além disso, desenvolveram um sistema de escrita semelhante ao dos cretenses, denominado pelos pesquisadores de **Linear B**.

No século XI a.C., os reinos micênicos foram invadidos pelos dórios, povo guerreiro originário do Cáucaso. Pouco se sabe sobre a causa do fim da dominação micênica. Alguns estudos indicam que, depois de um suposto desastre natural, os dórios teriam invadido o território, o que teria gerado grande empobrecimento e despovoamento da região. É provável que eles tenham aproveitado as destruições que marcaram o fim do século XIII a.C. para ocupar o Peloponeso, porém é preciso contar como uma provável hipótese a chegada maciça de invasores dórios para explicar a destruição dos reinos micênicos.

A pólis grega

Com o fim do poder dos reis micênicos, as comunidades – chamadas de *genos* – passaram a ser governadas por grupos de famílias que se destacavam pelo controle da terra. O chefe dessas comunidades (*pater*) exercia funções administrativas, judiciárias e religiosas, e cabia a ele a divisão das **terras comunais**, o que lhe possibilitava beneficiar os próprios parentes na divisão. Com o tempo, isso gerou a concentração das melhores terras nas mãos de uma minoria (chamada de eupátrida), provocando disputas pelas terras cultiváveis.

No século VIII a.C., com o crescimento das cidades, impulsionado pelo comércio com o Oriente, os pater consideraram que eram necessárias novas terras (o que levou à expansão colonial, como veremos mais adiante) e o estabelecimento de conselhos de governo, de tribunais judiciários e de leis. Com isso, eles se uniram para criar centros de poder político, militar, econômico e religioso. Como resultado dessa união, as *genos* foram dissolvidas, dando origem às pólis (cidades-Estado).

Naquele período, os habitantes da cidade e do campo que não eram estrangeiros ou escravos passaram a ser reconhecidos como cidadãos. Desse modo, ficou definido que o conjunto de cidadãos que viviam no território da cidade e do campo, com um governo centralizado, formaria uma pólis.

> **GLOSSÁRIO**
>
> **Terra comunal:** área utilizada para agricultura e pastagem que tinha o caráter de uso coletivo.

Vaso grego com figuras negras feito na pólis de Corinto, no século VII a.C. A expansão do comércio com o Oriente fez chegar até os artesãos gregos o estilo artístico dos povos da Pérsia, do Egito e da Mesopotâmia.

A organização da pólis

Com a organização de um Estado centralizado, constituíram-se os espaços públicos, dos quais o principal era a ágora, onde os cidadãos se reuniam. Por ser o centro da cidade, a ágora contava com importantes edifícios públicos, templos e lojas.

Cada pólis tinha o próprio governo e suas leis. Em pólis maiores, como Atenas e Corinto, o governo estabelecia calendários específicos, cunhava as próprias moedas e criava pesos e medidas que serviam de referência para o comércio.

↑ Moeda ateniense de prata do século V a.C. A coruja, símbolo de Atenas, e as iniciais da cidade identificavam a origem da moeda.

Estrutura social

A formação das pólis gregas ocorreu com base em laços familiares. Dessa forma, as pessoas que viviam nessas cidades tinham costumes e crenças comuns e praticavam cultos aos mesmos deuses.

Em geral, a estrutura social das pólis caracterizava-se pela seguinte divisão: nobres, artesãos, pequenos proprietários, agricultores e, na base da sociedade, servos e escravos.

Apesar de as cidades-Estado gregas terem sido diferentes umas das outras, a divisão social era basicamente a mesma, variando apenas as nomenclaturas e algumas poucas características, entre elas, uma fundamental: nem todas as pólis adotaram a escravidão.

Os conflitos sociais

Entre os séculos VIII e VI a.C., as pólis gregas passaram por expressivo aumento populacional e por disputas políticas entre as grandes famílias aristocráticas, que as governavam, e os diversos grupos sociais, como os pequenos agricultores, os artesãos e os comerciantes.

Nesse período, um grupo militar passou a destacar-se: a infantaria hoplita. O soldado hoplita era um cidadão que podia pagar por suas armas. Ele portava uma lança longa e um escudo grande, que protegia tanto seu corpo como parte do corpo do soldado que estivesse a seu lado. Por controlar a defesa da cidade, esse grupo social passou a exigir da aristocracia maior participação política na pólis.

Na pólis havia também pequenos agricultores, que não possuíam terras, por isso cultivavam as terras da aristocracia e pagavam uma taxa por seu uso. Porém, conforme a aristocracia aumentava o valor dessa taxa, os agricultores passavam a não conseguir pagá-la e, como consequência, eram escravizados – situação que gerava muita revolta na pólis.

Outro motivo de discórdia era a falta de terras causada pelo aumento da população. Segundo o costume grego, as propriedades de um cidadão falecido eram divididas igualmente entre os filhos. Assim, em determinados momentos, quando um pequeno agricultor morria, os filhos dele herdavam uma propriedade tão pequena que não era suficiente para obter o sustento da família.

↑ Painel em madeira com pintura que representa uma cena religiosa, encontrado em gruta na antiga cidade de Sicião, Grécia, século VI a.C.

Escravidão na Grécia Antiga

Na Grécia Antiga, a escravidão era diferente daquela instituída na América durante a colonização europeia. Em Atenas, por exemplo, entre os séculos IX e VI a.C., ocorria a escravidão por dívidas, quando o devedor não conseguia pagar as taxas e os impostos.

Essa forma de escravidão durou até 594 a.C., quando Sólon, legislador ateniense, aboliu a prática. Com o fim da escravidão por dívidas, os novos escravizados passaram a ser os inimigos vencidos em guerras e seus descendentes.

Em Esparta, por outro lado, não havia escravidão. Os membros da elite possuíam servos, chamados hilotas, que eram pessoas livres, ainda que não tivessem direitos políticos e só pudessem ficar com metade do que produziam.

O valor do trabalho

Em Atenas, o trabalho era realizado pela maioria dos cidadãos, que o consideravam uma experiência de grande importância. A escravidão não tinha como objetivo substituir os atenienses no trabalho manual, mas aumentar a produção econômica da cidade, sustentar as crescentes necessidades de serviços e justificar a expansão territorial das pólis, além de liberar os cidadãos de suas incumbências para que se dedicassem aos debates na ágora. A escravidão, portanto, possibilitava e fortalecia a democracia.

> A pólis típica, como Atenas, Corinto, Esparta, entre outras, era apenas uma pequena amostra das várias comunidades que existiam na Antiguidade. Por serem as mais importantes cidades da época, foram as que produziram mais documentos e nos deixaram mais vestígios; portanto, as mais estudadas. Isso não quer dizer, porém, que não houvesse outras formas de organização social e política.

A expansão colonial

Uma das soluções encontradas pelos gregos para a falta de terras foi mandar parte dos jovens cidadãos para áreas distantes, com o objetivo de fundar novas pólis por meio da colonização. Geralmente, ao chegar a essas localidades, os gregos dominavam as populações nativas e as escravizavam, dividiam as terras entre eles próprios e construíam um novo centro urbano.

A colonização expandiu o território ocupado pelos gregos para a Ásia Menor, o norte da África e o sul da Itália. As colônias eram pólis independentes que costumavam manter fortes laços comerciais e religiosos com as metrópoles.

Fonte: Jeremy Black. *World history atlas*. Londres: Dorling Kindersley, 2008. p. 176.

ATIVIDADES

SISTEMATIZAR

1. Além do rei, dois grupos tinham grande importância na sociedade cretense. Quais eram esses grupos e por que eles eram importantes?

2. Observe o mapa da página 124 e comente a importância dos mares Egeu e Mediterrâneo para os cretenses.

3. Sobre os micênicos, responda:
   a) Qual era a principal característica da cidade de Micenas?
   b) Quais mudanças ocorreram após a destruição dos reinos micênicos?

4. As cidades-Estado gregas eram independentes e, mesmo com a centralização do poder, elas nunca formaram um reino ou império. No entanto, a expressão "Grécia Antiga" é utilizada porque as cidades-Estado gregas compartilhavam aspectos comuns entre si. Que aspectos eram esses?

5. Explique como se formaram as pólis (cidades-Estado) gregas.

6. Sobre os hoplitas, explique:
   a) Quem eram eles, que posição social ocupavam e como estiveram relacionados ao surgimento das pólis?
   b) Que função exerciam nas disputas políticas das pólis?

REFLETIR

1. Explique a diferença de significado do termo cidadão para os gregos no período do surgimento das pólis e na atualidade. Se necessário, pesquise.

2. Leia o trecho e, em seguida, faça o que se pede.

> As propriedades são uma reunião de instrumentos e o escravo é uma propriedade instrumental animada [...] Se cada instrumento pudesse executar por si próprio a vontade e o pensamento do dono [...], os senhores não teriam necessidade de escravos. Todos aqueles que nada têm de melhor para oferecer que o uso do seu corpo e dos seus membros são condenados pela Natureza à escravidão. É melhor para eles servir que serem abandonados a si próprios. Numa palavra, é naturalmente escravo quem não tem tão pouco calma e tão poucos meios que deve resolver-se a depender de outrem [...] o uso dos escravos e dos animais é aproximadamente o mesmo [...].
>
> Aristóteles. *Política*. 4. ed. São Paulo: Martin Claret, 2001. p. 14-15. (Coleção A obra-prima de cada autor).

Com base no texto, explique como era a escravidão na Grécia Antiga.

3. De maneira geral, como o convívio entre diferentes culturas pode ser benéfico para uma sociedade? Explique.

DESAFIO

1. A história da Grécia Antiga é repleta de mitos e lendas. Uma dessas lendas se passa na Ilha de Creta, na época da origem da sociedade cretense: é a lenda do Minotauro. Faça uma pesquisa sobre ela.

CAPÍTULO 2
Esparta e Atenas

No capítulo anterior, você estudou a formação da sociedade grega, como se constituíam as pólis e os motivos de os gregos saírem das cidades em busca de novas terras. Neste capítulo, você vai conhecer duas das mais estudadas cidades-Estado gregas: Esparta e Atenas.

A maioria das pólis que existiram entre os séculos VIII e V a.C. eram relativamente pequenas, em geral, formadas por algumas centenas de habitantes. As grandes pólis da época formavam-se com a união de diversas pólis em uma única. Dessa reunião surgiram cidades-Estado que exerceram grande influência em suas regiões, como Esparta, na região da Lacônia, e Atenas, na região da Ática.

Esparta e Atenas foram duas importantes cidades-Estado da Grécia. Com características bem distintas, cada uma dominou a região em momentos específicos. Esparta se destacou pela cultura e prática militarista. Já Atenas teve seu desenvolvimento marcado pela participação dos cidadãos na vida pública, por isso é considerada o berço da democracia, o governo do povo (*dêmos* = povo e *kratia* = poder).

Fonte: Patrick O. Brien. *Atlas of world history*. Nova York: Oxford University Press, 2012. p. 41.

Esparta

A cidade de Esparta surgiu por volta do século XI a.C., quando populações dóricas se fixaram na Lacônia e dominaram os povos que já habitavam essa região.

Ao longo dos séculos, Esparta tornou-se famosa pela disciplina e pelo poderio militar.

Segundo o registro dos historiadores gregos da Antiguidade, em Esparta o militarismo começou após uma derrota contra a cidade de Argos, em meados do século VII a.C. Nesse período, o legislador Licurgo teria instituído algumas reformas que posteriormente se tornaram a base da sociedade espartana, colocando a preparação para a guerra como objetivo de todo cidadão espartano.

Com base nessas reformas, a sociedade espartana passou a ser dividida em três camadas sociais:

- Os **esparciatas** (ou espartanos) eram os descendentes dos dórios e os únicos considerados cidadãos. Dedicavam-se exclusivamente à guerra e ao serviço público. Eram donos das melhores terras e participavam da política.

- Os **periecos** faziam parte da população livre, ocupando-se do comércio, da navegação e da comunicação. Eles pagavam impostos aos espartanos e serviam o exército quando necessário, mas não eram considerados cidadãos.

- Os **hilotas** eram descendentes dos grupos que, dominados pelos espartanos, formavam a população servil. Eles trabalhavam nas terras do Estado e nas moradias dos espartanos.

As instituições políticas de Esparta

Esparta era governada por dois reis simultaneamente. Enquanto um deles comandava as tropas fora da pólis, o outro permanecia em Esparta.

Além dos reis, três instituições participavam do governo.

Gerúsia	Ápela	Eforato
Conselho formado por 28 homens com mais de 60 anos pertencentes às famílias nobres. Sua função era limitar o poder dos reis. Para isso, propunha leis, podia executar julgamentos – inclusive dos reis, se necessário – e podia decidir se a pólis entraria ou não em guerra.	A Ápela era uma assembleia formada pelos cidadãos espartanos com mais de 30 anos. Ela elegia os membros da gerúsia e podia aprovar ou vetar leis.	O Eforato era um conselho formado por cinco pessoas eleitas anualmente pela ápela. Ele executava as decisões da gerúsia e supervisionava todos os afazeres do Estado.

Uma sociedade guerreira

Para manter a sociedade militarizada e preparar bons guerreiros, os espartanos implantaram um rígido sistema de organização e de educação.

Ao nascerem, os bebês eram examinados por oficiais que decidiam se eles eram fortes o suficiente para viver. Segundo a opinião da época, os mais fracos e os que tivessem deficiências físicas não poderiam se tornar bons soldados e deveriam ser mortos. Os bebês fortes e saudáveis eram devolvidos à mãe, com quem ficavam até alcançar os 7 anos, quando eram colocados sob o controle do Estado.

A educação masculina

A partir dos 7 anos, os meninos viviam em acampamentos, onde se dedicavam a exercícios militares, submetidos a uma dura disciplina, e aprendiam as técnicas de guerra.

Por volta dos 20 anos, os homens estavam aptos a prestar o serviço militar. Aos 30 anos podiam votar em assembleia e sair dos acampamentos militares para morar em uma casa; porém, permaneciam à disposição do exército até completar 60 anos.

↑ Detalhe de cerâmica espartana que representa guerreiros em combate, século V a.C.

A educação feminina

A educação das meninas também estava a serviço dos interesses da cidade-Estado e tinha por objetivo a formação das futuras mães de gerações sadias. Para isso, as meninas exercitavam-se nos ginásios, aprendiam dança, música e eram educadas de maneira semelhante aos homens.

Quando as jovens mulheres se casavam com espartanos que tinham menos de 30 anos, elas passavam a morar em uma casa sozinha, até o nascimento dos filhos, enquanto os maridos moravam em acampamentos militares.

O distanciamento físico possibilitou às mulheres espartanas mais liberdade e autonomia que a maioria das mulheres de outras cidades-Estado gregas do mesmo período histórico.

→ Estatueta em bronze de menina espartana correndo, localizada em Esparta, c. 520 a.C.

Atenas

Após resistir à invasão dórica, entre os séculos IX e VI a.C., a cidade-Estado de Atenas foi governada por uma aristocracia, representada por nove **magistrados**, que exerciam o poder político, jurídico e religioso. Eles eram auxiliados e fiscalizados por pessoas de confiança dos eupátridas.

GLOSSÁRIO

Magistrado: pessoa eleita para exercer cargo público.

Por volta de 650 a.C., a concentração de poder nas mãos de uma minoria passou a ser questionada em Atenas. Camponeses, soldados, comerciantes e artesãos começaram a demandar mais participação na política da pólis.

Nesse contexto, alguns cidadãos promoveram uma reforma política que, posteriormente, estabeleceu uma nova forma de governo: o regime democrático. Esses homens ficaram conhecidos como legisladores. Entre as principais mudanças propostas por eles, podemos citar:

Drácon (c. 650 a.C.-600 a.C.)	• A descentralização do controle da legislação das mãos dos eupátridas; para isso, Drácon criou um código de leis, registrando por escrito as normas e os princípios da sociedade ateniense.
Sólon (c. 640 a.C.-558 a.C.)	• O fim da escravidão por dívidas, resgatando antigos devedores da condição de escravos. • A divisão da sociedade ateniense com base na renda e não em sua origem. • A criação da Assembleia Popular (a Eclésia), reunião em que os cidadãos podiam aprovar ou vetar leis. • A criação do Conselho dos Quatrocentos (a Bulé), que elaborava propostas para serem aprovadas pela eclésia.
Clístenes (c. 570 a.C.-508 a.C.)	• Ampliação da quantidade de participantes da Bulé, entre 400 e 500 membros. • Divisão dos cidadãos atenienses em dez tribos, de acordo com o domicílio. As tribos passaram a ser formadas por cidadãos de várias regiões e classes sociais. Cada uma delas fornecia uma unidade militar comandada por um oficial e era incumbida de eleger anualmente 50 cidadãos para compor a Bulé. • Instituição do ostracismo (condenação ao exílio, por dez anos, de qualquer pessoa que fosse considerada uma ameaça à sociedade) em julgamento feito na Assembleia.

O conjunto de reformas realizadas por Drácon, Sólon e Clístenes contribuiu para o processo de democratização. Drácon propôs adaptações a determinadas normas para torná-las iguais a todos, diminuindo assim os privilégios da aristocracia. As reformas propostas por Sólon possibilitaram à população ateniense mais acesso à política, ainda que não se estendesse a todas as pessoas, pois somente eram aceitos na Assembleia os cidadãos com direito a voto. Já o programa de reformas de Clístenes ampliou a cidadania em Atenas e consolidou o regime político da pólis em uma democracia.

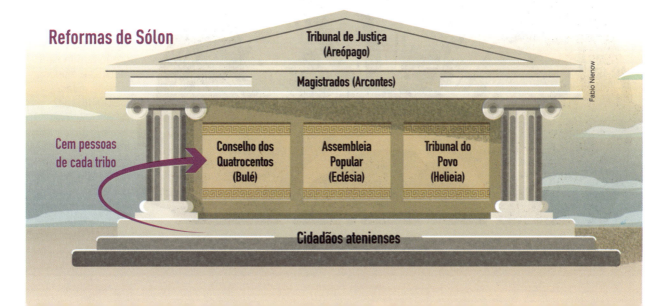

Organização social e economia

Em Atenas, somente os filhos de pai e mãe ateniense eram considerados cidadãos. E, entre eles, somente os homens adultos tinham direitos políticos.

Mulheres, estrangeiros e escravos eram proibidos de participar da política, e tinham vivências bastante diferentes entre si dentro da pólis.

Os estrangeiros, conhecidos como metecos, pagavam impostos e serviam ao exército. Quanto aos escravos, vinham de cidades derrotadas pelas guerras. Realizavam tarefas domésticas, acompanhavam os soldados atenienses nas batalhas, trabalhavam na construção de obras públicas com os metecos etc.

Nas fazendas, era função do escravo cultivar grãos, vegetais e frutas para consumo da população da cidade-Estado, criar ovelhas e cabras para a produção de lã e leite e produzir vinho e azeite para comércio.

A agricultura exercia papel importante na economia. A localização portuária possibilitava o escoamento das mercadorias e facilitava as trocas comerciais com outras regiões. Os atenienses eram produtores de vinho e azeite, destinados, em grande parte, ao comércio externo.

A educação ateniense

Meninos e meninas atenienses frequentavam a escola dos 7 aos 14 anos. Cada escola era comandada por um único professor, conhecido como **educador**. Nessas escolas, os alunos aprendiam leitura, escrita e **aritmética**.

No século V a.C. começaram a surgir diferentes tipos de escola, onde se estudava uma quantidade maior de temas e se aprofundavam os conhecimentos que possuíam até então. Os professores que trabalhavam nessas novas escolas eram chamados de **sofistas**; professores viajantes que, mediante pagamento, ensinavam a arte de falar bem em público, fazendo uso da boa argumentação. Eles tinham como objetivo ensinar seus alunos a serem melhores nas atividades humanas, o que poderia auxiliá-los a progredir na sociedade grega.

> **GLOSSÁRIO**
>
> **Aritmética:** parte da Matemática que estuda as propriedades dos números e as operações que podem ser realizadas com eles.
>
> **Educador:** pessoa responsável por transmitir o conhecimento; educar.

← Vaso de cerâmica grego que mostra mestres e alunos durante aulas, c. 500-460 a.C. Após completar 15 anos de idade, os meninos de famílias ricas ingressavam no ginásio, no qual discutiam política e filosofia e praticavam exercícios físicos.

ATIVIDADES

SISTEMATIZAR

1. Explique o que acontecia após o nascimento de uma criança espartana.

2. Qual era a importância da educação na formação da sociedade em Esparta?

3. Qual foi a importância histórica do legislador Sólon para a sociedade ateniense?

4. Como era a economia ateniense?

5. Compare as formas de governo espartano e ateniense.

6. No caderno, complete o quadro diferenciando a educação em Esparta e em Atenas.

Esparta (dos 7 aos 20 anos)		Atenas (dos 7 aos 14 anos)	
Meninos	Meninas	Meninos	Meninas

REFLETIR

1. Leia o texto a seguir e, depois, faça o que se pede.

> [...] o caráter inusitado da mulher espartana talvez revele a necessidade dos autores gregos de criar modelos opostos e conflitantes que justificassem a rivalidade entre as cidades de Esparta e Atenas. A visão da mulher espartana reflete a visão masculina originada em Atenas. De um lado há a mulher espartana livre, recebendo educação estatal para procriar filhos robustos e saudáveis, que futuramente se tornarão guerreiros; do outro, as mulheres atenienses, administrando o lar e executando as tarefas domésticas.
>
> Se para os historiadores modernos as espartanas estavam num estágio de desenvolvimento social mais avançado, chegando a descrevê-las como as mais livres da Antiguidade, para os autores gregos que usamos como fontes, as espartanas viviam de maneira inadequada, anormal e fora dos padrões convencionais, [...].
>
> Renato Mocellin. *As mulheres na Antiguidade*. São Paulo: Editora do Brasil, 2014. E-book.

a) Segundo o autor, qual é a principal diferença entre o papel social das mulheres na sociedade ateniense e na sociedade espartana?

b) Quais motivos levaram os autores gregos a considerar o papel da mulher espartana inusitado?

c) Compare o papel social das mulheres na Grécia Antiga com o das mulheres no Brasil atual. Destaque as rupturas e as permanências.

DESAFIO

1. A democracia grega era exercida de forma direta, ou seja, os cidadãos atenienses reuniam-se na Assembleia e podiam opinar sobre determinados assuntos por meio do voto. Essas decisões eram possíveis porque os cidadãos gregos não eram tantos quanto os das sociedades atuais. Além disso, o modelo de cidadania grego excluía boa parte da população da cidade.
Leia os itens a seguir e faça o que se pede.

a) A democracia é exercida de forma representativa na sociedade brasileira. Como isso ocorre?

b) Escolha um tema atual relacionado a sua escola e promova um debate em sala de aula, tal como é feito nas democracias. Registre, em uma ata, as principais propostas levantadas.

CAPÍTULO 3
Conflitos na Grécia

No capítulo anterior, você estudou a formação e as principais características de duas pólis gregas: Esparta e Atenas. Neste capítulo, você vai estudar as disputas que elas travaram com outros povos e entre si, bem como a formação e a contribuição cultural do Império Macedônico.

As transformações políticas em Atenas ocorreram no período em que os persas expandiam suas fronteiras no Oriente Próximo e haviam conquistado regiões, como a Ásia Menor, a Trácia e a Macedônia.

O expansionismo persa no Mar Egeu e a disputa pelo mesmo eixo comercial eram entendidos como uma ameaça tanto à recém-instituída democracia ateniense como a todas as cidades-Estado gregas, gerando conflitos que duraram aproximadamente 50 anos e ficaram conhecidos como **Guerras Greco-Pérsicas**.

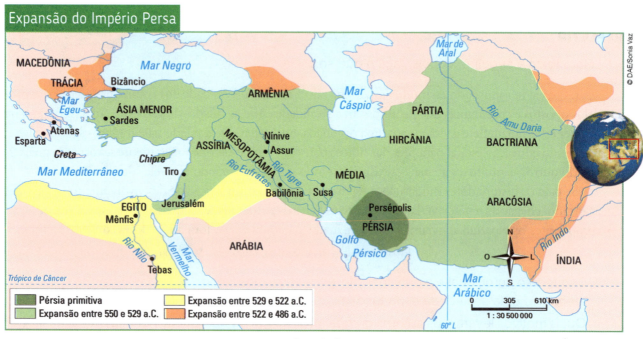

Fonte: José Jobson de A. Arruda. *Atlas histórico básico*. São Paulo: Ática, 2011. p. 9.

Guerras Greco-Pérsicas

Por volta de 500 a.C., os persas haviam conquistado um grande número de cidades-Estado da Grécia Antiga. Entre 499 e 493 a.C., com o apoio das cidades gregas de Atenas e Eritreia, as cidades-Estado que ficavam ao leste do Mar Mediterrâneo se rebelaram contra o domínio persa, dando início às Guerras Greco-Pérsicas. Esses conflitos compreenderam uma grande quantidade de batalhas entre gregos e persas.

Mesmo com o apoio de Atenas e Eritreia, as cidades rebeldes foram derrotadas pelos persas. Em 490 a.C., os persas iniciaram o ataque e, para isso, ocuparam a planície de Maratona, a cerca de 40 quilômetros de Atenas. Em Maratona, os hoplitas atenienses venceram os persas, que recuaram para a Ásia Menor.

Durante dez anos os persas não realizaram novos ataques ao território grego. Nesse período, os atenienses investiram em sua marinha. Com isso foram criados portos e construídos navios de guerra.

Em 480 a.C., o imperador persa Xerxes voltou a atacar a região da Grécia. Algumas cidades, ao perceber o poderio persa, renderam-se e passaram a compor o exército do invasor.

Com o objetivo de evitar o avanço persa, o rei espartano Leônidas comandou uma investida no desfiladeiro de Termópilas, que ficava na estrada principal entre a Tessália e a Beócia, local onde sabia que os persas ficariam distantes das frotas responsáveis por enviar auxílio ao exército. Nessa batalha, 300 espartanos e milhares de outros guerreiros gregos enfrentaram o exército persa e perderam.

↑ Vaso grego de cerca de 450 a.C. com pintura que representa a luta entre um hoplita (carregando o escudo) e um soldado persa.

Enquanto os persas invadiram e devastaram a Beócia e a Ática, os atenienses – sob o comando de Temístocles – abandonaram Atenas e seguiram para a Ilha de Salamina.

Sob o comando de Xerxes, Atenas foi saqueada e queimada, e os exércitos persas seguiram para Salamina.

Em Salamina, os gregos organizaram os navios de modo que impediram que a frota persa – muito mais numerosa – manobrasse com eficiência, vencendo assim a batalha naval. Diante da derrota, Xerxes retornou para a Ásia, enquanto as tropas persas permaneceram na Tessália.

Em 479 a.C., os gregos formaram uma grande força militar e conseguiram vencer os persas em Plateia, derrotando definitivamente o exército persa na região.

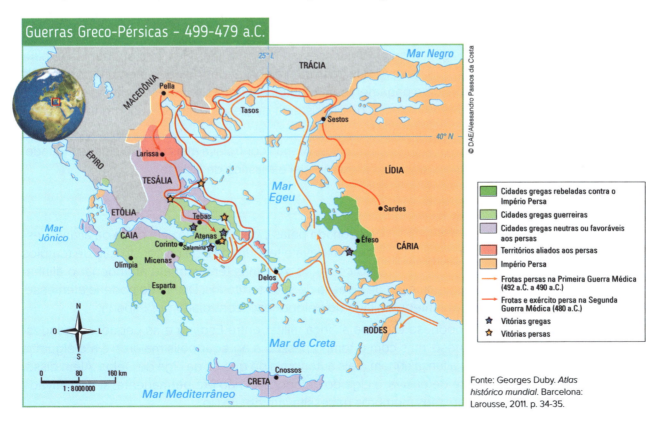

Fonte: Georges Duby. *Atlas histórico mundial*. Barcelona: Larousse, 2011. p. 34-35.

As ligas gregas

A Liga de Delos

O Parthenon foi um templo construído na Acrópole de Atenas, na Grécia Antiga, a pedido de Péricles, no século V a.C. Os recursos financeiros empregados na edificação desse templo foram desviados da Liga de Delos.

Entre 478 e 477 a.C., temendo novas ofensivas, algumas cidades-Estado gregas formaram uma aliança militar para se proteger. A chamada Liga de Delos era liderada por Atenas e composta de pólis aliadas a ela, especialmente aquelas que tinham sido libertadas do domínio persa. Esparta se recusou a fazer parte da aliança, pois estava descontente com a liderança ateniense na guerra e com a forma com que Atenas conduzia os esforços pós-guerra. Por esse motivo, as pólis aliadas a Esparta também decidiram não integrar a liga.

Os membros da Liga de Delos contribuíam com homens, navios, equipamentos e dinheiro que deveriam ser entregues na Ilha de Delos. Lá havia um conselho em que cada membro da liga tinha direito a voto nas decisões de como utilizar o tesouro.

Com o passar do tempo, os governantes atenienses viram nessa liderança uma oportunidade para alcançar objetivos em benefício próprio. Assim, passaram a cobrar das cidades-membro obrigações além das contribuições iniciais, como pagamento de tributos em troca de proteção, participação obrigatória nas festividades atenienses, adoção de um sistema de pesos e medidas padronizado, e até juramento de lealdade a Atenas.

Em cerca de 425 a.C., sob o comando de Péricles, Atenas controlava mais de 400 cidades-Estado, o que possibilitou financiar o desenvolvimento comercial e artístico da cidade.

A Liga do Peloponeso

A hegemonia ateniense passou a ser questionada pelas cidades que faziam parte da aliança, especialmente após a descoberta de que Péricles utilizava o tesouro da Liga na construção de templos em Atenas sem autorização dos membros do conselho. Algumas tentaram até abandonar o alinhamento, mas foram impedidas pela ameaça de invasão de seus territórios. Diante do poderio ateniense, as pólis insatisfeitas optaram por integrar a Liga do Peloponeso, controlada por Esparta.

A princípio, a Liga do Peloponeso era uma aliança militar entre Esparta e as pequenas cidades-Estado da região do Peloponeso, mas com o tempo passou a agregar pólis maiores e até algumas distantes. Os membros dessa aliança tinham mais autonomia do que os da Liga de Delos. Além disso, por ser uma força estritamente defensiva, a Liga do Peloponeso não era permanente, sendo ativada apenas quando um ou mais de seus membros necessitavam de auxílio.

A Guerra do Peloponeso

O grande poder e influência de Atenas preocupava Esparta, que tinha receio de um ataque marítimo. Porém, Esparta manteve-se neutra até que duas pólis da Liga do Peloponeso – Corinto e Megara –, que estavam em conflito com Atenas, ameaçaram sair da liga e entrar em guerra com Esparta caso ela não desse um **ultimato** a Atenas exigindo sua exclusão dessa aliança.

> **GLOSSÁRIO**
> **Ultimato:** última exigência feita cuja rejeição implica declaração de guerra.

Em Atenas, o ultimato foi considerado um desafio, pois os atenienses acreditavam que, caso se retirassem, estariam admitindo que Esparta era a pólis de maior poder na Grécia. Com isso teve início a Guerra do Peloponeso, que durou 27 anos (431 a 404 a.C.), na qual combateram Atenas, Esparta e os aliados das duas.

Logo no início do conflito, os espartanos fizeram campanhas devastadoras pela Ática, enquanto os atenienses, por via marítima, atacaram regiões litorâneas das cidades aliadas de Esparta. No verão de 430 a.C., a cidade de Atenas, protegida por grandes muralhas, foi devastada por uma peste que causou a morte de aproximadamente 30% da população. No início do século XXI, pesquisadores descobriram tratar-se de febre tifoide.

Os ataques espartanos na Ática levaram milhares de camponeses a se mudar para Atenas durante a guerra. O grande número de pessoas vivendo sem condições de higiene favoreceu a propagação da peste. Ainda assim, os atenienses se mantiveram na guerra até 404 a.C., quando se renderam.

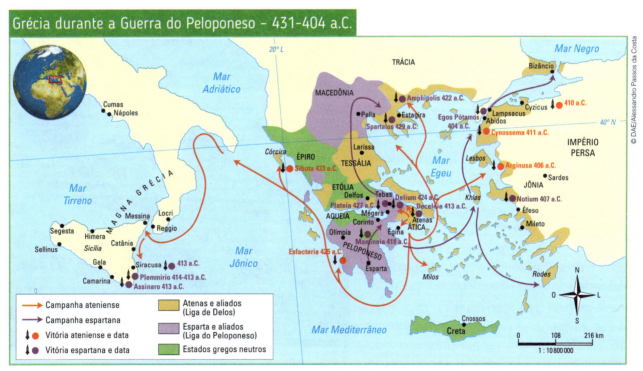

Fonte: Claudio Vicentino. *Atlas histórico*: geral e Brasil. São Paulo: Scipione. p. 42.

Com a queda de Atenas, Esparta passou a controlar parte da Ática. Para consolidar sua hegemonia nessa região e no Peloponeso – assegurando o domínio de portos e rotas comerciais –, decidiu atacar os persas, inimigo comum de todas as pólis. A Pérsia, por sua vez, ofereceu financiamento a grandes cidades-Estado gregas, como Atenas e Tebas, para que se opusessem a Esparta, dando início a um novo conflito interno, que durou de 395 a 386 a.C.

A rivalidade entre as cidades da então antiga Liga de Delos e da Liga do Peloponeso gerou outros conflitos menores ao longo dos anos. As sucessivas guerras entre as pólis gregas contribuíram para debilitá-las, deixando-as frágeis para uma nova e grande invasão, a dos macedônicos.

O Império Macedônico

Situada ao norte da Grécia, a Macedônia era um território rico em recursos naturais, como ferro e cobre, e predominantemente rural.

Durante a Guerra do Peloponeso, a Macedônia apoiava ora Atenas, ora Esparta, conforme lhe era conveniente. O apoio a um lado dependia de quanto o outro poderia se tornar uma ameaça à monarquia macedônica. Vinte anos após o fim da guerra, Atenas não representava mais nenhum perigo à Macedônia, e Esparta não tinha interesse em invadi-la. Sob o reinado de Filipe II (359-336 a.C.), a Macedônia tornou-se uma potência militar. Beneficiando-se do enfraquecimento das cidades gregas – que após a Guerra do Peloponeso trocavam de alianças a todo momento, sem conseguir se fortalecer –, o rei da Macedônia anexou as cidades gregas uma a uma.

↑ Escudo de ouro e marfim pertencente a Filipe II, rei da Macedônia, encontrado nas tumbas reais de Vergina, na Grécia, século IV a.C.

O Império de Alexandre

Em 336 a.C., Filipe II foi assassinado, e seu filho Alexandre III tornou-se rei da Macedônia. Após dominar as cidades gregas e submetê-las ao domínio macedônico, Alexandre e suas tropas seguiram para realizar a vontade do pai: conquistar a Pérsia.

Os macedônios conquistaram regiões subordinadas ao Império Persa na Ásia Menor, cidades fenícias e o Egito. De 330 a 327 a.C., Alexandre conquistou as províncias orientais, fundou cidades e fez alianças com aristocratas locais. Com o resultado de suas campanhas, o Império Macedônico se estendeu da Grécia até o Rio Indo, na Pérsia.

À medida que ocorreram as conquistas, a cultura grega (ou helênica) se difundiu e se transformou ao mesmo tempo, dando origem à cultura helenística. O império de Alexandre sofreu influências políticas, religiosas, sociais e culturais dos povos dominados. Com isso, a cultura helenística fundiu-se com as culturas egípcia, mesopotâmica, persa e hindu.

↑ Detalhe do mosaico do rei macedônico Alexandre, obra romana do século I a.C.

O imperador escolheu, como governantes dos territórios não gregos conquistados, membros das realezas locais fiéis aos macedônios ou aos aliados gregos e manteve os sistemas de tributação já existentes. Além disso, Alexandre definiu a Babilônia como capital de seu império, não retornando mais à Macedônia.

Após sua morte, em 323 a.C., seus generais (Cassandro, Lisímaco, Ptolomeu e Selêuco) dividiram o império entre si e se tornaram governantes desses novos reinos, denominados reinos helenísticos.

ATIVIDADES

SISTEMATIZAR

1. Explique o motivo da expansão persa sobre a Grécia, que acabou acarretando as Guerras Greco-Pérsicas.

2. Explique o que foi a Liga de Delos e por que Esparta não participou dessa aliança.

3. Caracterize a Liga do Peloponeso.

4. Por que a Grécia foi facilmente dominada pelo Império Macedônico?

5. Descreva algumas das principais táticas utilizadas pelos macedônios para a ampliação de seu império.

6. Qual foi a importância do Império Macedônico e de Alexandre para a Grécia?

7. Explique como surgiram os reinos helenísticos e por que eles levam esse nome.

REFLETIR

1. Leia o texto a seguir e responda às questões.

> Ainda menino, Alexandre deu mostras a seu pai de que seria um grande conquistador. Durante uma feira de animais, Felipe II escolhia alguns cavalos possantes quando avistou o mais belo animal do local: um corcel negro imponente, porém indomável. Os súditos do rei tentaram controlar o cavalo, sem sucesso, até que Alexandre, que então contava com 9 ou 10 anos, disse que conseguiria dominá-lo. Em vez de simplesmente tentar pegar o corcel à força, Alexandre virou a cabeça do cavalo na direção do sol, deixando o animal cego por alguns segundos. Fragilizado, o animal pôde ser montado. Felipe II, orgulhoso disse: "Filho, você precisará encontrar outro reino quando crescer, porque a Macedônia será pequena demais para você". Alexandre batizou o cavalo de Bucéfalo e transformou-o no companheiro de muitas batalhas. E, claro, seu pai, Felipe, estava coberto de razão.
>
> *Antiguidade.* São Paulo: Abril, 2005. p. 69. (Coleção Grandes Impérios, v. I).

   a) Levante hipóteses sobre a intenção de Filipe II ao dizer a frase: "Filho, você precisará encontrar outro reino quando crescer, porque a Macedônia será pequena demais para você".

   b) Por que o autor do texto diz que Filipe II tinha razão na previsão dele?

2. Estabeleça a relação entre o processo de conquista empreendido por Alexandre e a difusão da cultura grega.

DESAFIO

1. A herança cultural grega permanece viva até os dias de hoje. Parte disso se deu graças às conquistas realizadas por Alexandre III, que possibilitaram expandi-la a diversas partes do mundo. Vamos conhecer melhor esse assunto? Faça uma pesquisa na biblioteca da escola ou na internet e responda às questões a seguir.

   a) Qual é a diferença entre a cultura helênica e a cultura helenística?

   b) Quais são os principais elementos que podem caracterizar a cultura helenística?

CAPÍTULO 4
O cotidiano na Grécia Antiga

> No capítulo anterior, você estudou as disputas travadas entre os povos da Grécia Antiga, o processo de expansão territorial do Império Macedônico e a propagação da cultura grega. Neste capítulo, você vai estudar as crenças, a arte, a filosofia e o cotidiano dos gregos antigos.

Os gregos também desenvolveram uma vasta cultura. Entretanto, a cultura grega se diferencia da cultura de outras sociedades da região pelo alcance que teve no Ocidente.

A religião grega

A religião grega era politeísta e não tinha um livro sagrado ou uma doutrina. Os gregos acreditavam que seus deuses tinham forma e sentimentos humanos, mas diferenciavam-se dos mortais por seus poderes extraordinários e vida eterna. Eles comandavam a natureza, premiavam seus favoritos e impunham castigos quando ficavam zangados.

Para os gregos, os deuses influenciavam diretamente a vida dos humanos, por exemplo, garantindo o fornecimento de água ou a defesa militar da cidade. Por isso, esses povos empenhavam-se em mantê-los satisfeitos com a comunidade por meio de cultos, sacrifícios e rituais.

As cerimônias religiosas eram realizadas nos templos por sacerdotes, cidadãos que conheciam os ritos e as fórmulas religiosas. Nos cultos, eles ofertavam aos deuses canções, alimentos, objetos e animais sacrificados.

Cada cidade grega tinha seu deus protetor. A deusa Atena, por exemplo, era a guardiã da cidade de Atenas; Posêidon, da cidade de Corinto; e Hera, da cidade de Samos. No entanto, nessas cidades costumavam ser cultuados outros deuses também.

Museu Britânico, Londres. Fotografia: Bridgeman Imagens/Keystone Brasil

← Estátua de mármore da deusa grega Deméter, proveniente de Cnido, c. 350 a.C. Era considerada a deusa da fertilidade e da agricultura, além de ser a protetora do casamento, da gestação e das leis sagradas.

A religião doméstica

Paralelamente à religião oficial, os gregos tinham uma religião praticada em casa, onde cada família cultuava seus antepassados. Como se consideravam descendentes dos deuses, acreditavam que os mais velhos estavam mais próximos deles, devendo ser respeitados mesmo após a morte.

Nas moradias costumava ter um altar onde o fogo era mantido aceso dia e noite: era o fogo sagrado, adorado por todos, e a ele pediam proteção e dirigiam preces pela saúde, riqueza e felicidade da família.

Os jogos olímpicos

Na cidade de Olímpia, a cada quatro anos, ocorriam jogos em honra a Zeus. Os jogos olímpicos tinham, inicialmente, duração de um dia. Apenas cidadãos gregos do sexo masculino competiam em provas de corrida e de luta. A partir de 471 a.C., os jogos passaram a ser realizados em cinco dias e, além dos eventos esportivos, contavam com banquetes e celebrações religiosas.

Havia competições de boxe, luta, corrida e pentatlo (corrida, salto em distância, lançamento de disco, de dardo e luta). As mulheres participavam de um festival separado, organizado em homenagem à deusa Hera. Elas competiam em provas de corrida e de dança. Os vencedores recebiam como prêmio uma coroa de **louros**.

Os jogos olímpicos tiveram grande importância social e política. Durante o período do evento declarava-se trégua nas guerras, e os povos em conflito conviviam em harmonia em Olímpia. A cidade que desrespeitasse a trégua do período dos jogos era banida, como ocorreu com Esparta, em 420 a.C.

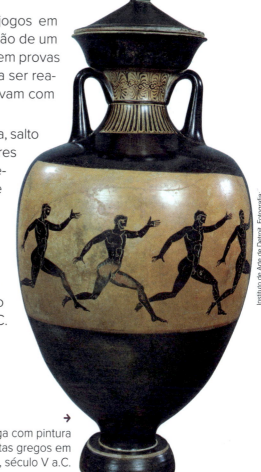

→ Ânfora grega com pintura que representa atletas gregos em uma corrida, século V a.C.

A mulher na Grécia Antiga

Ao longo da história humana, as tarefas e funções do cotidiano, assim como as atividades realizadas em momentos especiais, como rituais religiosos e festividades, eram distribuídas entre os membros das comunidades. Essa distribuição era feita conforme o tipo de trabalho e podia ser realizada, por exemplo, por jovens ou idosos, pobres ou ricos, intelectuais ou trabalhadores braçais, homens ou mulheres.

Na Grécia Antiga, esse tipo de divisão do trabalho era comum. Assim, a política era assunto restrito aos homens que fossem cidadãos. Os trabalhos manuais eram realizados por pessoas livres e por escravizados, mas não pelos ricos. E as mulheres tinham papéis sociais distintos, de acordo com sua posição social.

> **GLOSSÁRIO**
>
> **Louro:** na mitologia grega, era um dos símbolos utilizados pelo deus Apolo, protetor dos atletas e jovens guerreiros.

As mulheres atenienses

Em Atenas, as mulheres mais **abastadas** passavam o tempo nos **gineceus** e não precisavam realizar trabalhos manuais, ao contrário das menos privilegiadas. O mundo feminino dos grupos sociais mais ricos de Atenas era voltado para o ambiente doméstico.

Desde crianças, as meninas eram direcionadas para agir de acordo com o que se esperava delas. Eram estimuladas a brincar e a realizar atividades que tivessem relação com a casa e a família. Elas tinham aulas de dança, de música e se ocupavam com cerimônias preparatórias para os casamentos. Ao ficar viúva, a esposa era encarregada de preparar o corpo do marido para o velório.

> **GLOSSÁRIO**
> **Abastado:** pessoa de posses; riquezas.
> **Gineceu:** neste contexto, espaço da casa restrito às mulheres.

Casamento e relações familiares

As jovens ricas de Atenas casavam-se ainda jovens, a partir dos 15 anos, em casamentos arranjados pelos pais dos noivos. Mas não era incomum que se casassem ainda mais jovens. Nas famílias simples, os casamentos eram diferentes, pois as mulheres precisavam trabalhar e tinham mais voz na escolha do marido.

De acordo com as concepções atenienses, as mulheres eram destinadas a gerar herdeiros; por isso, várias delas engravidavam muitas vezes seguidas, o que acarretava um alto índice de mulheres que morriam no parto.

Enquanto as mulheres atenienses eram criadas para ser esposas, cuidar do lar e dos filhos, as espartanas recebiam tratamento semelhante aos homens. Elas aprendiam a cavalgar, a correr, a conduzir carruagens e a realizar provas de força.

Em Esparta, os homens quase não deixavam seus quartéis. Cabia às mulheres, então, a organização do lar. Como eles eram ausentes da vida familiar, a figura feminina assumiu papel central no mundo doméstico. Mas as espartanas não realizavam as tarefas domésticas, era um trabalho para as hilotas.

↑ Nas mulheres, a pele branca, sem marcas do Sol, era valorizada, pois indicava que ela não precisava trabalhar e que tinha uma condição social privilegiada.

Rituais religiosos

As atividades em que as mulheres tinham mais protagonismo eram os rituais. Neles, as meninas se vestiam com roupas e joias vistosas e se mostravam à sociedade, algo incomum para as mulheres adultas, que passavam a maior parte do tempo nos gineceus.

Em Atenas, as mulheres que participavam dos rituais ocupavam na sociedade um duplo papel: eram filhas de cidadãos e dariam à luz novos cidadãos. Dessa forma, sua condição de cidadã só se completava por causa dos homens, fossem eles os filhos ou os maridos.

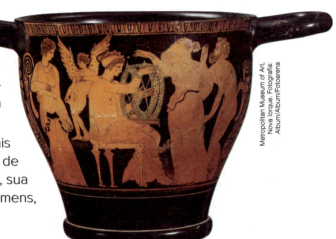

↑ Vaso grego em terracota com relevo de mulheres em ritual religioso, c. 350 a.C.

A arte grega

A arquitetura, a escultura e a pintura grega são reconhecidas, ainda nos dias atuais, como importantes manifestações artísticas. Nessas obras, os gregos buscavam a beleza e o equilíbrio das formas. Elas se tornaram modelos que ainda hoje servem de inspiração.

A escultura foi uma das principais manifestações artísticas dos gregos antigos. Essas obras eram, principalmente, representações da figura humana: homens ou mulheres, tanto deuses quanto mortais. Elas apresentavam um impressionante realismo e proporções perfeitas das figuras humanas, sobretudo as masculinas. Em geral, eram esculpidas em calcário e mármore ou modeladas em bronze.

Os gregos também se tornaram conhecidos no Mundo Antigo pela qualidade da cerâmica que produziam. Vasos, ânforas, copos, pratos e objetos de culto eram modelados em argila úmida, que depois era queimada em forno a altas temperaturas. O resultado eram peças duráveis e de grande beleza.

Nessas peças estão os exemplares mais bem preservados da pintura grega. Elas revelam importantes características da vida cotidiana, da religiosidade e das crenças dos gregos antigos.

↑ *Laocoonte e seus filhos*, escultura grega do século II a.C.

O teatro foi uma das maiores contribuições dos gregos às sociedades ocidentais. Nas tragédias, eles tratavam dos deuses, das paixões e da justiça. Já na comédia satirizavam os costumes, os políticos, os filósofos, a guerra e o próprio povo.

Os homens representavam todos os papéis – tanto femininos quanto masculinos –, que eram identificados por meio de máscaras.

Observação e racionalidade

Os atenienses tinham grande preocupação na formação de futuros cidadãos. Eles eram incentivados a exercitar o corpo – para alcançar um padrão de saúde e beleza considerado o ideal pela sociedade – e a mente por meio do estudo de música, matemática, leitura e escrita.

Durante o século V a.C., acompanhando o período em que Atenas tinha grande riqueza material, os gregos se preocuparam em preparar os cidadãos para lidar com os problemas de ordem pública com mais eficiência, dedicando-se assim a solucionar questões práticas do cotidiano. Com isso, surgiu a Filosofia.

← Exéquias. *Aquiles e Ajax jogando damas*, século VI a.C. Ânfora grega que retrata os personagens entretidos no jogo de damas.

Filosofia

Filosofia, em grego, significa "amor à sabedoria". Os primeiros filósofos gregos procuravam explicar o Universo utilizando argumentos concretos e racionais, diferentes das explicações dadas pela religião. Entre eles, podemos destacar Tales de Mileto, que considerava a água como a essência da vida, e Pitágoras, defensor de que a essência do Universo podia ser encontrada na música e na matemática. Muitos dos estudos dos antigos gregos foram a base para o desenvolvimento da ciência moderna.

Mas nem todos os filósofos da época estavam preocupados em entender ou explicar a natureza do Universo. Alguns defendiam que entender o Universo estava além da compreensão humana, portanto era mais importante que os indivíduos entendessem a si próprios por meio do estudo do comportamento humano.

Para os sofistas, não havia certo ou errado – o que era certo para uma pessoa podia ser errado para outra –; por isso, a verdadeira sabedoria estava na percepção das diferentes interpretações e na forma de conduzir as discussões (**retórica**). Como a arte da retórica era considerada perigosa, os sofistas eram bastante procurados para dar aulas aos jovens atenienses. Alguns questionamentos levantados por eles ainda estão presentes em nossa sociedade.

> **GLOSSÁRIO**
>
> **Discípulo:** indivíduo que segue os ensinamentos ou as doutrinas de alguém.
> **Retórica:** uso persuasivo da linguagem.

> **Sócrates** (469-399 a.C.) acreditava que a educação era a melhor maneira de fazer com que uma pessoa se desenvolvesse, pois considerava que o real conhecimento estava dentro de cada um. Assim, elaborou um método de ensino baseado em perguntas e respostas que levavam o aluno a compreender as coisas usando a própria razão. Essa técnica ficou conhecida como método socrático.
>
> **Platão** (429-347 a.C.) foi um dos **discípulos** de Sócrates. Ele procurou criar um modelo de pólis perfeita, que deveria ser governada por uma elite de sábios com a racionalidade necessária para conduzir o governo. Com esse intuito, Platão criou uma escola em Atenas que ficou conhecida como Academia, um centro intelectual.
>
> **Aristóteles** (382-322 a.C.) estudou na Academia por 20 anos e foi um dos discípulos de Platão. Ele defendia que a observação e a experimentação da realidade eram essenciais para a obtenção do conhecimento. Os interesses de Aristóteles eram vastos, compreendendo áreas que hoje chamamos de Ética, Lógica, Política, Astronomia, Geologia, Biologia e Física.

A escrita da História

A História como conhecemos hoje tem sua origem na sociedade grega antiga. A palavra *história*, em grego, significa "investigação", "pesquisa", tendo sido usada pela primeira vez (de que se tem registro) por Heródoto (c. 484-425 a.C.) em um livro sobre as Guerras Greco-Pérsicas. Ele viajou em busca de informações e utilizou as fontes que tinha (orais), sendo bastante crítico com o que utilizava. Por isso, é considerado o primeiro historiador – ainda que, é importante lembrar, Heródoto não fizesse diferenciação significativa entre mito e história.

O ateniense Tucídides (c. 460-400 a.C.) também teve papel importante no início do que, posteriormente, compreenderíamos como História. Ele buscou maior objetividade na narrativa do passado e descreveu a Guerra do Peloponeso com precisão, além de fazer uma reflexão sobre a condição humana.

Estátua de bronze de Heródoto exposta na sala principal de leitura da Biblioteca do Congresso. Washington, Estados Unidos.

DIÁLOGO

Arquitetura a favor da arte

O teatro era uma parte importante da cultura grega, fato evidenciado pela quantidade de peças produzidas – muitas delas representadas até hoje – e pelos grandes teatros construídos ao ar livre. Era importante para a formação cívica e religiosa. Nesse local, os gregos antigos se reuniam para participar de celebrações e festividades em homenagem aos deuses, geralmente com encenações.

Na construção dos teatros eram empregados cuidadosos estudos do que conhecemos hoje como Física e Matemática. Como eram construções ao ar livre, a propagação do som era fundamental. Assim, os gregos desenvolveram formas de possibilitar que todas as pessoas tivessem experiências similares, independentemente do lugar onde se sentassem.

Os principais fatores para a construção do teatro eram: local silencioso, afastado de grandes movimentações; ventos em sentido favorável, da orquestra para a plateia; local para construção de arquibancadas inclinadas, com cerca de 25 a 30 graus de inclinação; estrutura de palco que propiciasse uma boa propagação do som.

A boa qualidade do mármore usado, a propagação do som após bater na superfície dura e compacta do local onde ficava a orquestra, o silêncio, a temperatura local e a brisa suave são outros fatores que contribuíam para a acústica perfeita dos antigos teatros gregos.

↑ Teatro de Epidauro, Grécia.

1. Quais fenômenos físicos e matemáticos eram considerados pelos gregos na construção de seus teatros?

Os jogos olímpicos: passado e presente

↑ A brasileira Vanessa Chefer durante a disputa do salto em distância nos Jogos Olímpicos do Rio de Janeiro, 2016.

Quando a tocha olímpica foi apagada na cerimônia de encerramento dos Jogos Olímpicos Rio 2016, esportistas do mundo inteiro tinham completado a disputa de 28 modalidades, das quais várias não faziam parte do programa dos Jogos Olímpicos da Grécia Antiga.

Segundo os historiadores, os antigos gregos disputavam arremesso de disco, corrida, natação, luta, salto em distância, entre outras modalidades. Os vencedores recebiam coroas de louro e eram considerados heróis em sua respectiva cidade natal. Uma curiosidade é que o vencedor da prova de corrida da modalidade estádio (192 metros) era homenageado com o nome dos jogos daquele ano. Os jogos olímpicos tinham importância tão grande que guerras e conflitos eram interrompidos durante o evento, a chamada "paz olímpica". As olimpíadas clássicas eram festivais sagrados, nos quais os atletas competiam para servir aos deuses.

Já as olimpíadas modernas tiveram início sem vínculo religioso, na Inglaterra, no século XIX. Contudo, elas tinham algumas características comuns, como o fato de algumas modalidades apresentarem variações específicas. Por exemplo, nas olimpíadas modernas a modalidade de corrida é dividida em várias categorias (100 metros, 200 metros, revezamento, marcha olímpica etc.). Por sua vez, os jogos olímpicos antigos também tinham uma divisão, como o dolichos, no qual eram percorridos 4 200 metros, e o diaulos, cujos atletas carregavam seus capacetes e escudos. Para evitar que os escudos fossem trocados por outros de menor peso, prejudicando os competidores que estivessem com os originais, estes ficavam guardados no Templo de Zeus.

Apesar das grandes diferenças, alguns esportes disputados nos jogos antigos continuam presentes nos jogos modernos, mesmo não tendo feito parte de todas as edições. É o caso do arremesso de disco, da luta greco-romana e do salto em distância.

↑ É possível traçar uma linha de evolução dos jogos clássicos até os modernos. Apenas natação, atletismo e esgrima estiveram presentes em todas as olimpíadas. Nos Jogos Olímpicos Rio 2016 ocorreu a volta oficial do golfe, disputado pela última vez em 1904, e do rúgbi, ausente da competição desde 1924.

1. Qual honra era dada ao vencedor da categoria estádio nos jogos clássicos?

2. Compare as diferenças entre as olimpíadas clássicas e as modernas.

ATIVIDADES

SISTEMATIZAR

1. Qual era a importância da religião para os gregos na Antiguidade?

2. Com o desenvolvimento da Filosofia, que mudanças aconteceram no pensamento grego antigo?

3. Qual era o papel do filósofo na Grécia Antiga?

4. Cite pelo menos dois aspectos da sociedade grega antiga que influenciaram a sociedade atual.

5. Observe a peça de cerâmica da página 143 e, em seguida, faça o que se pede.
   a) Descreva a imagem e mencione qual você imagina ser sua função.
   b) Qual é a importância desses artefatos para a compreensão da sociedade grega antiga?

REFLETIR

1. A imagem ao lado mostra a premiação do vencedor de uma prova dos jogos olímpicos na Antiguidade.
   a) Explique as diferenças entre os objetivos dos jogos olímpicos na Grécia Antiga e na atualidade.
   b) Tendo como referência a atualidade, a prática de esportes é um dos elementos importantes para uma vida saudável. Em sua opinião, atletas que aderem ao *doping* podem ser considerados saudáveis?

2. A frase "Só sei que nada sei, e o fato de saber isso me coloca em vantagem sobre aqueles que acham que sabem alguma coisa" é atribuída a Sócrates. De acordo com seus conhecimentos, levante hipóteses sobre o que ele quis dizer com essa frase.

↑ Detalhe de vaso grego do século V a.C. que mostra atleta recebendo a coroa de folhas de oliveira após vitória.

3. Leia o trecho a seguir.

> [Os atenienses,] apesar de excluírem as mulheres dos espaços públicos e dos assuntos políticos, necessitavam de sua participação em rituais religiosos essenciais à cidade.
>
> Karina Rocha Campos. *Pólis vs. oikos*: a investigação do papel feminino no drama grego. Araraquara: Unesp, 2015. p. 15.

   a) O que a descrição do texto revela sobre a organização social de Atenas?
   b) Que tipo de relação o texto apresenta: coerência ou contradição? Por quê?
   c) Você acha que esse tipo de situação se justifica nos dias de hoje? Explique.

DESAFIO

1. Vários esportes praticados até hoje tiveram origem na Grécia. Pesquise as modalidades disputadas nos jogos olímpicos e estabeleça uma relação entre os jogos na Grécia Antiga e os atuais.

2. Assim como os jogos olímpicos, a corrida na modalidade maratona teve origem na Grécia Antiga. Pesquise sua origem e elabore um texto com o conteúdo da pesquisa.

Os jogos paraolímpicos

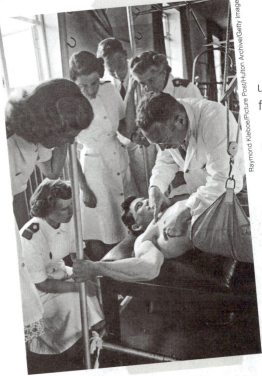

↑ À direita, Ludwig Guttmann instruindo grupo de terapeutas. Inglaterra, 1949.

O neurologista alemão Ludwig Guttmann (1899-1980) é considerado um dos pioneiros no uso do esporte para a reabilitação de deficientes físicos. A ele também é atribuída a criação dos jogos Paralímpicos.

No início da década de 1940, Guttmann trabalhava em um hospital na Inglaterra, onde constatou que pessoas com deficiências físicas, em especial soldados que tinham sido mutilados em guerra, viviam "presas" na cama ou a aparelhos que impediam sua locomoção. Isso aumentava a ocorrência de infecções, depressão e até a taxa de mortalidade.

Com o objetivo de estimular os membros sadios, aumentar a resistência física e melhorar a qualidade de vida dos pacientes, o médico instruiu sua equipe a utilizar a fisioterapia como tratamento médico. O tratamento fez tanto sucesso que foi considerado milagroso pelas pessoas.

Em 28 de julho de 1948, no dia da abertura dos Jogos Olímpicos de Londres, houve no hospital em que o doutor Guttmann era diretor a primeira competição de deficientes físicos, na modalidade arco e flecha. Embora tenha sido pequeno, esse primeiro evento chamou a atenção, de modo que no ano seguinte foi realizado com mais competidores e, em 1952, começou a acontecer em outros países.

Em 18 de setembro de 1960, uma semana depois da abertura dos Jogos Olímpicos de Roma, teve início a primeira edição dos Jogos Paralímpicos: 400 atletas cadeirantes de 21 países competiram em algumas das mesmas categorias que os atletas olímpicos.

↑ Equipe italiana paralímpica em Roma, 1960.

O acesso de atletas com outras deficiências aos jogos ocorreu aos poucos. Em 1976 foram incluídos atletas amputados e com deficiência visual; em 1980, os atletas com paralisia cerebral; em 1984 foi criada a categoria "outros" para atletas que não se encaixavam nas três primeiras categorias; por fim, em 1996 foram incluídos os atletas com deficiência intelectual. Deficientes auditivos não participam dos Jogos Paralímpicos porque fazem parte das Surdolimpíadas, jogos olímpicos para surdos que acontece a cada quatro anos desde 1924.

O país com maior número de medalhas nos Jogos Paralímpicos são os Estados Unidos, com mais de 2 mil medalhas conquistadas em todas as edições. Seu destaque nos jogos é fruto de um projeto, que usa o esporte como canal de autoestima e cidadania para militares feridos em confrontos bélicos.

↑ Recordista paralímpico, o brasileiro Daniel Dias ganhou 9 medalhas na Paralimpíada Rio 2016. Rio de Janeiro (RJ), 2016.

→ Prova feminina de 100 metros T53. Jogos Paralímpicos Rio 2016. Rio de Janeiro (RJ), 2016.

↓ O salto em distância é uma modalidade praticada nas olimpíadas desde a Grécia Antiga. Na imagem, a atleta Jenifer Santos no salto em distância nos Jogos Paralímpicos do Rio de Janeiro, em 2016.

O Brasil participou pela primeira vez dos Jogos Paralímpicos em 1976, e a cada ano tem aumentado sua participação.

1. Qual é a importância da prática esportiva para os deficientes físicos?

2. Faça uma pesquisa sobre a participação dos atletas brasileiros nos Jogos Paralímpicos. Em seguida, elabore uma redação sobre como ocorre o preparo dos atletas para esses eventos esportivos.

LABORATÓRIO DA HISTÓRIA

Representação teatral

Você já assistiu a uma peça de teatro? Riu, emocionou-se, chorou, sentiu medo ou se identificou com a história dos personagens no palco? Se sim, já deve ter percebido que é impressionante como a arte de representar, tratando de temas fictícios ou vividos, mexe com nossas emoções e, por isso, liga-se à nossa própria vida e história.

Já vimos que essa maravilhosa arte foi criada pelos gregos, os quais, um pouco diferente do que ocorre hoje, tinham as próprias regras: utilizavam máscaras e somente homens encenavam, mesmo fazendo papel de mulheres. O teatro dos gregos dizia muito daquele tempo.

Lembrando essa rica tradição grega, vamos aprender a fazer uma peça de teatro? Essa arte pode ser improvisada, sim, mas, aqui, faremos um exercício de como ela pode ser planejada e executada.

Mãos à obra!

↑ Máscara do século IV a.C. utilizada em apresentações de tragédias gregas.

João Velho (Édipo) e Letícia Spiller (Jocasta) em cena da peça *Édipo*, de Sófocles, no teatro do Sesc Copacabana. Rio de Janeiro (RJ), 2014.

Passo a passo

1. Com a ajuda do professor, organize-se em um grupo de, no máximo, seis pessoas.
2. Juntos, escolham um tema relacionado à cultura grega que possa ser representado em, no máximo, 15 minutos.
3. Cada grupo deve redigir no caderno, de forma coletiva, o roteiro da peça, ou seja, escrever a história a ser contada e quais e como serão os personagens.
4. Os grupos devem criar e escrever no caderno como acontecerá a ação da peça, ou seja, como ela começará, que personagens entrarão em cena e o que falarão.
5. Em seguida devem distribuir, amigavelmente, os personagens entre os membros da equipe e definir que elementos comporão o cenário.
6. Com isso, a peça está organizada no papel; resta agora colocá-la em prática.
7. Com a orientação do professor e de forma criativa, cada grupo deve elaborar os figurinos dos personagens, bem como o cenário da peça.
8. Naturalmente, quem se ocupar da elaboração do cenário e dos figurinos pode abster-se de representar, de modo que haja uma divisão justa das tarefas do trabalho.
9. Cabe a cada membro da equipe com papel de personagem decorar e ensaiar suas falas.
10. Os grupos devem ensaiar a peça pelo menos duas vezes para que o espetáculo seja apresentado sem erros ou, ao menos, com o menor número de erros possível.

Finalização

- Combinem entre os grupos um dia ou uma semana para apresentação das peças.
- Os grupos podem apresentar as peças na própria sala de aula, aos demais grupos, ou, se houver espaço para isso, na escola, aos colegas de outras turmas. Em última instância, caso haja possibilidade, as equipes podem organizar um festival de teatro na escola para as apresentações.
- Após as apresentações, reúnam-se para uma roda de conversa na sala de aula. Contem aos colegas como foi a experiência de elaborar uma peça de teatro desde o roteiro até a encenação. Comentem como foi feita a pesquisa para a elaboração do roteiro, que materiais utilizaram, como montaram o cenário e o figurino, qual foi a sensação de encenar uma peça para os colegas e a recepção que vocês tiveram.

↑ Máscaras de teatro que representam a comédia e a tragédia.

PANORAMA

FAÇA AS ATIVIDADES A SEGUIR E REVEJA O QUE VOCÊ APRENDEU.

NO CADERNO

1. A sociedade cretense costuma ser bastante estudada por meio de suas cerâmicas, pinturas e esculturas. Observe a fotografia abaixo, de um vestígio histórico dos antigos cretenses, e faça o que se pede.

← Cerâmica cretense com a pintura de um polvo, c. 1500 a.C.

Museu Arqueológico. Heraklion. Fotografia: VCG Wilson/Corbis/Getty Images

a) Explique a contribuição desse tipo de fonte para o estudo dos antigos gregos.

b) Cite os aspectos da pintura do vaso que se relacionam ao que você estudou da sociedade cretense.

2. Leia o texto e, depois, responda às questões.

Certa ocasião, quando os espartanos enfrentaram os persas, em Termópilas, Êuritos e Aristôdamos, dois guerreiros, foram dispensados do combate por estarem doentes e tiveram a permissão para regressarem a Esparta, caso quisessem. Êuritos preferiu permanecer. Ficou, lutou e morreu. Já Aristôdamos regressou sem ter combatido. Foi recebido com vergonha e desonra. Nenhum espartano queria ajudá-lo a acender o fogo de sua casa, ninguém lhe dirigia a palavra e era chamado de Aristôdamos, o Covarde. Anos mais tarde, na batalha de Plateia, ele fez o que pôde para escapar da vergonha que sofria e, no entanto, não conseguiu receber nenhuma honraria. Na opinião dos espartanos, Aristôdamos abandonou seu posto como um possesso, e, porque queria provar que não era covarde, se expôs à morte; já Êuritos se portou como um bravo sem procurar a morte.

Teresa Van Acker. *Grécia*: a vida cotidiana na cidade-Estado. São Paulo: Atual, 1994, p. 66-67.

a) Por que os espartanos chamavam Aristôdamos de covarde?

b) Que elementos podemos extrair do texto sobre a sociedade espartana?

3. Sobre a educação nas pólis gregas, faça o que se pede.

a) Registre as semelhanças e as diferenças entre a educação ateniense e a espartana.

b) Explique como os projetos educacionais das distintas cidades, Atenas e Esparta, estavam adaptados ao modelo idealizado para cada uma delas.

4. Observe as imagens a seguir e, depois, responda às questões.

↑ Anfiteatro de Éfeso, construído por volta do século II a.C. Turquia. Fotografia de 2015.

↑ Vista interna do Teatro Amazonas, construído em 1896. Manaus (AM). Fotografia de 2014.

a) Quais eram os gêneros do teatro grego? Explique-os.

154

b) Qual é a diferença entre os dois teatros?

c) Em relação às encenações, cite diferenças entre o teatro grego e o teatro contemporâneo.

5. Observe e analise a escultura a seguir, produzida pelos gregos em 400 a.C., e com base nela explique qual era o ideal de beleza na Grécia Antiga.

↑ Estátua do deus grego Ares.

6. Leia atentamente o texto a seguir e, depois, responda às questões.

Vivemos sob uma forma de governo que não se baseia nas instituições de nossos vizinhos; ao contrário, servimos de modelo a alguns ao invés de imitar outros. Seu nome, como tudo, depende não de poucos mas da maioria, é democracia. Nela, enquanto no tocante às leis todos são iguais para a solução de suas divergências privadas, quando se trata de escolher (se é preciso distinguir em qualquer setor), não é o fato de pertencer a uma classe, mas o mérito, que dá acesso aos postos mais honrosos; inversamente, a pobreza não é razão para que alguém, sendo capaz de prestar serviços à cidade, seja impedido de fazê-lo pela obscuridade de sua condição. Conduzimo-nos liberalmente em nossa vida pública, e não observamos com uma curiosidade suspicaz a vida privada de nossos concidadãos, pois não nos ressentimos com nosso vizinho se ele age como lhe apraz, nem o olhamos com ares de reprovação que, embora inócuos, lhe causariam desgosto. Ao mesmo tempo que evitamos ofender os outros em nosso convívio privado, em nossa vida pública nos afastamos da ilegalidade principalmente por causa de um temor reverente, pois somos submissos às autoridades e às leis, especialmente àquelas promulgadas para socorrer os oprimidos e às que, embora não escritas, trazem aos transgressores uma desonra visível a todos.

Tucídides. *História da Guerra do Peloponeso*. Brasília: Editora UnB; Instituto de Pesquisa de Relações Internacionais; São Paulo: Imprensa Oficial do Estado, 2001. II. 37. p. 109.

a) Segundo Tucídides, qual era a importância da democracia ateniense para os antigos gregos?

b) Segundo o texto, qual era o critério de distinção entre os cidadãos da democracia ateniense?

c) Retire do texto o conceito de justiça (cumprimento das leis) defendido por Tucídides para a democracia. Esse conceito de justiça é igual ao atual? Justifique.

DICAS

📖 **LEIA**

Os 300 de Esparta, de Frank Miller. Devir Livraria, 2015.
Quadrinhos do consagrado autor estadunidense Frank Miller, baseados na história dos 300 de Esparta e da Batalha das Termópilas. Narra de maneira romantizada o embate entre gregos e persas no litoral da Grécia no século V a.C.

Como seria sua vida na Grécia Antiga?, de Fiona Macdonald. Scipione.
A obra resgata as diversas manifestações do cotidiano humano na Grécia Antiga, como as construções, a agricultura, o comércio, a democracia, o pensamento político e a organização das pólis.

A Grécia Antiga passo a passo, de Eric Teyssier. Claro Enigma.
O livro faz um passeio pela cultura grega em suas muitas facetas, desde informações mais comuns até descobertas científicas.

Grécia – arte na Idade Antiga, de Edna Ande. Callis.
Equilíbrio e harmonia são dois traços considerados marcantes nas obras de arte gregas. O livro traz ilustrações e um texto rico em informações das manifestações artísticas desse povo.

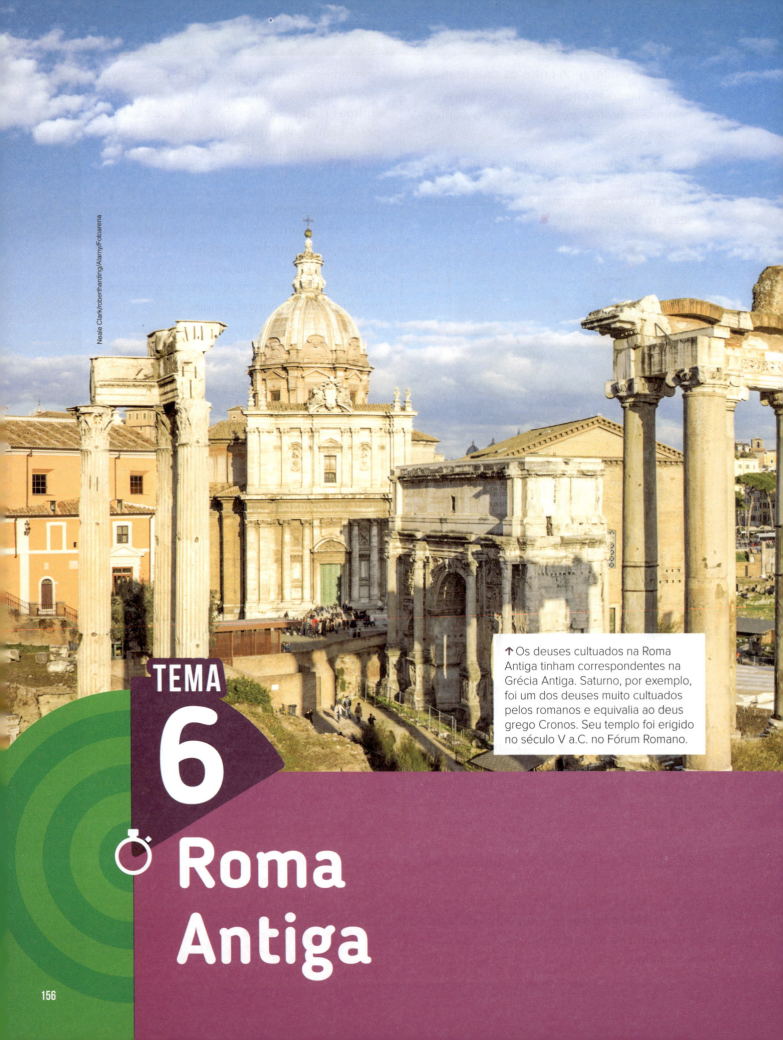

↑ Os deuses cultuados na Roma Antiga tinham correspondentes na Grécia Antiga. Saturno, por exemplo, foi um dos deuses muito cultuados pelos romanos e equivalia ao deus grego Cronos. Seu templo foi erigido no século V a.C. no Fórum Romano.

TEMA 6
Roma Antiga

NESTE TEMA
VOCÊ VAI ESTUDAR:

- a formação e a estruturação da Roma Antiga;
- as estruturas de poder na Roma Antiga durante a monarquia, a república e o império;
- a influência da Grécia Antiga na cultura e no cotidiano dos romanos;
- o cristianismo, que passou de religião perseguida à religião predominante no mundo mediterrâneo.

Os templos têm, ainda hoje, função importante para as sociedades. Além de servirem de espaço de culto aos deuses, exercem papel importante na coesão social. Na Roma Antiga, eram cultuados os deuses equivalentes aos dos gregos; depois, o cristianismo se tornou hegemônico. Você imagina como o processo de formação de Roma e a consolidação da cultura greco-romana nos ajudam a compreender o Ocidente? Como as estruturas sociais da Roma Antiga se relacionam com o mundo contemporâneo?

CAPÍTULO 1

A formação da Roma Antiga

Neste capítulo, você vai estudar a cidade de Roma desde sua fundação até o surgimento do Império Romano.

Roma Antiga é a denominação de uma sociedade que se desenvolveu na Península Itálica no século VIII a.C., em torno da cidade de Roma. De forma semelhante à Grécia Antiga, as fronteiras da antiga cidade de Roma e a abrangência de sua influência não correspondem às atuais.

A fundação de Roma

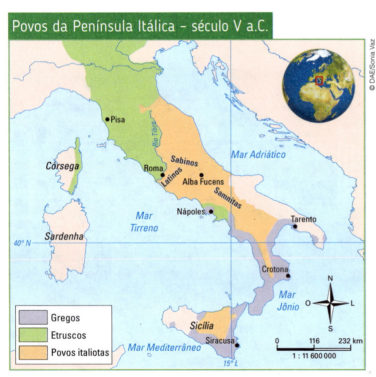

Fonte: Jeremy Black. *World history atlas*. Londres: Dorling Kindersley, 2008. p. 178.

Há poucas informações sobre os primeiros povos que habitaram a Península Itálica. Vestígios indicam que, no segundo milênio antes de Cristo, a região foi ocupada por povos indo-europeus chamados italiotas e, no primeiro milênio antes de Cristo, havia populações com características semelhantes aos gregos e aos etruscos.

Os principais representantes dos italiotas eram os sabinos e os latinos; eles se fixaram no centro da península, cuja cidade mais importante era Alba Fucens. Os gregos ocupavam o sul, região conhecida como Magna Grécia. Já os etruscos, guerreiros vindos da Ásia Menor, fixaram-se na área correspondente ao norte da atual Itália.

Segundo a tradição, Roma foi fundada em 753 a.C., às margens do Rio Tibre, e foi ocupada inicialmente pelos latinos e sabinos. Geograficamente, a região era muito atraente, pois tinha terras férteis para agricultura e sua proximidade com o Rio Tibre possibilitava o contato com o Mar Tirreno, que, no entanto, era distante o suficiente para evitar ataques de piratas.

Os gregos chegaram à região que viria a fazer parte de Roma no período de colonização grega (750-550 a.C.) e exerceram grande influência na população local, tanto que alguns pesquisadores consideram que a cultura romana sofreu forte influência da cultura grega. Eles produziam azeite e vinho, disseminaram o alfabeto e o sistema de escrita próprio e instituíram a arte grega como modelo na escultura, arquitetura e literatura.

Os etruscos começaram a expandir seus domínios simultaneamente aos gregos. Na Etrúria, região ao norte de Roma, fundaram várias cidades que dominaram econômica e culturalmente. Os etruscos conquistaram Roma em cerca de 600 a.C. e dominaram a região até 509 a.C.

AQUI TEM MAIS

A lenda da fundação de Roma

Assim como em outras sociedades, existe uma versão lendária para a fundação de Roma. Nela, a cidade teria sido fundada pelos irmãos gêmeos Rômulo e Remo, em 753 a.C.

Segundo a lenda, Amúlio, irmão do rei de Alba Longa, teria tomado o poder e aprisionado sua sobrinha, Reia, para que ela não tivesse herdeiros. O deus Marte, porém, teria engravidado Reia, que deu à luz os gêmeos. Sabendo do nascimento dos meninos, Amúlio teria ordenado que fossem jogados no Rio Tibre. Mas uma loba teria sido enviada por Marte para resgatar os bebês e alimentá-los até serem encontrados por pastores.

↑ Peter Paul Rubens. *Rômulo e Remo*, 1615-1616. Óleo sobre tela, 2,13 m × 2,12 m.

Já adultos, os gêmeos teriam regressado a Alba, lutado contra o tio e devolvido o trono ao avô, que os recompensou lhes dando o direito de construir uma cidade às margens do Rio Tibre. Assim teria sido fundada Roma.

1. Qual foi o papel do deus Marte na lenda da formação de Roma?

2. Observe o quadro e identifique nele os personagens da lenda da fundação de Roma.

O período monárquico (753 a.C.–509 a.C.)

Segundo a tradição romana, entre 753 a.C. e 509 a.C. Roma teve sete reis, sendo os quatro primeiros latinos ou sabinos (Rômulo, Numa Pompílio, Túlio Hostílio e Anco Márcio) e os três últimos, etruscos (Tarquínio Prisco, Sérvio Túlio e Tarquínio, o Soberbo). Os historiadores ainda não têm evidências suficientes que sustentem essa informação, mas sabem que a cidade esteve sob influência dos etruscos durante o período monárquico e que dois dos três últimos reis eram etruscos.

A sociedade e a política romana na época da monarquia eram hierarquizadas.

A República Romana (509 a.C.-27 a.C.)

Tarquínio, o Soberbo, foi o último rei etrusco. Em uma manobra para assumir o poder de fato sobre Roma, tentou aproximar-se da plebe e enfraquecer o Senado, mas foi deposto por um golpe dos patrícios.

Com o rei deposto, o Senado assumiu o governo, dando início à república (do latim *res publica*, que significa "coisa pública"). Sob esse sistema, o governo deveria ser conduzido pelos cidadãos. Para isso, ele foi organizado em três instituições políticas: o Senado, a Assembleia Popular e a Magistratura.

O Senado era a base do poder aristocrático, e os cargos dos patrícios eram vitalícios. Apesar de não ter **poderes executivos**, exercia grande influência em todos os assuntos. A função do Senado era assessorar as magistraturas e aprovar os acordos populares.

> **GLOSSÁRIO**
>
> **Poder Executivo:** executa as leis e administra os bens públicos, de acordo com a Constituição do Estado.

A Assembleia Popular era uma comissão formada por representantes da cúria (que tratava de assuntos religiosos), das tribos (denominação dos territórios urbanos e rurais) e das centúrias (Forças Armadas), que eram formadas por patrícios e plebeus enriquecidos. Essa assembleia tomava decisões sobre a guerra e a paz, elegia membros para a Magistratura, aprovava leis e administrava a justiça penal.

A Magistratura formava o corpo de funcionários administrativos, que exerciam o cargo pelo período de um ano. Ela era integrada por:

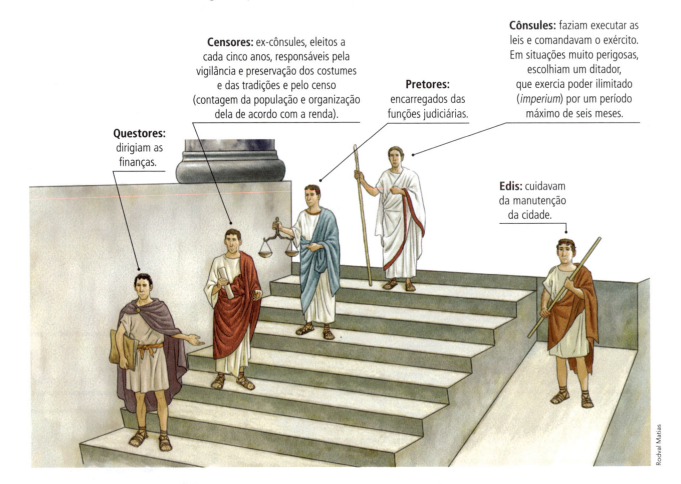

Questores: dirigiam as finanças.

Censores: ex-cônsules, eleitos a cada cinco anos, responsáveis pela vigilância e preservação dos costumes e das tradições e pelo censo (contagem da população e organização dela de acordo com a renda).

Pretores: encarregados das funções judiciárias.

Cônsules: faziam executar as leis e comandavam o exército. Em situações muito perigosas, escolhiam um ditador, que exercia poder ilimitado (*imperium*) por um período máximo de seis meses.

Edis: cuidavam da manutenção da cidade.

A república romana não pode ser comparada à democracia ateniense. Ainda que o pressuposto fosse o governo ser conduzido pelos cidadãos, na república romana quem exercia o poder político na prática eram os patrícios.

Lutas entre patrícios e plebeus

O começo da república em Roma foi acompanhado por uma crise financeira que se iniciou com uma série de disputas entre plebeus e patrícios provocada pelo aumento do endividamento da plebe e pelo não cumprimento das promessas feitas pelos patrícios de melhorias nas condições econômicas e jurídicas.

O primeiro protesto ocorreu em 494 a.C., quando os plebeus – grupo social formado por cidadãos ricos (que não vinham de famílias tradicionais, portanto não tinham o poder político dos patrícios), agricultores, artesãos livres e uma força armada – abandonaram a cidade e se estabeleceram no Monte Sagrado, a poucos quilômetros de Roma.

Para solucionar o problema, os patrícios fizeram uma série de **concessões** à plebe. Uma das mais importantes foi o direito de os plebeus elegerem os Tribunos da Plebe (a princípio dois; porém, em 449 a.C., o número aumentou para dez), que formariam, a partir de 471 a.C., a Assembleia da Plebe. Cabia a essa assembleia proteger a plebe dos atos arbitrários dos magistrados, interceder por alguém condenado a prisão ou castigo e solicitar a suspensão de atos públicos da Magistratura e do Senado, salvo em tempos de guerra.

> **GLOSSÁRIO**
> **Concessão:** ato ou efeito de ceder algo de sua opinião ou direito a outrem.
> **Plebiscito:** decreto do povo reunido em comício na Roma Antiga.

Apesar das vantagens recebidas pelos plebeus, os patrícios ainda tinham muitos privilégios, uma vez que as leis eram orais e conhecidas apenas pelos magistrados, que as utilizavam sempre em favor dos patrícios nas disputas sociais. Com isso, surgiram novos protestos e manifestações, que levaram a novas concessões.

Foi longo o período de conflito entre as camadas sociais em busca de igualdade jurídica, que resultou em conquistas importantes para os romanos.

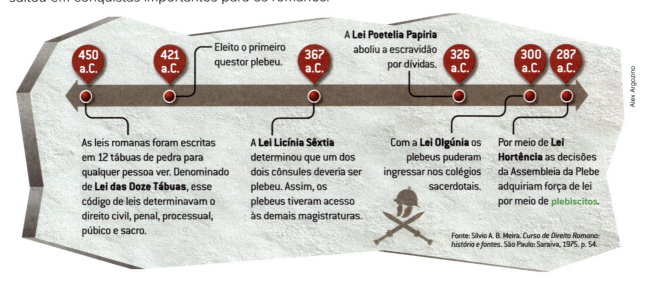

- **450 a.C.** — As leis romanas foram escritas em 12 tábuas de pedra para qualquer pessoa ver. Denominado de **Lei das Doze Tábuas**, esse código de leis determinavam o direito civil, penal, processual, púbico e sacro.
- **421 a.C.** — Eleito o primeiro questor plebeu.
- **367 a.C.** — A **Lei Licínia Sêxtia** determinou que um dos dois cônsules deveria ser plebeu. Assim, os plebeus tiveram acesso às demais magistraturas.
- A **Lei Poetelia Papiria** aboliu a escravidão por dívidas.
- **326 a.C.** — Com a **Lei Olgúnia** os plebeus puderam ingressar nos colégios sacerdotais.
- **300 a.C.**
- **287 a.C.** — Por meio de **Lei Hortência** as decisões da Assembleia da Plebe adquiriam força de lei por meio de **plebiscitos**.

Fonte: Silvio A. B. Meira. *Curso de Direito Romano: história e fontes.* São Paulo: Saraiva, 1975. p. 54.

A expansão territorial

Ao mesmo tempo que ocorriam os conflitos sociais, Roma estava envolvida em uma série de conquistas militares, com o objetivo de expandir território e influência. Durante cerca de 230 anos, após sucessivas guerras contra povos como celtas, gauleses, sabinos, samnitas, etruscos e gregos, os romanos conquistaram toda a Península Itálica.

O expansionismo romano chocou-se com os interesses de outra potência da época, Cartago, que estava localizada no norte da África e exercia grande influência comercial e política na região ocidental do Mar Mediterrâneo. As disputas por territórios e rotas comerciais entre as duas potências levaram às Guerras Púnicas.

As Guerras Púnicas (264 a.C.-146 a.C.)

As disputas entre Roma e Cartago ocasionaram três guerras entre as duas cidades.

Primeira Guerra Púnica (264 a.C.-241 a.C.)	O conflito começou quando os romanos invadiram a cidade de Messina, colônia de Cartago na Sicília. Roma venceu a Primeira Guerra Púnica. Como consequência, Sicília, Córsega e Sardenha caíram sob o domínio romano.
Segunda Guerra Púnica (218 a.C.-201 a.C.)	A Segunda Guerra Púnica teve início quando o general cartaginês Aníbal Barca comandou uma dupla invasão à Península Itálica: pelo Mediterrâneo, o ataque foi deflagrado pelo sul e, atravessando os Alpes, atacaram o norte, avançando até quase chegar em Roma. Os romanos, por sua vez, promoveram uma forte contraofensiva e venceram a guerra em 201 a.C. Como punição, Roma destruiu todos os navios de guerra dos cartagineses e exigiu deles uma pesada **indenização**, o que resultou no fim do prestígio de Cartago.
Terceira Guerra Púnica (149 a.C.-146 a.C.)	A Terceira Guerra Púnica começou em 149 a.C., quando o governante da Numídia decidiu avançar sobre Cartago, que entrou no conflito para se defender. Roma interveio na luta e os cartagineses foram novamente derrotados.

A vitória sobre Cartago deu novo impulso à expansão romana, o que gerou grandes mudanças na vida social e econômica de Roma. O aumento da riqueza em decorrência dos tributos pagos pelas regiões conquistadas fortaleceu a aristocracia, elevou o número de patrícios e plebeus enriquecidos e fez surgir um novo grupo, os cavaleiros, que enriqueceram com o comércio marítimo.

GLOSSÁRIO

Indenização: aquilo que se concede ou obtém como reparação a um dano ou perda; ressarcimento.

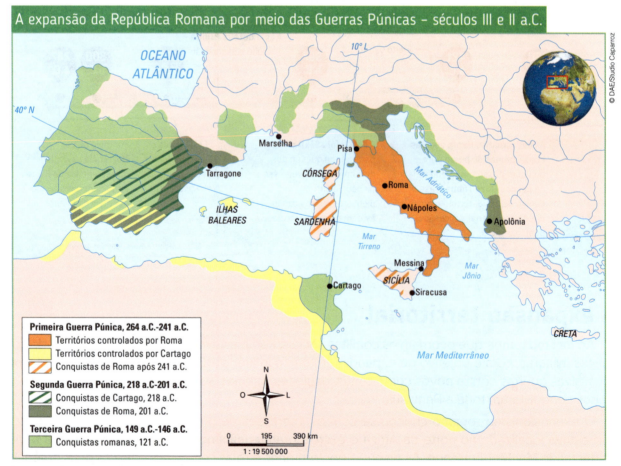

Fonte: Kate Santon e Liz MCKay. *Atlas historique du monde*. Toulouse: Parragon Books, 2006. p. 56-57; Georges Duby. *Atlas histórico mundial*. Barcelona: Larousse, 2007. p. 44.

Novos atores políticos e sociais

Até o século II a.C., os soldados romanos eram cidadãos que tinham propriedades e podiam pagar pelas próprias armaduras. A partir da Segunda Guerra Púnica, pequenos fazendeiros e camponeses foram obrigados a abandonar suas terras para ingressar no exército.

Com o fim das Guerras Púnicas, novas categorias sociais se desenvolveram em Roma:

- os optimates, que representavam as famílias mais poderosas, detentoras de grandes propriedades de terra (boa parte delas adquirida quando os camponeses foram para a guerra);
- e os populares, que constituíam o restante da população. Muitos eram soldados que retornaram da guerra e, por não terem terras, viviam na pobreza.

↑ Denis Foyatier. *Espártaco*, 1831. Escultura de mármore, 2,25 m de altura (detalhe).

Com a expansão romana e o domínio de novos povos, a quantidade de escravos aumentou. Como os camponeses foram convocados para integrar o exército, os escravos passaram a ser mão de obra para a agricultura. Eles ainda trabalhavam em outras atividades econômicas, além de divertir os romanos lutando como gladiadores.

A péssima condição em que viviam os escravos romanos contribuiu para que em 136 a.C., na região da Sicília, ocorresse a primeira grande rebelião escrava. Sob a liderança do escravo sírio Euno, milhares de homens tomaram duas cidades. Durante três anos a Sicília permaneceu nas mãos dos rebeldes.

A mais importante revolta de escravos ocorreu em 73 a.C., quando alguns deles fugiram de uma escola de gladiadores de Cápua, planejando retornar a suas regiões de origem. Liderados por Espártaco, que era soldado antes de ser escravizado, os revoltosos atraíram diversos adeptos, mas foram derrotados em 71 a.C., e 6 mil rebeldes foram crucificados para servir de exemplo.

A questão agrária

Os irmãos Tibério e Caio Graco, eleitos tribunos da plebe em 133 a.C. e 123 a.C., respectivamente, fizeram as mais significativas tentativas de solucionar os problemas sociais de Roma.

O projeto de Tibério consistia, basicamente, em limitar o direito de ocupação das terras públicas. As terras retomadas pelo Estado deveriam ser divididas e distribuídas aos cidadãos, promovendo o aumento da capacidade de produção e a diminuição da crise social.

A lei agrária foi aprovada apesar da forte oposição do Senado, composto, em sua maioria, por grandes proprietários de terra. Ao pleitear a sua reeleição, Tibério perdeu parte de seus apoiadores. Os inimigos tiraram proveito da situação e o mataram, com muitos de seus partidários. Caio Graco, assim que assumiu o cargo de tribuno da plebe, aprovou a Lei Frumentária, pela qual o trigo (principal alimento dos pobres) deveria ser vendido à população carente por preços abaixo do mercado. Ao insistir pela aprovação de

↑ *Os Graco*, 1853. Escultura de bronze, 85,2 cm × 90,2 cm × 60,7 cm.

seu programa, Caio foi perseguido e, para não cair nas mãos de seus inimigos, pediu para um escravo que o matasse. As reformas nunca aconteceram de fato, terras e privilégios continuaram em poder dos patrícios.

Crise da república

Enquanto as reformas sociais ocorriam em Roma, o exército continuava a campanha expansionista. Conforme as guerras de conquista alcançavam locais distantes, os generais que se destacavam ficavam cada vez mais prestigiados. Dessa forma, os militares passaram a participar da vida política de Roma.

A profissionalização do exército e a inclusão de seus líderes na política resultaram em maior controle da instituição pelos generais do que pelo Senado, gerando uma série de conflitos, especialmente entre optimates e populares, que constituíam a maior parte dos soldados. Caio Mário, plebeu eleito tribuno, e Sila, representante dos optimates, foram dois generais que marcaram esse período.

A rivalidade entre Sila e Caio Mário provocou uma guerra civil. Após a morte de Mário, Sila proclamou-se ditador, favoreceu a aristocracia e perseguiu os adversários populares. Como ditador, reformou a Constituição, devolvendo o poder ao Senado e à aristocracia, e decretou que os tribunos não seriam mais permitidos em assembleia nem poderiam exercer posição política. Ele renunciou ao cargo de ditador em 79 a.C., após garantir que a governabilidade de Roma estaria somente nas mãos dos optimates.

A crescente influência do exército, associada à continuidade dos conflitos, principalmente entre os próprios optimates, levou o Senado a nomear um triunvirato.

Primeiro Triunvirato (59 a.C.-53 a.C.)	O Senado e os militares decidiram criar um triunvirato com a intenção de equilibrar as tensões e os interesses dos grupos sociais de Roma. Os escolhidos para governar foram: Pompeu (representante dos patrícios); Crasso (um rico cavaleiro) e Júlio César (político de origem nobre, mas com grande prestígio entre os plebeus). Após a morte de Crasso, deflagrou-se uma guerra civil entre Júlio César e Pompeu.
Ditadura de Júlio César (48 a.C.-44 a.C.)	A vitória militar de Júlio César desfez o triunvirato e lhe possibilitou fazer uma série de mudanças durante o período em que governou como ditador. Algumas delas desagradaram setores da sociedade romana, pois Júlio César foi acusado de pretender tornar seus poderes hereditários, acabando com o Senado e com a esperança da república ser restabelecida. Diante de tantos incômodos, alguns senadores planejaram a morte dele.
Segundo Triunvirato (43 a.C.-33 a.C.)	Otávio (sobrinho e herdeiro de César), Marco Antônio (general) e Lépido (comandante da cavalaria) formaram o Segundo Triunvirato. Embora Marco Antônio tenha prevalecido, o prestígio de Otávio entre as camadas populares, o exército e a plebe era grande. Esse prestígio lhe rendeu títulos e lhe possibilitou governar Roma como uma monarquia, pondo fim à república.

 **CURIOSO É...**

O erro de Licínio Crasso

Todos estamos sujeitos a cometer um erro crasso na vida. Do latim *crassus*, que em português significa "grosseiro", a expressão "erro crasso" remete justamente a um erro grosseiro. Há quem diga que a origem dessa expressão vem do nome do governante romano Licínio Crasso, que, após derrotar o exército de Espártaco e tornar-se parte do Primeiro Triunvirato, seguiu ansioso para derrotar o povo parto, no Oriente Médio. Deixando de lado as rigorosas técnicas militares romanas, ele ordenou que suas legiões, compostas de 50 mil homens, atravessassem um vale de pouca visibilidade sem conhecer a geografia do local. Os partos, em número bem inferior, aproveitaram-se do erro estratégico e ocuparam as saídas do vale, eliminando todos os homens das legiões, inclusive Crasso, morto em combate depois desse erro imperdoável. Nesse caso, o erro crasso custou-lhe a vida.

ATIVIDADES

SISTEMATIZAR

1. Podemos afirmar que o povoamento inicial da região onde depois foi fundada Roma foi realizado por diversos povos? Justifique.

2. Durante a República Romana, os plebeus passavam por dificuldades econômicas e sociais, além de sofrer com a falta de participação política e com os privilégios dos patrícios. Com isso, eles começaram a se organizar e fizeram manifestações e protestos para melhorar suas condições de vida. Essas reivindicações trouxeram mudanças para os plebeus? Explique.

3. Quais eram os objetivos da política expansionista romana?

4. Explique a importância da atuação política dos irmãos Graco para a plebe romana.

REFLETIR

1. A história da fundação de Roma é contada em forma de lenda. Com base no que você aprendeu, responda às questões.
   a) O que é uma lenda?
   b) Como uma lenda pode ser transmitida?
   c) Como se chama a lenda que explica a origem de Roma?

2. Assim como na Roma Antiga, em nossa sociedade também ocorrem manifestações para reivindicar direitos. Em sua opinião, qual é a importância das manifestações e da participação da sociedade em movimentos que buscam melhorias?

↑ Antonio Pollaiuolo. *Loba Capitolina*, c. 1484-1496. Escultura de bronze, 75 cm de altura.

3. A questão agrária em Roma é um dos exemplos de problemas relacionados à distribuição de terras. O êxodo rural ocorrido na Roma Antiga foi similar ao que ocorreu na sociedade brasileira. A grande quantidade de latifúndios prejudicou a produção dos pequenos agricultores no decorrer dos séculos, que se viram obrigados a deixar o campo em busca de novas oportunidades nas cidades.
Com base nessas informações, faça o que se pede.
   a) Cite os pontos em comum entre a questão agrária na Roma Antiga e no Brasil atual.
   b) Como a questão agrária se relaciona com o aumento do número de pessoas nas cidades?

DESAFIO

1. Levando em consideração as diferenças de temporalidade e especificidades históricas, pesquise e indique, com o auxílio do professor, as principais diferenças entre o Senado da Roma Antiga e o Senado brasileiro.

2. Você conhece alguma lenda brasileira? Cite exemplos escrevendo o nome da lenda e, de forma resumida, seu tema.

CAPÍTULO 2
Império Romano

> No capítulo anterior, você estudou a formação de Roma e os períodos de monarquia e república romanos. Neste capítulo, você vai estudar do apogeu à queda de sua parte ocidental.

Após a morte de Marco Antônio, em 30 a.C., Otávio manteve em funcionamento as instituições republicanas, como o Senado e a Magistratura, porém ele estabeleceu uma forma de governo que deu início ao Império Romano (denominado na época de Principado).

No período em que esteve no poder, Otávio ficou conhecido como César Augusto, um título que garantia a ele poder sobre o Senado.

Durante seu governo, os problemas e as tensões sociais e políticas foram amenizados por intermédio de uma política denominada Pax Romana, que promoveu a pacificação interna por meio da repressão às províncias rebeldes.

Simultaneamente, o processo expansionista de Roma continuou subjugando a Hispânia, o Egito, a Germânia e os Bálcãs. Sob o comando de Otávio, a Guarda Pretoriana — uma espécie de tropa de elite do exército — foi reorganizada para servir exclusivamente ao imperador e incumbida, entre outras funções, de garantir a manutenção da Pax Romana. A expansão do Império e a política de pacificação contribuíram para a consolidação de Roma como autoridade central na região.

Otávio também investiu na construção de edifícios e no incentivo à literatura e à arte. Em seu governo houve aumento do êxodo rural, o que

Augusto de Prima Porta, século I d.C. Escultura em mármore, 2,04 m. Após o fim do regime de triunviratos, Otávio Augusto passa a se chamar César Augusto.

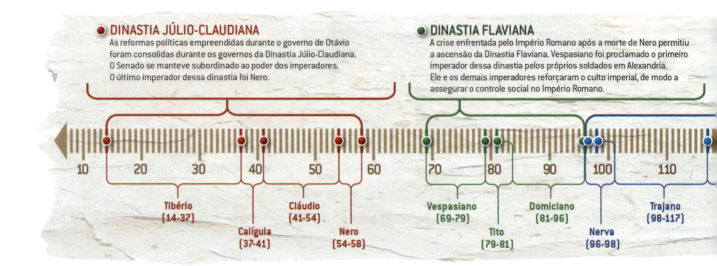

DINASTIA JÚLIO-CLAUDIANA
As reformas políticas empreendidas durante o governo de Otávio foram consolidas durante os governos da Dinastia Júlio-Claudiana. O Senado se manteve subordinado ao poder dos imperadores. O último imperador dessa dinastia foi Nero.

DINASTIA FLAVIANA
A crise enfrentada pelo Império Romano após a morte de Nero permitiu a ascensão da Dinastia Flaviana. Vespasiano foi proclamado o primeiro imperador dessa dinastia pelos próprios soldados em Alexandria. Ele e os demais imperadores reforçaram o culto imperial, de modo a assegurar o controle social no Império Romano.

- Tibério (14-37)
- Calígula (37-41)
- Cláudio (41-54)
- Nero (54-58)
- Vespasiano (69-79)
- Tito (79-81)
- Domiciano (81-96)
- Nerva (96-98)
- Trajano (98-117)

gerou grande quantidade de **indigentes** nas cidades, contribuindo para uma onda de fome, **epidemias** e violência. Para solucionar o problema e evitar revoltas sociais, Otávio instaurou a política "pão e circo", que consistia em oferecer à plebe trigo a preços bem baixos e espetáculos, como lutas de gladiadores e corridas.

Em oposição à relativa paz social e ao crescimento econômico e territorial, a política ficou muito conturbada após a morte de Otávio. Sucederam-se no comando de Roma, até o século III, quatro dinastias de imperadores, como podemos observar na linha do tempo abaixo.

GLOSSÁRIO

Epidemia: doença contagiosa que acomete muitas pessoas ao mesmo tempo.
Indigente: indivíduo sem condições de suprir as próprias necessidades.

AQUI TEM MAIS

A Guarda Pretoriana

Durante as Guerras Púnicas, um general romano formou uma guarda pessoal com soldados escolhidos entre os melhores de que dispunha, denominada Guarda Pretoriana. No fim da república, era comum os generais serem acompanhados da Guarda Pretoriana.

Entretanto, com Otávio, a Guarda Pretoriana tornou-se uma tropa permanente de cerca de 4500 soldados de elite especialmente designados para proteger o imperador. Eram selecionados entre os melhores legionários da Itália e acompanhavam o imperador em suas campanhas.

↑ Lawrence Alma-Tadema. *Proclamação de Cláudio imperador*, 1867. Óleo sobre madeira, 46,8 cm × 60,7 cm.

Com o tempo, esses soldados obtiveram cada vez mais privilégios. Por serem temidos, suas exigências eram constantemente aceitas, e seus comandantes recebiam agrados. O poder político e militar da Guarda Pretoriana tornou-se tão grande que, no fim do império, eles determinavam quem seria o próximo governante.

1. Como se formou a Guarda Pretoriana na Roma Antiga?

2. Qual foi o papel desempenhado pela Guarda Pretoriana no fim do Império?

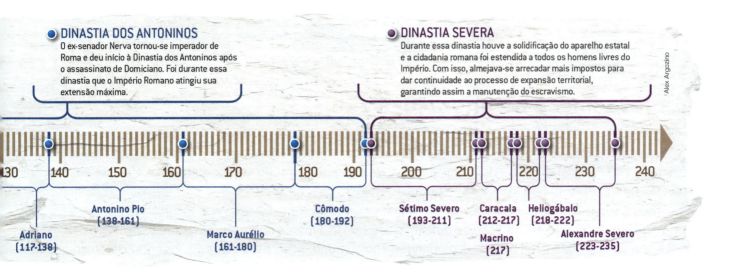

DINASTIA DOS ANTONINOS
O ex-senador Nerva tornou-se imperador de Roma e deu início à Dinastia dos Antoninos após o assassinato de Domiciano. Foi durante essa dinastia que o Império Romano atingiu sua extensão máxima.

DINASTIA SEVERA
Durante essa dinastia houve a solidificação do aparelho estatal e a cidadania romana foi estendida a todos os homens livres do Império. Com isso, almejava-se arrecadar mais impostos para dar continuidade ao processo de expansão territorial, garantindo assim a manutenção do escravismo.

Adriano (117-138)
Antonino Pio (138-161)
Marco Aurélio (161-180)
Cômodo (180-192)
Sétimo Severo (193-211)
Caracala (212-217)
Macrino (217)
Heliogábalo (218-222)
Alexandre Severo (223-235)

O Império em crise

O Império Romano alcançou o auge de sua extensão territorial no governo de Adriano (117-138). Quanto mais se expandia o território, maiores eram os problemas dos governantes para administrá-lo.

GLOSSÁRIO

Frente: dianteira de um exército.

A primeira grande crise enfrentada pelo império ocorreu em 166, no governo de Marco Aurélio, quando o exército, enfraquecido por uma epidemia que o abatera, foi dividido entre a invasão da Germânia e de Atenas e a tentativa de anexação do território que atualmente conhecemos como República Tcheca e Eslováquia. Os germânicos venceram a campanha e adentraram o Império Romano.

No século III, Roma vivenciou uma nova e prolongada crise. O alto custo (tanto financeiro quanto social) das investidas militares desacelerou o processo de expansão do império.

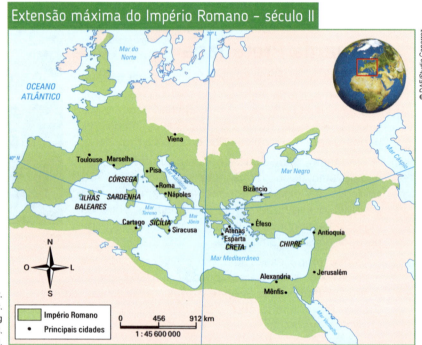

Fonte: Jeremy Black. *World history atlas*. Londres: Dorling Kindersley, 2008. p. 180-181.

A origem do colonato

Com a diminuição das guerras de conquista e por causa da baixa taxa de natalidade dos escravos, houve queda na disponibilidade de mão de obra escravizada. Isso causou redução na produção de alimentos – que ficaram mais caros –, gerando o declínio do comércio e o êxodo em direção às áreas rurais.

Para superar a crise, os proprietários de terra começaram a negociar com cidadãos romanos e oferecer-lhes lotes de terra para trabalhar. Em troca, eles tinham de entregar parte da produção ao proprietário. Esse sistema de trabalho ficou conhecido como colonato.

As invasões e as migrações

Diversos povos que viviam nas fronteiras do império, inclusive alguns que já haviam sido conquistados, aguardavam uma oportunidade para retomar suas terras e se libertar do controle de Roma. Ao observarem a instabilidade econômica e política em que o Império se encontrava, alguns desses povos começaram, no ano 260, a adentrar as fronteiras.

Após passarem pelas **frentes** de defesa – já bastante enfraquecidas –, os invasores encontraram cidades desarmadas e sem tradição de defesa, que foram facilmente conquistadas. Com isso, houve redução na arrecadação de impostos, acompanhada do aumento progressivo dos custos com o exército.

Transformações no Império Romano

↑ *Tetrarcas*. Escultura do século IV, hoje parte da fachada da Basílica de São Marcos, em Veneza, Itália.

A redução na arrecadação de impostos e o aumento dos custos causaram, gradualmente, um colapso na economia romana. Os moradores das cidades, que sofriam com altos impostos e declínio da qualidade de vida, começaram a migrar para locais com melhor infraestrutura, enquanto, nas cidades, permanecia apenas a população pobre.

Com o objetivo de reorganizar o império, em 284, o soldado Diocleciano assumiu o poder e escolheu mais três pessoas que pudessem dividir a gestão do território. Esse sistema foi chamado de tetrarquia.

Diocleciano ficou responsável pela Prefeitura do Oriente, com capital em Nicomédia (Izmit, na atual Turquia); a Galério coube a Prefeitura de Ilíria, com capital em Sírmio (atual Sremska Mitrovica, na Sérvia); Maximiano governou a Prefeitura da Itália, com capital em Milão (atual Itália); e Constâncio dirigiu a Prefeitura de Gália, com capital em Tréveris (atual Alemanha). Roma permaneceu a capital do Império Romano.

> **GLOSSÁRIO**
>
> **Batismo:** cerimônia religiosa que, segundo a tradição cristã, significa o primeiro sacramento; prática de iniciação.
>
> **Édito:** ordem de autoridade superior ou judicial, publicada sob a responsabilidade daquele que a escreveu.

A divisão administrativa do Império possibilitou uma nova tentativa de expansão de influência e territorial, o que resultou em mais aumento de impostos. Diocleciano tentou fazer reformas econômicas, mas não obteve sucesso. Simultaneamente, iniciou uma perseguição aos cristãos (que no ano de 303 representavam em torno de 8% da população do Império), considerados subversivos por se recusarem a participar do culto ao imperador.

Em 305, Diocleciano abdicou do poder, seguido por Maximiano. Com isso, Constâncio tornou-se governante de toda a parte ocidental do império, e Galério, da parte oriental.

Com a morte de Constâncio, em 306, o filho dele, Constantino, foi proclamado imperador pelo exército que o servia na Bretanha. Constantino derrotou seus rivais e dividiu o poder com Licínio até 323, quando venceu seu antigo aliado e governou sozinho até sua morte em 337.

Conta a tradição que, durante as batalhas para a reunificação do império, Constantino sonhou com uma cruz, fato que o teria incentivado a publicar o **Édito** de Milão, em 313, que garantia liberdade religiosa a todo o império, incluindo os cristãos.

Em 324, Constantino transferiu a capital do Império Romano para a antiga cidade de Bizâncio, no Oriente, que denominou de Nova Roma (ou Constantinopla – atual Istambul, na Turquia). Em 337, ciente de que uma doença o levaria à morte, Constantino solicitou aos bispos que fosse **batizado** como um cristão e, seguindo a tradição de Diocleciano, dividiu a administração do império entre seus três filhos.

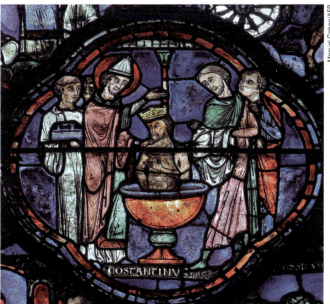

← Batismo de Constantino: detalhe de vitral do século XIII, na Catedral de Chartres, França.

A divisão do Império Romano

As gerações que sucederam a Constantino no poder enfrentaram diversos obstáculos para manter o império intacto: invasões de diferentes povos (germânicos, hunos, godos, vândalos etc.), conflitos religiosos internos, dificuldades econômicas e insatisfação da população com os altos impostos.

Em 378, o último monarca do Império Romano unificado assumiu o poder: Teodósio. Ele conseguiu impedir a invasão dos godos e, em 392, oficializou o cristianismo como a única religião permitida no império. Com a morte dele, o reino foi oficialmente dividido entre seus dois filhos: os territórios do Império Romano do Ocidente, com capital em Roma, ficaram sob a liderança de Arcádio; e os territórios do Império Romano do Oriente, com capital em Constantinopla, ficaram com Honório.

> **GLOSSÁRIO**
>
> **Usurpador:** indivíduo que se apossa de algo de forma violenta ou por meio de fraude.

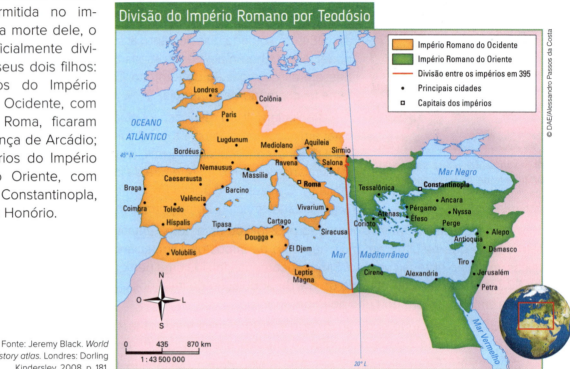

Fonte: Jeremy Black. *World history atlas*. Londres: Dorling Kindersley, 2008. p. 181.

A queda do Império Romano do Ocidente

A divisão do Império Romano em Ocidente e Oriente coincidiu com uma grande sequência de invasões e migrações de povos vizinhos.

Observe algumas delas na linha do tempo a seguir.

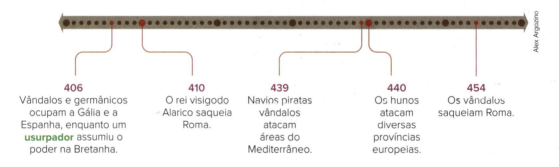

406 Vândalos e germânicos ocupam a Gália e a Espanha, enquanto um **usurpador** assumiu o poder na Bretanha.

410 O rei visigodo Alarico saqueia Roma.

439 Navios piratas vândalos atacam áreas do Mediterrâneo.

440 Os hunos atacam diversas províncias europeias.

454 Os vândalos saqueiam Roma.

As sucessivas migrações enfraqueceram cada vez mais as estruturas do império, até que, em 476, o imperador Rômulo Augusto foi deposto pelo germânico Odoacro, que se declarou rei da Itália.

Já o Império Romano do Oriente conseguiu proteger-se dos invasores e se manteve por mais mil anos.

ATIVIDADES

SISTEMATIZAR

1. Podemos dizer que a Pax Romana foi assegurada por meio de violência? Justifique.

2. Quais foram as principais características da administração de Otávio?

3. Qual foi a importância da Guarda Pretoriana no governo de Otávio?

4. Relacione o surgimento do sistema de colonato com o fim das guerras de conquistas romanas.

5. Qual foi o objetivo da mudança do sistema de governo do Império Romano para uma tetrarquia? Essa forma de governo teve sucesso? Explique.

6. Quais foram os possíveis motivos da queda do Império Romano do Ocidente?

REFLETIR

1. Em sua opinião, a política "pão e circo" pode ser considerada uma forma encontrada pelo imperador Otávio para conter a sociedade romana? Justifique sua resposta.

2. Com base no texto a seguir, faça o que se pede.

> [...] a existência de escravos limitava a expansão do mercado e a divisão do trabalho ocorria exclusivamente pela acumulação crescente de homens, cujo baixo preço era determinado pela oferta proporcionada por guerras de conquista. Os escravos supriam assim as necessidades econômicas de seus proprietários, paralisando o desenvolvimento do trabalho livre. A evolução do comércio internacional era paralela à concentração de trabalho servil nas propriedades agrícolas, cujos proprietários viviam nas cidades. Mas, com o fim das guerras empreendidas por Roma, todo esse edifício ruiu. A crise do escravismo provocou a queda do Império, consequência política do desaparecimento do comércio e crescimento da economia natural, incapaz de prover rendimentos que sustentassem burocracia e exército. [...]
>
> [...] A partir do século III, com as crescentes exigências fiscais do Estado imperial romano, os impostos territoriais incidiram, de forma mais dura, naqueles que efetivamente trabalhavam a terra. Muitos camponeses, oprimidos pela carga tributária, encontravam como solução colocar-se na dependência de potentados locais. Com o aumento da pobreza entre o campesinato livre, a escravidão deixou de ser uma alternativa necessária para o recrutamento de mão de obra.
>
> Fábio Duarte Joly. Terra e trabalho na Itália no Alto Império. In: Gilvan Ventura da Silva; Norma Musco Mendes (Org.). *Repensando o Império Romano*: perspectiva socioeconômica, política e cultural. Rio de Janeiro: Mauad; Vitória: Edufes, 2006. p. 77-79.

a) Por que o autor afirma que a escravidão paralisava o desenvolvimento do trabalho livre e impedia a expansão do comércio no Império Romano?

b) Relacione o aumento da pobreza entre o campesinato no Império Romano com a origem do colonato.

DESAFIO

1. A chamada política "pão e circo" foi uma medida da administração imperial romana para impedir, ou ao menos diminuir, a ocorrência de revoltas. O governo de Roma promovia grandes espetáculos, nos quais havia disputas esportivas e lutas entre gladiadores para entreter a população. Na mesma ocasião, alimentos, em especial o trigo, eram fartamente distribuídos para a população menos favorecida. Pesquise eventos da atualidade que podem ser comparáveis à política "pão e circo". Em seguida, elabore um texto com as informações encontradas. Finalize-o com sua opinião sobre esse assunto.

CAPÍTULO 3
O cotidiano na Roma Antiga

No capítulo anterior, você estudou o processo que levou a parte ocidental do Império Romano ao esplendor, seguido de sua queda, em 476. Neste capítulo, você vai estudar a cultura e as atividades sociais exercidas pelos romanos, conhecendo, assim, seu cotidiano.

A cultura romana foi muito influenciada pela grega (que a precedeu), por isso é costume ouvirmos a expressão "cultura greco-romana".

No entanto, em um território tão vasto como o do Império Romano, apesar de haver práticas culturais predominantes, não havia um modo único de vida. As características que apresentaremos referem-se ao modo de vida adotado na cidade de Roma e em alguns territórios dominados, como parte da Gália (região da atual França) e da atual Espanha.

A cidade de Roma

Na Antiguidade, Roma era uma grande cidade, rica e superpovoada, dividida em módulos separados por ruas paralelas, que intercalavam moradias, prédios públicos e casas comerciais, e não havia bairros **periféricos**, de modo que toda a população distribuía-se em 400 quarteirões. No centro da cidade, ficava o Fórum, onde ocorriam as atividades religiosas, os serviços do governo e o centro comercial.

> **GLOSSÁRIO**
> **Domus:** casa; habitação das famílias ricas.
> **Periférico:** no contexto, distante do centro.

Ao longo dos séculos, Roma expandiu-se de forma desordenada. As ruas passaram a ser estreitas, inclinadas e sinuosas, frequentemente obstruídas pelo excesso de pessoas, vendedores ambulantes e meios de transporte.

As ruas romanas podiam ser de terra batida, cobertas com cascalho ou pavimentadas. As pavimentadas, de maneira geral, eram chamadas de *viae*, ou "vias", e eram as maiores, possibilitando a passagem de duas carruagens em sentidos opostos por vez. A partir de 312 d.C. os romanos começaram a dar mais atenção ao desenvolvimento de vias que saíssem de Roma em direção a todos os territórios do Império, o que ocorreu em crescimento contínuo.

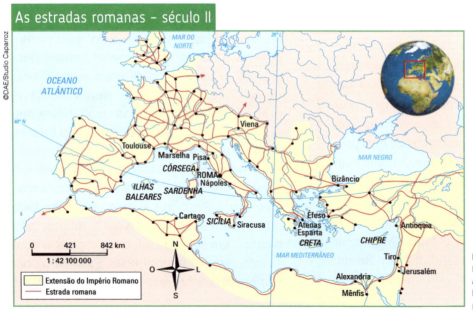

As estradas romanas – século II

Fonte: Georges Duby. *Atlas histórico mundial*. Barcelona: Larousse, 2007. p. 53.

HÁBITOS NA ROMA ANTIGA

Ao conhecer os costumes do povo daquela época, é possível perceber diversas semelhanças com os dias atuais: diferenciação social pelas roupas e pelas moradias, desigualdade social em relação ao tipo de trabalho, o fato de adorarem espetáculos e... feriados! Mas também há características bem peculiares daquele tempo.

ARENAS

Vamos começar pela diversão! O dia a dia dos romanos era cheio de atrações, seja para os ricos patrícios, seja para os pobres comerciantes. A população romana, especialmente na capital do Império, dispunha de vários espetáculos públicos, como corridas, lutas de gladiadores e peças teatrais. A variedade do divertimento também se manifestava nos feriados da Roma Imperial, que ultrapassavam 182 dias por ano!

TERMAS

Também era costume frequentar casas de banho. Nesses locais, além de cuidar da higiene, os homens discutiam negócios, política, filosofia, entre outros assuntos. Havia termas separadas para homens e mulheres.

TRABALHO

Os trabalhos variavam de acordo com o grupo social. Havia os escravos, que faziam quase exclusivamente o serviço braçal – carregar, limpar e cozinhar –, mas, em alguns casos, poderiam tornar-se "braço direito" de seu dono. Havia as pessoas livres, mas pobres, que trabalhavam no comércio e na construção. Os patrícios e a elite militar cuidavam dos assuntos políticos, especialmente nas assembleias do Senado romano.

ROUPAS

As roupas no cotidiano da Roma Antiga, além de vestir as pessoas, tinham a função de diferenciar as classes sociais. A base do vestuário era a túnica, que vinha amarrada na cintura. As dos homens eram mais curtas, e as das mulheres iam até quase os pés. Sobre a túnica, os homens livres podiam usar uma toga, cuja cor e ornamentos podiam variar. As mulheres usavam a estola, uma peça de pano retangular também colorida. Quando andavam pelas ruas, algumas cobriam a cabeça com um manto chamado *palla*.

MORADIAS

As moradias também variavam de acordo com o grupo social. As casas populares chamavam-se *insulae*, com no máximo seis andares, onde moravam diversas famílias. Exceto o primeiro andar, geralmente de cimento e tijolos, era quase tudo feito de madeira; por isso, havia grande risco de desabamento e incêndio. Já as *domus*, moradias dos ricos, eram maiores e mais sofisticadas. Elas tinham um sistema hidráulico para levar água à cozinha e às latrinas (banheiros), e seu interior era feito de mármore, com pinturas e afrescos.

Relações comerciais

A sociedade romana era **estratificada**, com posições sociais fortemente marcadas. Essa diferenciação se refletia de várias maneiras no cotidiano. As formas de morar, a participação política e também a organização social dependiam da posição das pessoas na hierarquia social.

Nessa sociedade dividida, as funções econômicas também eram distintas. Cabia aos plebeus a produção de alimentos e o comércio, servindo-se, por vezes, do trabalho escravizado.

> **GLOSSÁRIO**
> **Estratificado:** dividido em segmentos, de acordo com uma hierarquia.

Expansão e comércio

A política expansionista romana foi acompanhada de um grande crescimento comercial, que, após as Guerras Púnicas, proporcionou a Roma controlar o comércio na região do Mar Mediterrâneo. Sendo a sociedade mais importante da época, Roma atraiu grandes volumes de metais preciosos, o que possibilitou a circulação de muitas moedas.

Desse modo, o comércio se fortaleceu, amparado por uma rede de rotas comerciais que conectava as províncias romanas à capital. Por elas, circulavam diversos produtos, como trigo, especiarias, objetos de cobre, prata e estanho, entre muitos outros.

Esse enriquecimento, contudo, não significou a melhoria no padrão de vida de todas as pessoas que viviam sob o domínio de Roma. Os grupos influentes tornaram-se mais ricos, pois controlavam a economia por meio da cobrança de taxas e impostos, pela compra de propriedades rurais que produziam os alimentos vendidos nas cidades ou pela compra e construção de edificações nas cidades.

↑ Moeda produzida com prata, chamada de denário, que mostra a riqueza da economia e do comércio romanos na Roma Antiga. Havia, ainda, moedas feitas com outros metais, como ouro e bronze.

Essa riqueza levou ao desenvolvimento da vida econômica e à criação de formas de investimento específicas do mundo romano, como:

- *peculium* – quantidade de bens disponíveis para uso de um indivíduo da família, incluindo escravos, seguindo a ideia de que era preciso que todos tivessem condições de atuar ativamente na economia;
- *societate*s – empresas comerciais formadas pelo investimento em parcerias, de modo a aumentar o dinheiro investido e dividir os riscos.

Criações como essas mostram o quanto a economia romana era complexa.

Escravidão e servidão

Desde o Período Monárquico a escravidão fazia parte do modo de vida romano. Havia duas situações em que uma pessoa poderia ser legalmente escravizada em Roma: se tivesse dívidas que não conseguisse pagar ou se fosse prisioneira de guerra. A liberdade podia ser concedida ao escravo em duas ocasiões: por ordem do imperador ou por vontade do proprietário. No entanto, independentemente da situação, um ex-escravo em Roma nunca poderia obter plena cidadania. Obrigado a trabalhar o quanto seu senhor determinasse, era considerado uma mercadoria; portanto, podia ser comprado ou vendido.

A sociedade romana também era formada pelos servos, donos de pequenas propriedades rurais, geralmente das piores terras, que ficavam dentro de grandes propriedades. Para garantir meios de sustentar a família, o servo trabalhava alguns dias nas terras dos grandes produtores. Ainda assim, era obrigado a pagar impostos pela utilização das instalações dos senhores, como o uso do moinho.

De maneira geral, a participação dos escravos na sociedade romana ficava restrita aos trabalhos realizados para o próprio Estado ou para os proprietários deles, desempenhando diversas ocupações em áreas rurais e nas cidades. Eles podiam trabalhar como mão de obra braçal (pedreiros, mineradores, quebradores de blocos de pedra em pedreiras, agricultores), no entretenimento (músicos e gladiadores) ou em tarefas específicas (professores, administradores e secretários pessoais).

↑ Escultura de soldado romano capturando inimigos de guerra, que, vencidos, seriam transformados em escravos. Roma, Itália.

O poder e a propriedade

Os escravos também serviam para aumentar o poder de seus proprietários. A sociedade romana era marcada por duas grandes estruturas sociais: a família e a escravidão. Ambas ficavam subordinadas ao poder do chefe da família, em um sistema conhecido como *pater familias*. Nesse sistema, o poder do pai de família era muito grande e a posse de vários escravos contribuía para aumentar ainda mais esse poder.

É nesse contexto que podemos compreender a prática da concessão da liberdade. Uma vez livre, o ex-escravo permanecia ligado ao antigo **amo**. Em geral, ele tinha conhecimento específico do trabalho que desempenhava, assim continuava a ajudar na produção econômica de seu antigo proprietário. Como os escravos eram caros, apenas os mais ricos, como os proprietários romanos, podiam comprá-los.

GLOSSÁRIO

Alijado: excluído.
Amo: patrão, dono.

A disputa por trabalho

Nas décadas finais da República, os pequenos proprietários rurais foram sendo expulsos de suas propriedades por não conseguirem concorrer com os grandes produtores. Muitos eram obrigados a se alistar no exército para lutar nas incontáveis guerras em que Roma se envolvia. No entanto, ao retornarem, esses cidadãos já haviam perdido suas terras e estavam **alijados** da atividade comercial mais importante de Roma: a agricultura.

Uma vez na miséria, migravam para as cidades, principalmente para Roma. Lá, concorriam com os escravos, que já se ocupavam de diversas atividades. A situação complicava-se ainda mais, pois o trabalho assalariado era muito pouco utilizado.

O papel da mulher

Em diversos aspectos, a participação da mulher na sociedade romana era semelhante à da mulher nas sociedades gregas antigas; entretanto, as romanas tinham mais liberdade do que as gregas.

As mulheres de famílias patrícias caminhavam pelas ruas acompanhadas de servas, damas de companhia e um servo; já as mulheres plebeias tinham mais autonomia, podiam trabalhar fora e andar livremente pelas ruas.

As meninas estudavam com os meninos até os 12 anos. No casamento, a mulher mantinha suas riquezas e podia possuir propriedades sem transmiti-las ao marido. Também era permitido que tivessem testamento e casassem-se novamente. As mulheres patrícias não faziam trabalhos domésticos servis, apenas os mais "elevados", como fiar e tecer, criar os filhos e supervisionar o trabalho doméstico.

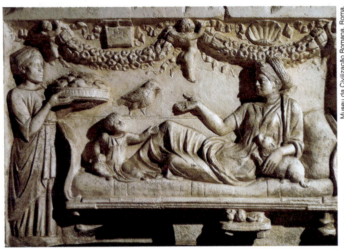

A mulher romana não podia se eleger e não ocupava cargos no Estado, mas tinha forte influência política, podendo participar das eleições apoiando candidatos. Além disso, organizava eventos como reuniões e banquetes.

Contudo, assim como as crianças, os bens materiais, os escravos e os clientes, as mulheres estavam submetidas ao poder dos patrícios, no caso das famílias mais abastadas, ou dos chefes de família, no caso das famílias plebeias.

← Relevo romano do século II d.C. que retrata uma mulher e uma criança sendo servidas por uma criada.

As vestais

Assim como na Grécia Antiga, as mulheres romanas destacavam-se nas festividades religiosas, em especial nos cultos à deusa Vesta, que talvez fossem mais antigos do que a própria fundação da cidade de Roma.

As mulheres designadas para cuidar do templo de Vesta eram escolhidas ainda crianças, geralmente quando tinham entre 6 e 10 anos. Conhecidas como virgens vestais, elas se dedicavam exclusivamente ao templo por 30 anos. Durante esse período, deveriam cumprir o voto de castidade (a punição para o rompimento desse compromisso era a pena de morte) e manter o fogo do templo sempre aceso. Como na Roma Antiga não havia separação entre política, leis, família e religião, eventos dedicados aos deuses romanos eram muito importantes para a sociedade da época.

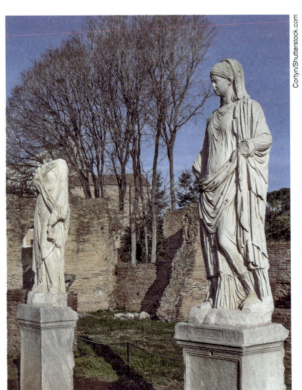

→ Estátuas que representam virgens vestais em Roma, as únicas sacerdotisas em toda a Roma.

Artes

A sociedade romana foi grande apreciadora da cultura grega. O período mais importante da arte foi no governo do imperador Otávio, que promoveu o desenvolvimento cultural em Roma e a reestruturação arquitetônica da cidade.

Além do estímulo do imperador, havia um rico cidadão, chamado Mecenas, que patrocinava as artes e as letras. Essa foi a origem da palavra **mecenas**, que, atualmente, denomina quem patrocina artistas e protege obras de arte em geral. Nesse mesmo período, os poetas escreviam poemas na língua latina, potencializando seu crescimento linguístico. Na literatura, destacaram-se Virgílio, Ovídio, Juvenal, Catulo e Horácio; entre os historiadores, Tácito, Suetônio, Plutarco, Tito Lívio e Dion Cássio.

Arquitetura

A arquitetura romana caracterizava-se pelo luxo e pela grandiosidade, assemelhando-se muito à grega.

Sua maior expressão estava nas construções destinadas a abrigar multidões, como o Circo Máximo, no qual eram disputadas corridas de bigas, quando puxadas por dois cavalos, ou quadrigas, quando puxadas por quatro cavalos, e nos anfiteatros, dos quais o mais famoso foi o Coliseu de Roma. Nele, realizavam-se, entre outros espetáculos, as lutas de gladiadores. Outros destaques são o Fórum, os arcos do triunfo, teatros, templos, termas, palácios e pontes.

↑ Arco de Constantino, Roma, Itália.

↑ *A poetisa*, afresco encontrado em parede de casa em Pompeia, Itália.

Escultura e pintura

A escultura e a pintura romanas também foram fortemente influenciadas pelos gregos. A função delas era decorativa. Na escultura, a grande diferença entre gregos e romanos está no fato de que os romanos esculpiram estátuas equestres, tema não usado pelos artistas gregos. Os romanos também copiaram esculturas gregas, que permanecem até os dias atuais. A pintura caracteriza-se pela técnica do afresco, que foi bastante refinada na época do Império Romano. Os principais afrescos romanos remanescentes foram encontrados nas ruínas das cidades de Pompeia e Herculano.

Teatro

Enquanto o teatro grego já era um grande evento público, o teatro romano geralmente fazia parte de um evento ainda maior. Em amplos edifícios teatrais, os espetáculos romanos contavam com uma grande parte cenográfica, que muitas vezes era considerada até mais importante do que o texto literário.

O teatro em Roma, de maneira geral, imitava as tragédias e as comédias gregas; porém, foi inovado com a inclusão de músicas, danças e apresentações de mímica e **pantomima**.

> **GLOSSÁRIO**
>
> **Pantomima:** teatro gestual que faz o menor uso possível de palavras e o maior uso de gestos através da mímica.

DIÁLOGO

Os aquedutos romano e carioca

Uma das obras mais bem preservadas do Império Romano é o Aqueduto de Segóvia, na atual Espanha. Sua construção data dos séculos I e II d.C., e sua função era possibilitar o deslocamento da água do Rio Frio até a cidade de Segóvia. O rio está localizado a aproximadamente 17 quilômetros da cidade e a construção em arcos do aqueduto, com seus desníveis que ajudavam na impulsão da água, chega a cerca de 29 metros de altura no ponto mais alto.

Além dos arcos, o aqueduto tinha tanques que ajudavam no tratamento da água, removendo as impurezas por filtração e decantação. Especula-se que foram usados cerca de 35 mil blocos de granito na construção do aqueduto. Apesar de parte dele ter sido destruída por outros povos, a que ainda existe está em funcionamento e é o mais importante cartão-postal da região.

Obra arquitetônica mais impressionante no município de Segóvia, o aqueduto sofreu um intenso processo de deterioração e erosão. Para assegurar sua permanência e exuberância foi realizada uma grandiosa e detalhada restauração, que durou oito anos. Como medida de preservação, foi proibido o tráfego de carros em suas imediações, atualmente a Plaza del Azoguero, e o local tornou-se zona exclusiva para pedestres. Em 1985, o Aqueduto de Segóvia foi declarado Patrimônio da Humanidade pela Unesco.

No Brasil, há quatro construções similares: Aqueduto da Carioca, Aqueduto do Rio Grande e Aqueduto do Rio Cabeça, no Rio de Janeiro; e o Aqueduto da Candelária, no Rio Grande do Sul. O mais famoso deles é o da Carioca, conhecido como Arcos da Lapa. Ele apresenta semelhanças arquitetônicas com o de Segóvia.

A função do Aqueduto da Carioca era levar a água da nascente do Rio Carioca até o chafariz do Largo da Carioca, abastecendo a população da cidade. Iniciada em 1718, a primeira obra foi feita com canos de ferro, que logo se deterioraram. Em 1747, começou o trabalho de reconstrução, de forma mais sólida, com pedra e cal.

A partir de 1896, o aqueduto passou a ser utilizado também como viaduto para bondes, tornando-se um importante meio de acesso ao bairro de Santa Teresa.

↑ O Aqueduto de Segóvia é um dos mais impressionantes da história arquitetônica do Império Romano. Foi construído entre os séculos I e II d.C. Fotografia de 2014.

↑ Arcos da Lapa, Rio de Janeiro (RJ), 2014.

1. Explique a função do aqueduto de Segóvia e como ele funcionava.

Religião

A religião romana foi amplamente influenciada pelos etruscos e gregos. O culto doméstico, de origem etrusca, incluía o culto do fogo sagrado e a adoração dos *lares* e dos *penates*. Os *lares* eram os antepassados, considerados protetores da família, representados por estátuas ou pinturas no **lararium** (em português, larário) das *domus*. Já os *penates* eram espíritos protetores dos mantimentos.

O culto público ocorria em grandes templos inspirados nos modelos gregos. Os romanos também trouxeram da cultura grega inúmeros deuses, que receberam nomes latinos.

No Período Imperial, os cultos religiosos adquiriram um caráter político, pois a mais alta função sacerdotal passou a ser exclusividade do imperador, o que lhe atribuía também um caráter divino.

> **GLOSSÁRIO**
> **Lararium:** espécie de altar doméstico.

↑ *Lararium* na Casa dos Vettii, Pompeia, Itália. Na parede, estão pintados dois *lares*, os guardiões da família e do coração.

Cristianismo

O cristianismo, religião monoteísta e de origem judaica, surgiu na Palestina, quando esse território era dominado pelo Império Romano, e expandiu-se pelo império. A princípio, seus seguidores foram perseguidos por serem considerados perigosos para o Estado imperial. Os romanos acusavam os cristãos pelas calamidades que estavam ocorrendo porque acreditavam que a causa delas era o descontentamento dos deuses romanos com eles.

O cenário mudou a partir do século IV, quando o imperador Teodósio reconheceu o cristianismo como religião oficial do império. A partir daí, os costumes da religião politeísta foram desaparecendo e dando espaço ao cristianismo.

← Vista interna do Panteão, Roma, Itália. Muitos templos dedicados aos deuses romanos foram transformados em igrejas cristãs.

O uso político das arenas esportivas

A relação entre arenas esportivas e política permeia a história da humanidade. O próprio Coliseu foi palco de diversas manifestações populares contra as políticas impostas pelo Senado romano.

Um exemplo a se destacar de uso social das arenas esportivas na atualidade ocorreu em 1998. Após 20 anos fora da Copa do Mundo de Futebol, o Irã conquistou o direito de participar do torneio, mas a celebração pela façanha gerou questionamento sobre os direitos das mulheres no país. O que se viu foi uma manifestação social contra a segregação sexual.

Durante a comemoração pela classificação, milhares de iranianas saíram às ruas para festejar. Três mil delas ganharam lugares no Estádio Azadi (*azadi*, em persa, significa "liberdade"), em Teerã, e algumas chegaram até mesmo a retirar os véus, atitude inaceitável de acordo com a tradição local. As cenas repetiram-se, quando a seleção do Irã derrotou os Estados Unidos na primeira fase do Mundial.

No dia 30 de junho de 2013, mais de 90 mil pessoas foram ao Camp Nou, estádio de futebol do time espanhol Barcelona. O motivo, no entanto, não era assistir a um jogo de futebol, mas manifestar apoio à emancipação política da Catalunha, parte da Espanha que luta pela independência desde 1714, quando tropas espanholas ocuparam a região.

As manifestações em prol da independência da Catalunha no Camp Nou durante as partidas disputadas pelo time da casa são comuns. Várias músicas cantadas pelos torcedores pedem a independência da região em relação a Madri. O Real Madrid foi o time do Generalíssimo Franco, daí a acusação catalã de o time ser do governo.

← Concerto em prol da campanha de independência da Catalunha no estádio de futebol Camp Nou, Barcelona, Espanha, 2013.

---

1. O texto cita algumas situações nas quais as arenas esportivas foram usadas politicamente pelos torcedores. Contudo, cada manifestação tinha uma reivindicação específica. Apresente as contestações propagandeadas nas arenas a seguir.

a) Camp Nou   **b)** Coliseu   **c)** Estádio Azadi

ATIVIDADES

SISTEMATIZAR

1. Explique o que era o Fórum romano.

2. A sociedade romana era hierarquizada e caracterizada por uma divisão social do trabalho. Explique quais eram os setores sociais e que funções exerciam em Roma.

3. Durante o governo de qual imperador romano foi feita a reestruturação arquitetônica da cidade de Roma? Qual foi o papel do cidadão Mecenas nesse processo?

4. O que eram o *peculium* e a *societates*? Como eles ajudam a explicar a economia romana?

5. Por que os proprietários concediam a liberdade a alguns de seus escravos?

6. De que maneira as mulheres romanas se pareciam com as gregas? E em que elas eram diferentes?

REFLETIR

1. Estabeleça a relação entre escravidão e poder na Roma Antiga.

2. Leia o texto e, a seguir, faça o que se pede.

> As estradas construídas pelos romanos eram projetadas para servir principalmente às necessidades militares de seus vastos domínios. Acostumados a ir de um ponto a outro, podiam cobrir mais de 50 quilômetros por dia – se as estradas fossem firmes e secas. Construir uma boa estrada era relativamente simples na aridez do Norte da África, onde bastava uma superfície de cascalho; em climas úmidos era mais difícil.
>
> Como outros feitos da engenharia romana, a construção de estradas era um negócio cansativo que exigia uma força de trabalho disciplinada. As primeiras etapas do trabalho eram realizadas pelos soldados, o que os mantinha em forma e longe de confusões no intervalo de campanhas, embora, raras ocasiões, tivessem se rebelado. Às vezes, o fardo era empurrado para povos subjugados.

Impérios em ascensão: 400 a.C.-200 d.C. São Paulo: Abril, 1991. (Coleção História em Revista).

a) Explique a importância das estradas para o Império Romano.

b) Explique por que eram os soldados romanos que construíam as estradas.

3. Leia o texto e responda às perguntas.

> As [estradas] romanas tinham uma posição ímpar que talvez só possa ser comparada àquela do século XX, no Ocidente, algo notável.

FUNARI, Pedro Paulo. *Grécia e Roma*. 5. ed. São Paulo: Contexto, 2011. p. 105. (Coleção Repensando a História).

a) Qual é o significado da palavra ímpar? Por que o autor fez essa afirmação?

b) Você concorda com o autor? Justifique.

DESAFIO

1. Na Grécia e na Roma Antiga as pessoas participavam de cultos religiosos nas residências e em grandes templos. Na época em que vivemos, há muitas religiões.
Pesquise e descubra onde são realizados cultos religiosos atualmente. Há variação nos locais de culto de acordo com a religião?

2. A escravidão foi bastante importante para a política, a economia e a sociedade romanas. Você sabe como a escravidão é entendida atualmente?
Converse com os colegas e o professor sobre estas questões: Atualmente, existe trabalho escravo no Brasil? E em outras partes do mundo? Reúna as informações, elabore um cartaz de conscientização e coloque-o no mural da escola junto dos cartazes dos colegas.

CAPÍTULO 4
A formação da cristandade

> No capítulo anterior, você estudou o cotidiano das pessoas que viveram na Roma Antiga. Neste capítulo, você vai estudar o processo de transformação que levou os romanos a adotar o cristianismo como religião oficial do Império Romano.

Por volta de 63 a.C., os romanos ocuparam a região da Palestina e entraram em contato com judeus e israelitas. Como vimos anteriormente, o povo hebreu foi um dos primeiros a crer na existência de um deus único e a entrar em contato com muitas outras culturas da Antiguidade. O cristianismo surgiu entre os hebreus, na Palestina, e tem origem na religião judaica.

Primeiros passos

Foi durante o período de dominação romana que, segundo a tradição cristã, viveu Jesus de Nazaré. De origem humilde, ele anunciava aos hebreus a salvação da alma por meio da fé e também **pregava** o perdão, o auxílio ao próximo e o desapego aos bens materiais. Esse discurso foi mais aceito pela população pobre, mas gerou desconfiança nas autoridades romanas e hebraicas. Seus seguidores passaram então a denominá-lo Cristo, palavra de origem grega que significa "messias".

GLOSSÁRIO

Pregar: nesse caso, significa anunciar ou dizer algo a alguém com o objetivo de ensiná-lo ou convencê-lo.

O aumento do número de seguidores de Jesus levou a uma divisão entre os judeus e provocou grande incômodo aos romanos, uma vez que esses seguidores questionavam a ordem imperial ao, por exemplo, recusar-se a cultuar a figura do imperador.

Jesus foi condenado à morte por romanos e judeus em uma tentativa de reduzir a crescente influência de seus ensinamentos na população mais pobre do império. Entretanto, apesar de sua morte, a identificação dessas camadas da sociedade romana com seu martírio aumentou o número de seguidores, levando o cristianismo a constituir uma doutrina religiosa.

Entre os anos 64 e 70, os cristãos, como passaram a ser conhecidos os seguidores de Cristo, começaram a estabelecer a base da própria religião, separando-se definitivamente do judaísmo. As palavras e os atos de Jesus em vida foram preservados oralmente e, por volta do ano 70, começaram a ser escritos e difundidos por seus adeptos.

Eucaristia. Afresco paleocristão do século II nas Catacumbas de Priscila, Roma.

Contestação e perseguições

O fato de os cristãos não aceitarem a autoridade divina do imperador e serem contra a guerra e a escravidão, bases do Império Romano, levou os imperadores a impor violenta perseguição contra os cristãos.

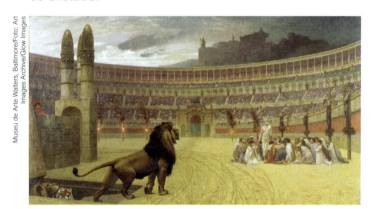

↑ Jean Leon Gerome. *A última oração dos mártires cristãos*, c. 1863-1883. Óleo sobre tela, 87,9 cm × 150,1 cm.

O primeiro imperador a perseguir os adeptos da nova religião foi Nero, que governou de 54 a 68. Sua alegação para a perseguição, as torturas e execuções, inclusive nas arenas, onde os cristãos lutavam contra gladiadores e animais selvagens, foi a de que eles teriam sido responsáveis pelo grande incêndio ocorrido em Roma no ano de 64.

A maior e mais violenta repressão, no entanto, ocorreu no governo do imperador Diocleciano (284-305). A estratégia de punir os cristãos, com o objetivo de reduzir o número deles e inibir o surgimento de novos membros, causou resultado contrário: quanto mais eram perseguidos, mais adeptos surgiam, já que os cristãos, segundo a crença difundida na época, interpretavam aquele sofrimento terreno como forma de redenção e libertação da alma.

Impossibilitados de vencer a expansão da religião cristã, os imperadores Constantino (306-337) e Teodósio (378-395) foram responsáveis pelo fim das perseguições e pela oficialização da religião em todo o império.

AQUI TEM MAIS

O incêndio de Roma

Ainda hoje, historiadores tentam desvendar os reais motivos e os culpados pelo grande incêndio que destruiu Roma em 64.

Uma hipótese – praticamente abandonada – diz que o imperador Nero foi o responsável pela destruição, já que pretendia construir uma cidade mais moderna e condizente com a grandeza do império. Sabe-se hoje que Nero não estava em Roma no momento do incêndio e que teria ajudado pessoas afetadas pela tragédia em seu regresso à cidade.

Uma versão recorrente é a que relaciona os cristãos ao incêndio. Historiadores atuais e contemporâneos da tragédia, como Tácito e Suetônio, sustentam que foi uma manobra política do imperador para desviar as suspeitas que se abatiam sobre ele. Como o cristianismo ainda era considerado uma "superstição nova e maléfica", ficava fácil acusar os cristãos e intensificar a perseguição contra eles. O fato de alguns cristãos mais fanáticos terem anunciado que o incêndio foi um castigo divino pelos pecados dos romanos aumentou ainda mais a suspeita de sua participação na calamidade. A hipótese mais plausível é que o incêndio foi acidental.

↑ Robert Hubert. *O incêndio de Roma*, c. 1771. Óleo sobre tela, 76 cm × 93 cm.

1. É possível concluir de quem é a culpa pelo incêndio da cidade de Roma no século I d.C.?

Institucionalização da Igreja Católica

Apesar de perseguidos, os cristãos desenvolveram na clandestinidade uma vasta rede de bispos e padres, dando início à ideia de uma igreja una e indivisível.

Em 325, o imperador Constantino convocou os líderes cristãos para se reunirem com ele no Concílio de Niceia. Os objetivos eram determinar a doutrina que regeria a igreja cristã, criando a unidade dela, e auxiliar na expansão do cristianismo.

> **GLOSSÁRIO**
>
> **Concílio:** assembleia de bispos reunidos para tratar dos assuntos relacionados às doutrinas da religião.

Entre outras questões, o Concílio estabeleceu o conceito de Trindade: o preceito da existência de um único Deus constituído de três pessoas divinas: Pai, Filho e Espírito Santo.

No Concílio, a autoridade da igreja foi organizada em cinco partes (pentarquia), com sede em cinco cidades: Roma, Constantinopla, Antioquia, Jerusalém e Alexandria. No século V, o bispo de Roma tornou-se o mais importante líder da Igreja Romana, passando a ser conhecido como papa.

Com o estabelecimento das normas, dos dogmas e sacramentos, a Igreja passou a se afirmar como Católica (que significa "universal", devendo ser expandida para todos), Apostólica (pois segue a doutrina dos apóstolos de Jesus) e Romana. Portanto, Roma consolidou-se como a sede da Igreja Católica.

FORMAÇÃO CIDADÃ

Durante o Império Romano, muitos cristãos foram perseguidos. A perseguição religiosa aconteceu em vários momentos da história mundial e ocorre ainda hoje. Ela se manifesta por meio do preconceito contra os praticantes de religiões diversas por convicções pessoais que desconsideram o livre-arbítrio do outro como pessoa e sujeito histórico. Reflita sobre o processo de institucionalização da Igreja Católica e, em seguida, escreva uma redação sobre a perseguição aos cristãos e, destes, aos não cristãos durante o estabelecimento de suas normas, dogmas e sacramentos.

AQUI TEM MAIS

A denominação "papa"

Existem várias versões para a origem do termo **papa**. Pode significar apenas uma palavra carinhosa para "papai", seu significado em latim, uma vez que o bispo de Roma seria considerado por muitos fiéis "o pai de todos os cristãos".

Outra versão defende que cada uma das letras teria um significado: *Petri apostoli potestatem accipiens* ("o que recebe o poder do apóstolo Pedro"), ou ainda *Petrus apostolus princeps apostolorum* ("apóstolo Pedro, príncipe dos apóstolos").

Há, ainda, uma versão que se refere ao termo apenas como a união das primeiras sílabas das palavras latinas *pater* (pai) e *pastor* (pastor).

Peter Paul Rubens. *São Pedro como papa*, c. 1611. Óleo sobre madeira, 107 cm × 82 cm. Os papas são considerados os sucessores de Pedro – um dos principais discípulos de Jesus.

ATIVIDADES

SISTEMATIZAR

1. Segundo a tradição cristã, por que os romanos ficaram incomodados com os discursos de Jesus de Nazaré?

2. Relacione o imperador Constantino à difusão do cristianismo.

3. Por que alguns historiadores associam o incêndio de Roma em 64 aos cristãos?

4. Quais foram os objetivos do Concílio de Niceia?

5. Explique o que significa a definição da Igreja como Católica, Apostólica e Romana e como essa definição se relaciona com a ideia inicial de Igreja "una e indivisível".

REFLETIR

1. Muitas foram as perseguições e assassinatos de cristãos, porém, ainda assim, os imperadores romanos não conseguiram frear a influência da nova doutrina até que, no século IV, optaram por tornar a religião cristã a oficial do Império. Em sua opinião, qual foi o principal motivo que fez o Império Romano adotar o cristianismo como religião oficial?

2. Observe o mapa e, em seguida, faça o que se pede.

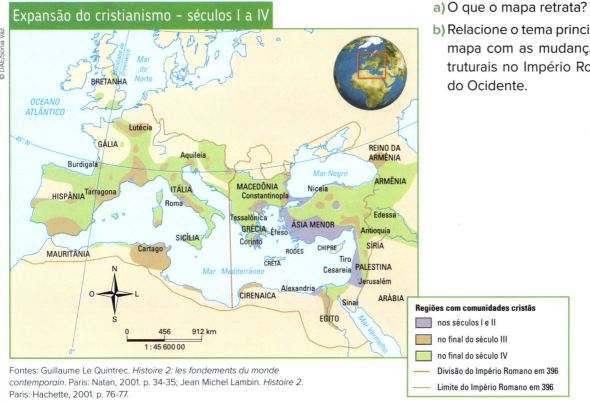

a) O que o mapa retrata?

b) Relacione o tema principal do mapa com as mudanças estruturais no Império Romano do Ocidente.

Fontes: Guillaume Le Quintrec. *Histoire 2: les fondements du monde contemporain*. Paris: Natan, 2001. p. 34-35; Jean Michel Lambin. *Histoire 2*. Paris: Hachette, 2001. p. 76-77.

DESAFIO

1. A intolerância à religião é um problema a ser superado nas sociedades, incluindo a brasileira. Ela pode acarretar consequências graves, como violência e danos psicológicos às vítimas. Pesquise o assunto na internet e, em seguida, elabore uma redação com base nas informações encontradas.

Pompeia

Entre os dias 24 e 26 de agosto de 79, o vulcão Vesúvio, localizado no Golfo de Nápoles, entrou em erupção e causou a destruição das cidades romanas Pompeia e Herculano. Os moradores, acostumados com terremotos, não abandonaram suas atividades cotidianas e foram soterrados pela lava e pelas cinzas, possibilitando que, séculos depois, conhecêssemos parte do cotidiano deles.

Os telhados construídos em forma de funil eram usados para coletar água da chuva.

Casais de escravos podiam somente se encontrar nos jardins.

Clientes que buscavam favores ou proteção eram recebidos no átrio, ou pátio central.

Os ladrilhos desta casa eram decorados com desenhos da fauna e flora da região do Rio Nilo.

Sol 90 Images

A Casa do Fauno

Entre as construções que permaneceram está a Casa do Fauno (que recebeu esse nome por ter uma estátua dessa criatura mitológica no jardim), a maior residência de Pompeia, com aproximadamente 3 000 m², de propriedade de um rico comerciante. Nela foram encontrados utensílios domésticos semelhantes aos que utilizamos atualmente.

Uma rica cidade

Documentos demonstram que os primeiros aglomerados humanos surgiram na região em aproximadamente 1500 a.C. Em cerca de 770 a.C. (antes mesmo da fundação de Roma) foi fundada no local a colônia grega de Pithekoussai, que se tornou uma importante cidade mercantil, com trocas comerciais entre gregos, fenícios, etruscos e semitas. O domínio da cidade foi bastante disputado ao longo dos séculos, até ser submetida pelos romanos em 89 a.C., que nos anos seguintes a transformaram em uma colônia e instituíram a Pax Romana no local.

1 A catástrofe
Diversos corpos foram cobertos por cinzas vulcânicas, que se acumularam em camadas e depois endureceram. Os corpos se decompuseram, mas o formato deles permaneceu moldado na rocha vulcânica.

2 Reconstrução
Em 1864, o arqueólogo Giuseppe Fiorelli iniciou um trabalho de preservação e reconstrução dos materiais. Ele usou gesso nas tumbas, preenchendo toda a parte moldada na rocha. Depois de o gesso secar, a rocha ao redor era removida, deixando exposto o molde dos corpos.

3 A forma, intocada
O gesso possibilitou a reconstrução da postura das pessoas no momento da morte e muitos detalhes passaram a ser conhecidos, como as vestimentas e o jeito do cabelo. O formato do corpo de animais e de objetos orgânicos (como alimentos) também foram reconstruídos. Atualmente, o gesso foi substituído por resina e silicone porque dão mais precisão e registram mais detalhes.

Em um momento

O Vesúvio entrou em erupção, no dia 24 de agosto, de forma tão violenta que em apenas 20 minutos a cidade estava coberta de rochas. Os moradores se abrigaram, mas nos dois dias seguintes o vulcão soltou muitas cinzas tóxicas, o que fez com que os habitantes morressem asfixiados e, posteriormente, fossem cobertos de cinzas. Somente em 1709 alguns artefatos foram encontrados intactos, protegidos pelas cinzas vulcânicas. Essa descoberta deu origem a uma busca incessante. As escavações no local se iniciaram em 1748 e permanecem ainda hoje. Entre as descobertas mais fascinantes está a possibilidade de reconstrução da forma do corpo das pessoas na posição em que estavam quando morreram.

O Termopólio
Semelhante a uma lanchonete, neste local as pessoas compravam e consumiam alimentos e bebidas já preparados. A maior parte da população consumia refeições em estabelecimentos ao ar livre.

200 era a quantidade aproximada de estabelecimentos como este na cidade.

As paredes eram todas pintadas com afrescos.

Balcões de alvenaria escondiam em seu interior pequenos fornos utilizados para manter os alimentos quentes.

Os alimentos eram preparados com grande quantidade de nozes, azeitonas e cebola, além de pães e queijos.

1. Faça uma pesquisa, converse com os professores das disciplinas de Ciências e Geografia e explique como funcionam os vulcões e sua relação com os terremotos.

EXPLORANDO A ARQUITETURA

O Coliseu de Roma

→ Vista externa do Coliseu. Roma, Itália.

As ruínas desse monumental anfiteatro do Império Romano, que passou por três grandes terremotos entre os séculos V e XIII, atualmente ficam abertas à visitação pública no centro da cidade de Roma, capital da Itália.

Construído no século I, entre os anos de 72 e 80, o Coliseu foi o primeiro grande anfiteatro erguido com pedras pelos romanos. A obra foi iniciada no governo do imperador Flávio Vespasiano. Ao ser concluída, Tito, filho de Vespasiano e imperador de Roma na época, homenageou o pai na inauguração dando-lhe o nome de Anfiteatro Flávio.

O Coliseu foi construído com mármore travertino, tijolos, blocos de tufa (pedra porosa) e concreto. Na fachada havia centenas de esculturas de bronze. Com cerca de 50 metros de altura (equivalente a um edifício de 12 a 15 andares), foi feito em forma elíptica, com 155 metros por 187 metros de diâmetro. Externamente havia três fileiras de arcadas ornamentadas por colunas dóricas, jônicas e coríntias, e um quarto andar com pilares coríntios. Os espetáculos geralmente ocorriam ao ar livre; mas, em caso de chuva, um toldo era estendido para impedir que os espectadores se molhassem.

↓ Vista das ruínas do subterrâneo do Coliseu. Roma, Itália.

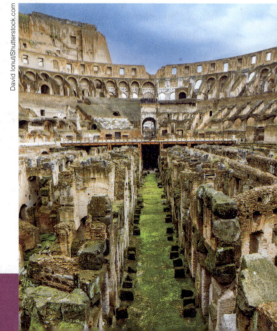

Na parte interna das ruínas ainda é possível observar a estrutura do anfiteatro, com arquibancadas destinadas a grupos sociais distintos. Havia um pódio, no centro do qual ficava o lugar do imperador, cercado pela família imperial e pelos senadores. Seguiam-se as tribunas civis e militares, de baixo para cima, com lugares organizados, que iam dos de maior poder aos de menos posses.

A arena, possivelmente feita de madeira e coberta de areia, estendia-se por toda a parte central e servia de cobertura a uma extensa rede subterrânea. No subterrâneo ficavam os gladiadores, os animais e todo o armamento necessário para as lutas. Nele havia um duto conectado a um aquífero, que possibilitava a entrada de água em abundância, usada tanto para a limpeza do local como para inundar toda a parte subterrânea para espetáculos aquáticos, entre eles as batalhas navais.

- **Nome oficial:** Anfiteatro Flávio.
- **Apelido:** Coliseu.
- **Localização:** centro da cidade de Roma, Itália.
- **Data de inauguração:** 80 d.C.
- **Tempo de construção:** 8 anos.
- **Dimensão original:** 527 metros de circunferência.
- **Capacidade original:** 60 mil espectadores.

Contextualizando a construção

O anfiteatro recebeu o apelido de Coliseu por volta do século XI em razão de suas proporções – consideradas enormes – e pela proximidade do Colosso de Nero, uma estátua de 35 metros de altura, do antecessor de Vespasiano, o imperador Nero, localizada ao lado do anfiteatro.

Semelhante a um atual estádio de futebol, o Coliseu tinha uma arena central e arquibancadas que acomodavam o público que ia assistir aos jogos de circo (*ludi circensis*), inventados na época do final da república com o objetivo de estimular nos espectadores o espírito guerreiro das conquistas territoriais. Esses espetáculos deram origem aos gladiadores, pessoas treinadas para combater, lutavam entre si ou contra animais ferozes, trazidos das colônias africanas.

Esse foi um espaço privilegiado para a política "pão e circo" do Império Romano, pois os espetáculos gratuitos, considerados atualmente muito violentos, eram usados para distrair e divertir a plebe.

Estima-se que as atividades do Coliseu foram encerradas no século VI, com a proibição do combate entre gladiadores. Com a queda de Roma e o fim do Império, o mármore e o bronze de suas estruturas foram saqueados ou retirados para uso em outras construções.

← Vista interna do Coliseu. Roma, Itália.

Refletindo sobre a construção

1. Reúna-se com um colega e, juntos, elaborem um pequeno texto respondendo às seguintes questões:
    a) O que foi o Coliseu de Roma?
    b) Qual o material usado em sua construção?
    c) O famoso anfiteatro era conhecido por Coliseu pelos romanos?

2. Explique a política "pão e circo" do Império Romano relacionando-a ao Coliseu.

3. No texto acima, há a seguinte frase: "[...] pois os espetáculos gratuitos, considerados atualmente muito violentos, eram usados para distrair e divertir a plebe". Converse com os colegas e com o professor sobre o motivo pelo qual consideramos os antigos espetáculos romanos muito violentos. Em seguida, registre suas conclusões no caderno.

PANORAMA

FAÇA AS ATIVIDADES A SEGUIR E REVEJA O QUE VOCÊ APRENDEU.

NO CADERNO

1. Analise e compare o contexto histórico de crise da República Romana ao contexto da crise do Império Romano.

2. Os octógonos, espaços onde se pratica o MMA (do inglês: *mixed martial arts*, "artes marciais mistas"), por vezes, são comparados com as arenas de luta de gladiadores da Roma Antiga. Observe a fotografia de um desses combates e explique, com suas palavras, se você concorda com essa comparação.

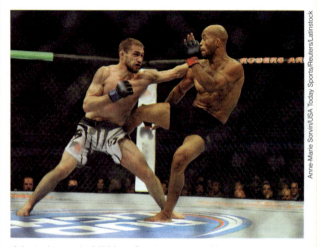

↑ Lutadores de MMA enfrentam-se em Vancouver, Canadá.

3. Explique quais medidas foram implementadas para evitar o êxodo rural durante a crise do Império Romano.

4. Durante a república romana havia senadores que exerciam grande poder político. Na república brasileira também temos senadores que desempenham importante papel político, embora o Senado brasileiro e o Senado romano sejam bem diferentes. Faça uma pesquisa sobre o Senado no Brasil e responda às questões a seguir.

   a) Quando o Senado brasileiro teve origem?
   b) Quais são as atribuições do Senado atualmente?
   c) Quantos senadores há em nosso país?
   d) Quem pode se candidatar ao cargo de senador e como é feita a eleição para esse cargo?
   e) Quem são os senadores que representam seu estado?

5. Na coleção Os Heróis do Olimpo, o escritor Rick Riordan narra uma história fictícia em que semideuses gregos e romanos se encontram e se unem em prol de uma causa comum. Leia parte dessa história no trecho a seguir e, com base no que você aprendeu, responda às questões e faça o que se pede.

Todos olhavam para Jason. Ele limpou a garganta e começou a falar. [...] Jason viu que a história soara bem selvagem. Ele terminou com a visita de Hera, pouco antes daquele encontro.

— Então Hera esteve *aqui* – disse Annabeth – conversando com você.

Jason fez que sim.

— Vejam bem, eu não estou dizendo que confio nela...

— Isso é inteligente de sua parte – disse Annabeth.

— ... mas ela não está inventando essa história de outro grupo de semideuses. Eu vim de lá.

— Romanos – disse Clarisse, jogando um petisco para Seymor. – Você espera que a gente acredite na existência de outro acampamento de semideuses, fiéis às formas romanas dos deuses. E por que nunca ouvimos falar nada sobre isso?

Piper inclinou-se para frente e disse:

— Os deuses mantiveram os dois grupos separados, pois sempre que eles se encontraram tentavam matar uns aos outros.

— Isso eu entendo – disse Clarisse. – Mas, ainda assim, será que nunca encontramos nenhum deles numa missão?

— Ah, sim – interveio Quíron, desanimado. – Vocês se encontraram, muitas vezes. E sempre foi uma tragédia. Os deuses têm feito o possível para apagar a memória dos envolvidos. A rivalidade começou na Guerra de Troia, Clarisse. Os gregos invadiram Troia e queimaram tudo. O herói troiano Eneias escapou, e em algum momento conseguiu chegar à Itália, onde fundou o que depois se transformaria em Roma. Os romanos ficaram cada vez mais poderosos, rezando para os mesmos deuses, mas com nomes diferentes e personalidades um tanto distintas.

– Mais belicosos – disse Jason. – Mais unidos. Mais ligados à expansão, à conquista, à disciplina.

– Que horror – disse Travis.

Vários outros pareciam igualmente desconfortáveis com a descrição dos romanos [...]

– Os romanos odiavam os gregos. E se vingaram ao conquistar as ilhas gregas, que se tornaram parte do Império Romano.

– Eles não exatamente odiavam os gregos – disse Jason. – Os romanos admiravam a cultura grega e tinham um pouco de inveja. Por sua vez, os gregos imaginavam que os romanos fossem bárbaros, mas respeitavam seu poder militar. Então, durante os tempos romanos, os semideuses começaram a se dividir... em gregos e romanos.

Rick Riordan. *O herói perdido*. Rio de Janeiro: Intrínseca, 2011. p. 436-437. (Coleção Os Heróis do Olimpo, v. 1).

a) Que deusa grega é citada nesse diálogo? Faça uma pesquisa para descobrir qual é o nome romano que ela recebeu.

b) Quíron conta uma história que se refere à origem de Roma. Essa história é um mito ou uma teoria? Justifique sua resposta.

c) Por que Jason afirma que os deuses gregos, ao adquirirem personalidade romana, tornaram-se mais disciplinados e belicosos?

d) Explique de que maneira ocorreu a expansão territorial romana e qual era o objetivo dos romanos ao conquistar novos territórios.

e) Nesse diálogo, um semideus grego afirma que os romanos odiavam os gregos, e Jason revida afirmando que os romanos, na verdade, admiravam os gregos. Em sua opinião, qual das duas versões se aproxima mais da realidade? Justifique sua resposta.

6. Levante hipóteses para explicar por que os discursos de Jesus de Nazaré difundiram-se inicialmente pela população mais pobre do Império Romano.

7. Observe a fotografia a seguir. Ela foi tirada nas ruínas de uma terma localizada no Fórum de Pompeia.

↑ Interior de uma terma em Pompeia, Itália.

a) O que essa construção informa sobre o lazer dos habitantes de Pompeia? Que atividades os moradores da cidade exerciam nesse lugar?

b) Em sua opinião, quais elementos sugerem que essa construção fazia parte de uma cidade do Império Romano?

c) Elabore uma hipótese para justificar por que as construções de Pompeia foram encontradas em estado de conservação incomum.

8. Qual era a função do Coliseu na Roma Antiga? E atualmente?

DICAS

📖 LEIA

Como seria sua vida na Roma Antiga?, de Anita Ganeri (Scipione).
A obra conta como eram os hábitos e a vida na Roma Antiga e traz curiosidades sobre o cotidiano de cidadãos, escravos e soldados. Assim, podemos compreender as influências romanas que chegaram até nós.

Egito, Grécia e Roma: um almanaque de história da arte, de Douglas Tufano (Moderna).
A obra, em formato de almanaque, apresenta um pouco da arte feita por alguns povos antigos: Egito, a terra das pirâmides e das múmias; Grécia, com suas estátuas de deuses e templos maravilhosos; Roma e o riquíssimo mundo criado pelos romanos.

▶ ASSISTA

Um gladiador em apuros, Itália, 2011. Animação.
Direção: Iginio Straffi, 91 min.
Durante o Império Romano, Timo é criado dentro da grande Academia de Gladiadores de Roma. Mas, apesar do treinamento para se tornar um grande gladiador, ele não tem a menor vocação. Timo deseja apenas se divertir com os amigos. A situação muda quando se apaixona e decide impressionar uma garota.

↑ Basílica de Santa Sofia, Istambul, Turquia.

TEMA 7

Império Romano do Oriente

NESTE TEMA
VOCÊ VAI ESTUDAR:

- a trajetória histórica do Império Romano do Oriente;
- as trocas culturais que havia na cidade de Constantinopla;
- o surgimento do primeiro código de leis;
- as características singulares da arte bizantina;
- o surgimento da Igreja Ortodoxa Grega.

A Basílica de Santa Sofia (Hagia Sofia) é um prédio com características únicas. Ela foi construída entre 532 e 537 para ser a catedral ortodoxa de Constantinopla (atual Istambul). Entre 1204 e 1261 foi convertida em catedral católica romana e, em 1453, quando a cidade foi invadida por otomanos, tornou-se uma mesquita, permanecendo assim até 1935, ano em que foi transformada em museu e aberta para visitantes.

CAPÍTULO 1

A organização do Império Romano do Oriente

Neste capítulo, você vai começar a estudar o Império Romano do Oriente e as transformações ocorridas durante a administração do imperador Justiniano.

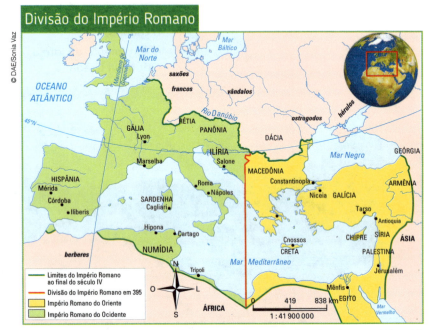

Divisão do Império Romano

Fonte: Georges Duby. *Atlas histórico mundial*. Barcelona: Larousse, 2011. p. 55.

Em 395, o imperador Teodósio dividiu o Império Romano, deixando a parte oriental a seu filho Arcádio. Enquanto o Império Romano do Ocidente sofria com as invasões bárbaras no século V, o Império Romano do Oriente fortalecia-se e sobreviveria por mais de um milênio.

O Império Romano do Oriente foi privilegiado por sua localização geográfica, já que fazia a ligação do Ocidente com o Oriente, pois estava entre os continentes europeu e asiático.

A cobrança de taxas sobre os produtos que passavam pelos seus portos era importante fonte de renda para o Império. Para manter o comércio marítimo protegido, a Marinha bizantina era uma de suas instituições mais fortes. Foi por meio da exploração comercial que o Império se estruturou, tornando-se rico e urbanizado.

Atualmente, o Império Romano do Oriente é mais conhecido como Império Bizantino. Essa expressão surgiu no século XVI após um pesquisador alemão publicar uma compilação de documentos descobertos na cidade de Bizâncio, atual Istambul, na Turquia.

Constantinopla, a capital

Durante toda a existência do Império, Constantinopla, a capital, foi uma cidade próspera e com intenso movimento, principalmente comercial. Sua localização possibilitou que a região se tornasse um **entreposto** e ficasse conhecida como "empório do mundo" por causa do intenso comércio de ouro, prata, marfim, tinturas, porcelana, tecidos e especiarias.

GLOSSÁRIO

Entreposto: centro internacional de comércio.

Esse comércio era fortemente controlado pelo Estado por meio de autoridades municipais. Havia o tributo de 10% do valor das mercadorias, tanto no comércio interno como no externo. Os tributos também eram cobrados sobre propriedade e herança.

A importância de Constantinopla, atual cidade de Istambul, na Turquia, tornava-a bastante atrativa para outros reinos e impérios, por isso a cidade era cercada por três linhas de muralha e um grande **fosso**. Essas precauções garantiram a segurança dos bizantinos por séculos.

Internamente, Constantinopla era bastante organizada, com construções planejadas e serviços à população, como rede de água e de esgoto, iluminação e banheiros públicos, e até mesmo instituições de educação pública.

> **GLOSSÁRIO**
>
> **Fosso:** vala ou buraco bastante profundo que pode ou não conter água. O objetivo dos fossos é proteger o local que rodeiam, impedindo a entrada dos inimigos.

Transações comerciais e economia

Constantinopla localizava-se entre grandes mares, às margens do Estreito de Bósforo, na entrada do Mar Negro e do Mar de Mármara, que se liga ao Mar Mediterrâneo. Essa localização possibilitou à cidade controlar as rotas comerciais terrestres e marítimas que ligavam Europa, Ásia e norte da África.

O Ocidente era um grande consumidor de produtos vindos do Oriente, o que tornava Constantinopla uma espécie de intermediária no comércio de mercadorias. As principais rotas do leste, como a da Ásia Central, a Rota da Seda e a de Alexandria, passavam por Constantinopla e seguiam para o oeste. Com grande entrada de dinheiro, a cidade tornou-se uma nova base de poder para o Império Romano, sendo chamada de Nova Roma.

No âmbito econômico, além das atividades comerciais, havia a produção agrícola, com base em latifúndios gerenciados pelos dinastas — membros da aristocracia —, pelo Estado e por igrejas e mosteiros. O trabalho nos latifúndios era realizado por camponeses e escravos.

Nos centros urbanos, por outro lado, havia muitos homens livres que viviam do artesanato, produzindo vidro, tecido e objetos de prata.

A população e o intercâmbio cultural

O constante comércio entre diferentes povos propiciou um grande intercâmbio cultural na região. Na cidade, a população era bastante diversificada. Conviviam armênios, gregos, judeus, egípcios, persas, entre outros. A unidade desses povos estabelecia-se pela língua grega e pela religião cristã.

← Manuscrito bizantino iluminado e escrito em grego por Theodoro de Caesarea, 1066.

Marcada pela influência desses povos e da religiosidade, a produção intelectual e cultural na cidade era intensa. Essa contribuição pode ser observada, por exemplo, nos aspectos educacionais, como a produção de materiais escritos em grego, e nas construções urbanas, como a Basílica de Santa Sofia.

Assim, Constantinopla tornou-se um centro de irradiação cultural, com importantes bibliotecas repletas de obras greco-romanas e produções artísticas que misturavam a influência da cultura árabe e persa com a teologia cristã, que ganhava mais força. Esse intercâmbio fez com que a cultura bizantina se tornasse única.

Dinamismo e tradição

Além de sede do poder imperial, a cidade de Constantinopla era também um centro dinâmico de comércio e um local de produção e trocas culturais. Essa riqueza material e cultural refletia-se na própria organização da cidade. O modo de viver, a arquitetura, as obras de defesa militar, tudo estava de acordo com as funções e a localização da cidade.

Durante séculos, Constantinopla foi cobiçada por vários povos, ameaçada, atacada e sitiada várias vezes. Assim, diversas construções foram realizadas com o fim de protegê-la. Além disso, foi criada toda uma estrutura de atendimento às necessidades cotidianas, como aquedutos e cisternas para transportar e armazenar a água. Os campos em torno da cidade também foram cultivados e forneciam alimentos.

↑ A abundância de belos afrescos com temas cristãos é exemplo da presença religiosa em Constantinopla.

Ao lado de praças, jardins, pórticos, colunas e arcos em pedra, muitos recobertos por ouro e mármore, existiam estátuas e antigos monumentos considerados místicos por várias pessoas. Algumas das antigas colunas erguidas durante o Império Romano traziam inscrições que eram interpretadas como sendo a história do futuro do mundo.

Por toda a cidade, havia várias obras arquitetônicas que não só a embelezavam como também serviam para reforçar a religião cristã. Os rituais religiosos ocupavam parte importante no cotidiano de seus moradores, e os assuntos relacionados à religião permeavam as conversas do dia a dia. A adoração a Deus estava presente em todas as partes, de igrejas e mosteiros a procissões e festejos, como a coroação dos imperadores.

Toda essa estrutura impactava as pessoas que visitavam a cidade. De volta a seus locais de origem, elas divulgavam os relatos do que viram e do que lhes chamou a atenção.

← As imagens de Constantinopla nem sempre reproduziam fielmente a realidade, por causa do impacto causado por ela na imaginação dos visitantes. Imagem do livro *Crônicas de Nuremberg* (1493).

196

A Dinastia Justiniana

O apogeu do Império Romano do Oriente ocorreu durante a administração do imperador Justiniano, que governou entre 527 e 565.

Nesse período, o governo procurou restabelecer a grandeza do Império do século anterior, antes de a porção ocidental ser invadida pelos povos vizinhos. Isso exigiu o fortalecimento do exército e o cuidado intensivo das linhas de fronteira. As tropas de Justiniano reconquistaram o norte da África, grande parte da Península Itálica e a região sul da Península Ibérica.

Fonte: José Jobson de A. Arruda. *Atlas histórico básico.* São Paulo: Ática, 2011. p. 14.

O Código de Justiniano

Durante a administração de Justiniano, foram criadas equipes para organizar as leis do Império com base nas leis romanas.

Justiniano designou um grupo de dez especialistas, sob a liderança de Triboniano, para compilar e sistematizar as leis romanas mais significativas. Desse modo, surgiu o Código de Justiniano.

Mais tarde, um grupo de 16 juristas, novamente sob a liderança de Triboniano, elaborou o Digesto, do latim *digestum*, que significa "pôr em ordem". O Digesto também é conhecido pelo vocábulo grego *pandectas*, que significa "livros que contêm tudo".

Os elaboradores do Digesto selecionaram as decisões e os textos célebres dos **jurisconsultos** romanos do período clássico do imperador que fossem mais convenientes ao reinado de Justiniano.

São também desse período as Institutas e as Novelas.

As Institutas, do latim *institutionis*, "ensinar", foram editadas visando ensinar à juventude como instruir-se em Direito. As Novelas foram as novas leis promulgadas por Justiniano após a elaboração do Código, do Digesto e das Institutas. Somente mais tarde o conjunto da legislação de Justiniano recebeu o título de *Corpus Juris Civilis*.

Justiniano aproveitou do Direito romano apenas aquilo que lhe interessava e criou uma nova obra que influenciou todo o Direito ocidental.

> **GLOSSÁRIO**
>
> **Jurisconsulto:** pessoa especializada em Direito que dá parecer sobre questões jurídicas.

Revolta de Nika

Justiniano também se destacou na construção de obras grandiosas, como fortalezas, aquedutos e palácios. Entretanto, todos esses avanços tinham alto custo, o que causava muitos aumentos nos impostos e grande insatisfação da sociedade.

O Império Romano do Oriente adotava a política de "pão e circo" do Império Romano do Ocidente; ainda assim, isso não impedia que houvesse revoltas e levantes. A principal rebelião popular ocorrida é conhecida como Revolta de Nika.

Em 532, no Hipódromo de Constantinopla, cerca de 60 mil pessoas acompanhavam uma corrida de carros puxados por cavalos. Além da população, estavam presentes funcionários, o imperador e a imperatriz.

A vitória do time do imperador foi suspeita, e parte da população aproveitou para fazer uma série de reclamações em relação ao abuso de autoridade e ao aumento dos impostos. A população tomou quase toda a cidade; houve muitos incêndios e destruição.

A revolta foi brutalmente reprimida pelo general Belisário, que utilizou a força para cercar os revoltosos no hipódromo, e muitas pessoas da oposição foram mortas.

A Revolta de Nika recebeu esse nome porque a população, ao se dirigir ao palácio, gritava "*Nika! Nika!*", que significa "Vitória! Vitória!".

↑ Obelisco de Teodósio, no local onde ficava o antigo Hipódromo de Constantinopla. Istambul, Turquia.

DIÁLOGO

A extensão geográfica do Império

O Império Romano abrangia uma grande área, com porções em três continentes: Europa, África e Ásia. Seu expansionismo territorial deu-se até o ponto em que pudesse dominar o Mar Mediterrâneo, de modo que fosse possível interligar comercialmente suas províncias e Roma.

Mesmo com o Império se dividindo em oriental e ocidental, o Mediterrâneo continuou sendo controlado. Com o declínio ocidental, o Império Romano do Oriente sobreviveu, mantendo influência sobre o Mar Mediterrâneo e o domínio sobre o Mar Negro. Constantinopla tornava-se uma espécie de ímã, pois recebia as mercadorias para depois serem distribuídas pela Europa.

Ambos os impérios romanos ocuparam regiões que viriam a se tornar os países citados a seguir.

- Império Romano do Ocidente: Itália, Portugal, Espanha, França, Áustria, Suíça (na Europa); e o norte de Marrocos, Argélia, Tunísia e Líbia (na África).
- Império Romano do Oriente: Turquia, Síria, Líbano, Israel, Jordânia, Albânia, Bulgária, Grécia, Macedônia e norte do Egito.

1. Qual era a importância do domínio territorial durante a vigência dos impérios romanos do Ocidente e do Oriente? Explique.

ATIVIDADES

SISTEMATIZAR

1. Por que a cidade de Constantinopla era chamada de "empório do mundo"?

2. Quais foram os resultados do encontro de diversas culturas em Constantinopla?

3. Explique os motivos que levaram viajantes a produzir relatos e imagens de Constantinopla parecidos com a imagem mostrada na página 196.

4. Relacione as características geográficas mostradas no mapa da página 197 com a principal atividade econômica do Império Romano do Oriente.

5. Explique como surgiu o Código Justiniano e o que foi o *Corpus Juris Civilis*.

6. Com base no conjunto de leis criadas durante a administração de Justiniano, explique:
   a) Digesto;
   b) Institutas;
   c) Novelas.

7. Explique o que foi a Revolta de Nika. Indique qual foi o estopim dessa revolta e quais eram as principais insatisfações dos rebeldes.

REFLETIR

1. Leia os excertos dos códigos de lei a seguir.

Texto I

Se alguém roubar gado ou ovelhas, ou uma cabra, ou asno, ou porco, se este animal pertencer a um deus ou à corte, o ladrão deverá pagar trinta vezes o valor do furto; se tais bens pertencerem a um homem libertado que serve ao rei, este alguém deverá pagar 10 vezes o valor do furto, e se o ladrão não tiver com o que pagar seu furto, então ele deverá ser condenado à morte.

Código de Hamurábi. Disponível em: <www.direitoshumanos.usp.br/index.php/Documentos-anteriores-à-criação-da-Sociedade-das-Nações-até-1919/codigo-de-hamurabi.html>. Acesso em: jan. 2019.

Texto II

Na aplicação das penalidades, deve ser levada em conta a idade e a inexperiência da parte culpada.

Código de Justiniano (530). In: *Coletânea de documentos históricos para o 1º grau*: 5ª a 8ª séries. São Paulo: SE; Cenp, 1980. p. 67.

- Compare como os dois códigos consideram a condição e as características do criminoso para definir a pena a ser aplicada.

2. Leia o texto a seguir e, utilizando-o como base, explique por que o autor afirma que as relações do Império Bizantino com o Ocidente eram difíceis.

[...] pois aquilo que se tornou conhecido por Império Bizantino era na origem o Império Romano do Oriente (Grécia, Egito, Síria-Palestina, Mesopotâmia, Ásia Menor). E realmente, como Roma, Bizâncio uniu, através de uma língua e uma determinada maneira de sentir e de pensar, povos que nada tinham em comum entre si. Como os antigos gregos e romanos, os bizantinos consideravam-se os únicos habitantes do mundo civilizado, rotulando de bárbaros todos os que não partilhavam de sua cultura. [...]

Por isso mesmo suas relações com o Ocidente medieval sempre foram difíceis.

Hilário Franco Jr. e Ruy de O. Andrade Filho. *O Império Bizantino*. São Paulo: Brasiliense, 1985. p. 21.

DESAFIO

1. A Basílica de Santa Sofia (*Hagia Sophia*, "Sagrada Sabedoria") foi erguida durante o Império Bizantino. Ela foi a maior catedral do mundo por quase mil anos e sofreu diversas transformações em sua arquitetura ao longo do tempo. Pesquise quais foram essas modificações, ressaltando de que maneira as influências das culturas cristã e islâmica estão expressas em sua arquitetura.

CAPÍTULO 2
Cotidiano no Império Romano do Oriente

No capítulo anterior, você estudou o processo de estruturação do Império Romano do Oriente. Neste capítulo, você vai estudar a arte e a cultura bizantina.

A prosperidade econômica bizantina foi o resultado de atividades agrícolas e comerciais. A agricultura era praticada nas terras da aristocracia, cultivadas por grande número de servos. As atividades comerciais e de artesanato eram fiscalizadas pelo Estado, das quais se destacavam perfumes, tecelagem (especialmente a seda), porcelana e peças de vidro.

O Império Romano do Oriente notabilizou-se pela estabilidade financeira. Por isso, a moeda bizantina, chamada de "besante de ouro", era considerada uma das mais importantes em comparação com as moedas de outros povos.

↑ Fotografia de uma moeda bizantina. No anverso, parte frontal da moeda, está escrito, em latim, *Agnus Dei* ("Cordeiro de Deus"), e no reverso está inscrita uma cruz.

Cesaropapismo: política e religião juntas

O Império Romano do Oriente era cristão, e a religião tinha grande importância naquela sociedade. Considerado representante de Deus na Terra, o imperador era a autoridade máxima nos assuntos terrenos e divinos. Seu poder era superior ao do patriarca, o chefe religioso do Império do Oriente. Dessa forma, o imperador detinha o poder político, como o césar romano, e o poder religioso, como o papa. Esse acúmulo de poder é chamado de cesaropapismo.

O imperador tinha poder absoluto, mas somente poderia exercê-lo plenamente após ter obtido o apoio do Senado, do Exército e do povo de Constantinopla. O governo não era hereditário, mas geralmente o imperador indicava seu sucessor.

Os bizantinos procuravam usar a diplomacia para solucionar questões internas e externas, evitando recorrer à guerra. Para isso, utilizavam variados métodos, desde a força da argumentação até o suborno.

Por influência dos romanos, até a Dinastia Justiniana, a língua oficial do Império foi o latim, mantido nas estruturas e instituições político-administrativas e na religião. Entretanto, como prevaleciam a etnia e a cultura gregas na região, no século VI o grego passou a ser a língua oficial.

← Mosaico da Catedral Santa Sofia, em Istambul, mostra o imperador Constantino IX (980-1055), c. 1042.

Arte bizantina

A cultura bizantina sofreu influência de muitos povos, como gregos, romanos, persas e árabes, e também da religião cristã.

A arte bizantina deveria expressar a autoridade absoluta, a grandeza sobre-humana e a mística. Houve duas correntes artísticas predominantes: a arte religiosa, vinculada à Igreja, e a arte **leiga**, ligada ao luxo e à riqueza da Corte. Gradativamente, a arte religiosa impôs-se sobre a arte leiga, prevalecendo características tradicionais.

> **GLOSSÁRIO**
>
> **Leigo:** algo que não é sagrado.
> **Profano:** que não tem relação com a religião.

Mosaico e pintura

Na arte bizantina, obras como mosaicos e pinturas caracterizavam-se pelo frontalidade (as expressões artísticas apresentavam figuras desenhadas de frente); trata-se de uma característica das obras desse período, em que todas as imagens eram representadas no mesmo plano. Na técnica do mosaico, os desenhos eram feitos pela justaposição de milhares de pequenas pedras coloridas.

Os mosaicos das igrejas bizantinas são reconhecidos por sua sofisticação tanto na produção quanto no efeito que provocam no espectador. São sensações estimuladas por um conjunto de elementos, como a clareza dos contornos e desenhos, a criatividade, a coloração em semitons e a luminosidade.

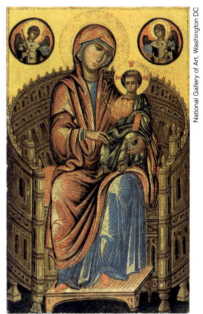

Nossa Senhora entronizada com o Menino, pintura de autoria desconhecida, c. 1280. Têmpera sobre painel, 82,4 cm × 50,1 cm.

Arquitetura

A arquitetura bizantina também foi marcada pela religiosidade, que se manifesta na edificação de igrejas e mosteiros. As igrejas são caracterizadas pela estrutura de base quadrada e pela cobertura em cúpula. Havia também a arquitetura **profana**, expressa nos palácios, aquedutos, pontes e banhos públicos.

↑ Vista frontal da Basílica de Santo Apolinário em Classe, Ravena, Itália.

↑ Interior da Basílica de Santo Apolinário em Classe, Ravena, Itália.

Questão dos iconoclastas

Também conhecida como iconoclastia, foi um movimento político-religioso contra a adoração de **ícones** e imagens religiosas. A expressão **iconoclasta** significa "aquele que quebra ícones".

> **GLOSSÁRIO**
>
> **Ícone:** representação de cunho religioso.

De um lado, havia os cristãos, que prosseguiam com cultos às imagens que consideravam santas. Do outro, aqueles que consideravam a prática como idolatria, isto é, a adoração de ídolos e imagens.

Em 730, o imperador Leão III proibiu a utilização de ícones em cultos. Constantino V, filho de Leão III, fiel às ideias do pai, também passou a reprimir quem desobedecesse à ordem.

O movimento iconoclasta provocou um impacto negativo à produção artística bizantina. O resultado foi a destruição de muitas pinturas, mosaicos, afrescos, estátuas e livros com gravuras que continham imagens sacras.

↑ *Códex Matritense de João Escilitzes*, século XI. Os cristãos que defendiam o uso de imagens acreditavam que elas eram um instrumento importante para os fiéis aprenderem os ensinamentos cristãos.

Além disso, houve intolerância aos monges, pois a maioria deles defendia os cultos com o uso das imagens. Essa perseguição fez surgir inúmeros mártires.

As mulheres no Império

Assim como ocorria no Império Romano antes da divisão entre ocidental e oriental, as mulheres do Império Romano do Oriente tinham influência política e autonomia para realizar negociações comerciais quando os homens da família estivessem impossibilitados de fazê-lo.

A maior parte das mulheres pobres trabalhava, e aquelas que faziam parte das camadas médias da população aprendiam a ler. No entanto, as obras consideradas clássicas eram reservadas aos homens. Muitas mulheres eram artesãs, e as principais atividades que realizavam eram fiar, bordar, tecer e produzir cosméticos. Era responsabilidade delas também cuidar da casa e da educação dos filhos enquanto eram crianças.

Algumas mulheres influenciaram muito a política imperial. É o caso da imperatriz Teodora, esposa do imperador Justiniano. Juntos, eles governaram o Império entre 527 e 548, ano da morte da imperatriz. O imperador permaneceu no poder até sua morte em 565.

A história de Teodora só pôde ser conhecida por meio de escritos do escriba Procópio de Cesareia (500-565). Ele conta que Teodora era artista circense. Ao casar-se com Justiniano, abandonou a vida artística e mostrou-se extremamente habilidosa para contornar os problemas políticos enfrentados pelo imperador. Sua influência trouxe importantes conquistas às mulheres, como a aprovação de leis que proibiam o tráfico de garotas e a alteração das leis de divórcio.

↑ Imperatriz Teodora com sua corte. Mosaico da Basílica de São Vital, Ravena, Itália, c. 547.

ATIVIDADES

SISTEMATIZAR

1. Com base na experiência do Império de Justiniano, explique o que foi o cesaropapismo.

2. Que correntes artísticas existiram durante o Império Bizantino e qual delas teve maior representatividade?

3. Explique o que foi o movimento iconoclasta e quais foram suas consequências para a história da arte?

4. Com base na atuação da imperatriz Teodora, durante o governo de seu marido, explique o papel da mulher na sociedade bizantina.

REFLETIR

1. Leia o trecho da reportagem a seguir e responda às questões.

> [...] No Brasil, apesar da contradição dos feriados religiosos e da ostentação de crucifixos em prédios públicos, a separação entre igrejas e Estado é um preceito constitucional, já que a nenhuma esfera de governo é facultado "estabelecer cultos religiosos ou igrejas, subvencioná-los, embaraçar-lhes o funcionamento ou manter com eles ou seus representantes relações de dependência ou aliança" (art. 19). Portanto, o Estado não deve promover, perturbar ou misturar-se com as religiões.
>
> Isso não quer dizer que valores religiosos não possam influenciar a formulação de leis e políticas públicas, da mesma forma que diversos outros tipos de valores o fazem. [...]

Cláudio Couto. Estado laico e campanha. *Observatório da Imprensa*. 26 ago. 2014. Disponível em: <http://observatorio daimprensa.com.br/news/view/_ed813_estado_laico_e_campanha>. Acesso em: jan. 2019.

a) Segundo o texto, valores religiosos podem influenciar a formulação de leis em um Estado laico?

b) Em sua opinião, a separação entre Estado e religião é importante? Justifique sua resposta.

2. Analise a imagem ao lado e responda às questões.

a) Que técnica artística foi usada para criar essa imagem? Como você chegou à essa conclusão?

b) Que características da arte bizantina podemos observar na imagem?

c) Essa arte é leiga ou religiosa? Justifique.

→ Detalhe de mosaico bizantino que mostra um músico. Cirenaica, Líbia.

DESAFIO

1. A imperatriz Teodora exerceu forte influência política sobre as decisões do imperador Justiniano, garantindo alguns direitos às mulheres. Pesquise qual é a participação da mulher na política brasileira atualmente. Busque informações sobre o número de mulheres, no Brasil, que ocupam cargos políticos de forma geral e quantas estão em cargos do poder executivo (prefeitas, governadoras e presidente). Traga o resultado para sala de aula e juntos realizem um debate sobre esse tema.

203

CAPÍTULO 3

Transformações no Império Bizantino

> No capítulo anterior, você estudou os aspectos culturais do Império Romano do Oriente. Neste capítulo, você vai estudar a divisão que ocorreu no cristianismo e o processo de queda do Império Romano do Oriente.

Durante o Império Romano, a Igreja tinha duas sedes: Roma, na parte ocidental, e Constantinopla, na parte oriental. A Igreja do Oriente não concordava com a maioria das determinações de Roma. O lado ocidental, por sua vez, discordava de algumas práticas de Constantinopla, como o cesaropapismo, que subordinava a Igreja ao Estado.

As divergências entre o papa, líder da Igreja do Ocidente, e o patriarca, bispo da Igreja de Constantinopla, aumentaram com o passar dos séculos e, com elas, também as diferenças políticas e culturais entre os dois povos.

O Cisma do Oriente

O conflito ideológico entre as duas igrejas chegou ao ápice no século XI, quando, em 1043, Miguel Cerulário tornou-se patriarca de Constantinopla e, em 1053, ordenou que as igrejas romanas fossem fechadas. A Igreja do Ocidente, por sua vez, forçava os dirigentes orientais a reconhecer Roma como centro do poder.

Além das discordâncias políticas, a Igreja tinha divergências doutrinárias, por exemplo:

- as manifestações do Espírito Santo;
- a importância da Virgem Maria, mãe de Jesus, e o tipo de culto a ser prestado a ela;
- as interpretações da ressurreição de Cristo.

A Igreja no Ocidente procurou influenciar os líderes temporais (monarcas) ao mesmo tempo que se consolidava como principal força espiritual. Já no Oriente, a Igreja era subordinada ao Império, inclusive em suas definições doutrinárias.

Papa Leão IX (1002-1054) excomungando Miguel Cerulário, patriarca de Constantinopla, em 1054.

As divergências foram tantas que, em 1054, houve a separação definitiva da Igreja cristã em duas:
- Igreja Ortodoxa Grega, chefiada pelo patriarca de Constantinopla, que usava a língua grega nos cultos;
- Igreja Católica Romana, chefiada pelo papa, que usava o latim nas cerimônias religiosas.

Essa divisão ficou conhecida como Cisma do Oriente.

Algumas tradições e principais dogmas	
Igreja Ortodoxa	**Igreja Católica Romana**
A crença em um só deus; Pai e Filho não compõem uma só pessoa espiritual.	Deus pai, Deus filho e o Espírito Santo são uma só pessoa espiritual.
Inexistência do purgatório; a cerimônia de comunhão serve pão e vinho para todos os participantes.	Existência do purgatório e do juízo final universal, no qual o Cristo, depois de seu retorno, julgará todos os homens.
O sacramento da unção dos enfermos pode ser realizado várias vezes, sempre que houver necessidade física ou espiritual.	A Igreja é infalível quando define questões de fé e costumes.
Só são permitidos ícones; os sacerdotes podem optar entre o celibato e o casamento.	Celibato é obrigatório para os sacerdotes.
O batismo é feito por imersão.	O batismo é um sacramento instituído por Jesus Cristo e deve ser feito por aspersão.

↑ O *kirill* Bartolomeu I, na Catedral de Cristo Salvador. Moscou, Rússia, 2015.

↑ Papa Francisco na Basílica Papal de São João de Latrão. Roma, Itália, 2015.

O fim do Cisma do Oriente

Após o Cisma, foram feitas várias tentativas de reunificação – como os **concílios ecumênicos** de Lyon, na França, em 1274, e de Florença, na atual Itália, em 1439 –, mas não foram bem-sucedidas. O diálogo só foi reiniciado oficialmente em 1964, após mais de cinco séculos, com a visita do papa Paulo VI, então dirigente da Igreja Católica Apostólica Romana, ao patriarca da Igreja Ortodoxa Grega da época, Atenágoras I.

← A aproximação entre o papa Paulo VI e o patriarca Atenágoras I foi um marco histórico importante, pois representou o fim do rompimento entre a Igreja Católica Romana e a Igreja Ortodoxa Grega. Fotografia de 1964.

GLOSSÁRIO

Concílio ecumênico: reunião de todos os bispos cristãos convocada para discutir questões relacionadas à doutrina ou à disciplina da Igreja.

Da decadência ao fim do Império

Com a morte de Justiniano, ainda no século V, iniciou-se o processo de decadência do Império Romano do Oriente. A desordem administrativa e política, a miséria e as disputas com povos vizinhos levaram a essa situação. O processo de decadência não foi contínuo, pois houve alternância entre períodos de prosperidade e de pobreza.

Entre os séculos VII e X, aos poucos, as dimensões do Império foram diminuindo. A Península Itálica foi invadida pelos lombardos, e, nos Bálcãs, os búlgaros fizeram diversas investidas. No governo de Heráclio, entre 610 e 641, ocorreram invasões árabes nas atuais regiões da Síria, Palestina, Pérsia e Egito.

O imperador Leão III, que governou de 717 a 741, conseguiu conter a expansão árabe. No plano interno, reorganizou o exército, reparou as finanças e proibiu o culto às imagens, procurando dessa forma atingir a força e o poder dos mosteiros. Com a Dinastia Isáurica, entre 717 e 802, o Império ficou reduzido aos limites geográficos de Constantinopla.

O período de 867 a 1025 representou a mais próspera época da política externa do Império. A Dinastia Macedônica, iniciada por Basílio I, estendeu suas fronteiras até o Rio Eufrates.

Em 1204, durante a Quarta Cruzada, um grupo de cristãos saíram da Europa Ocidental para, inicialmente, dirigir-se a Jerusalém com o objetivo de lutar contra os muçulmanos; porém, decidiram ir a Constantinopla. Ao entrar na cidade, massacraram e saquearam a população, além de tomar o controle da região – em outras palavras, o que houve foi a perseguição de católicos romanos contra católicos ortodoxos. Os bizantinos só conseguiram reconquistar a cidade 60 anos depois.

Após esse período, a decadência do Império continuou ano a ano, até que, em 1453, ele foi conquistado pelos turcos otomanos, comandados por Maomé II. As guerras civis, a crise rural, o perigo externo, as Cruzadas, os antagonismos religiosos entre o Oriente e o Ocidente, o declínio econômico e os sucessivos saques sofridos explicam, em parte, o fim do Império Romano do Oriente.

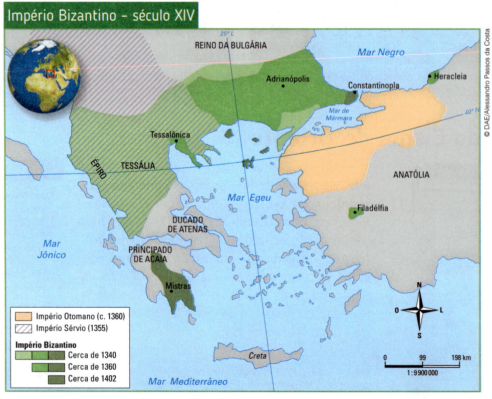

Fonte: Georges Duby. *Grand Atlas Historique*. Paris: Larousse, 2011. p. 59.

LINK

O legado do Império Romano do Oriente

As influências do Império Romano do Oriente podem ser percebidas, ainda hoje, não apenas no Oriente mas também no Ocidente e, consequentemente, no Brasil.

O conjunto de leis criado durante o governo do imperador Justiniano influenciou o corpo de leis de diversas nações. Até mesmo o processo estabelecido para a sua criação, como a reunião de vários juristas com opiniões distintas, ainda é adotado.

Nas políticas praticadas pelos Estados atuais – como ajuda de custo para as pessoas de baixa renda ou controle sobre os preços dos alimentos e de bens duráveis –, também percebemos a influência do Império Romano do Oriente. No Império, por exemplo, muitas pessoas carentes eram empregadas em hortas governamentais, e havia hospitais, asilos e orfanatos financiados pelo governo ou por habitantes abastados.

Assim como ocorre nos Estados de hoje, o Estado bizantino controlava os preços de determinados bens (como joias), dos salários e dos aluguéis. O Império também detinha o monopólio da cunhagem de moedas, como ocorre atualmente. A moeda bizantina manteve seu valor por dez séculos, sendo considerada a mais estável da história.

↑ Igreja Ortodoxa São Jorge, Brasília (DF).

Os arquitetos bizantinos também influenciaram a arquitetura de diversos povos. A construção de cúpulas enormes sobre bases quadrangulares, por exemplo, difundiu-se até a Rússia. Como símbolos de distinção de poder, os papas romanos adotaram a tiara utilizada pelo imperador bizantino, e os monarcas ingleses também se apropriaram da ideia do **cetro** e do **orbe** bizantinos. Posteriormente, esses objetos foram adotados como símbolos de poder por muitos reis europeus.

Com relação à religiosidade, ainda hoje a Igreja Ortodoxa Grega tem muitos seguidores, sobretudo na Rússia e na Grécia. No Brasil, há vários templos dessa comunidade.

GLOSSÁRIO

Cetro: tipo de bastão que representa a autoridade real.
Orbe: tipo de joia que representa o globo terrestre com uma cruz na parte superior. É considerado um símbolo cristão de autoridade.

↑ Arcebispo da Igreja Ortodoxa Ucraniana conduzindo uma cerimônia em Kiev, Ucrânia.

1. Explique qual era a postura do Império Romano do Oriente em relação à população carente.

2. Podemos dizer que hoje existe uma preocupação do governo em relação à população mais carente de nossa sociedade? Explique.

A formação do Império Otomano

O Império Árabe

Um dos impérios que esteve em expansão a partir do século VII foi o Império Árabe, que se alongava da Ásia à Península Ibérica, do Oriente Próximo ao norte da África. Apesar da grande extensão, tinha unidade cultural, dada pela manutenção da língua, da escrita e da crença religiosa no islamismo.

Apesar dessa uniformidade cultural, no Império Árabe a conversão não era obrigatória. Muitas pessoas que não haviam se convertido ao islamismo continuavam a praticar seus próprios rituais. Essa postura possibilitou aos árabes entrar em contato com diversas culturas e incorporar variados elementos culturais que lhes propiciaram grande desenvolvimento nas ciências e artes.

Os otomanos

Durante o século XI, na região da Anatólia (hoje parte da Turquia), diversas tribos nômades reuniram-se com o objetivo de difundir a religião muçulmana. Essas tribos eram conduzidas por um líder, chamado de sultão. O primeiro sultão foi Otman – que viveu entre 1258 e 1324 –, responsável pelo início do Império Otomano.

A partir do século XIV, os otomanos começaram a anexar a região dos Bálcãs e os territórios pertencentes atualmente à Grécia, Bulgária e Macedônia. Foi nesse período de expansão que eles tomaram a cidade de Constantinopla, sendo os responsáveis pela derrota final do Império Romano do Oriente em 1453. No século XVII, o Império Otomano já era o maior império do mundo.

Herdando o grande mosaico cultural do Império Árabe, o Império Otomano também incorporou pessoas de diferentes culturas e etnias. Constantinopla, na época em que foi tomada, era habitada por povos vindos de diversos locais e com culturas distintas, como gregos, eslavos, árabes, búlgaros, sérvios, macedônios e milhares de cristãos.

Entre os séculos XIV e XVII, os otomanos dominaram a região do Oriente Médio e dos Bálcãs. A conquista de Constantinopla foi acompanhada por cercos a outras cidades cristãs, como Viena, que foi acossada duas vezes pelas tropas otomanas. Os invasores foram derrotados em ambas as tentativas. Na última vez, em 1683, os cristãos resistiram e expulsaram os otomanos, marcando o fim do período de expansão do Império Otomano.

← Franz Geffels, *A batalha de Viena 1683*. Óleo sobre tela, final do século XVII.

A obra retrata a capital austríaca cercada e um imenso exército muçulmano vindo do Oriente.

ATIVIDADES

SISTEMATIZAR

1. Explique as principais causas do Cisma do Oriente.

2. Explique como ficou dividida a Igreja após o Cisma.

3. Aponte os principais motivos que levaram à decadência do Império Romano do Oriente em 1453.

REFLETIR

1. Leia o texto a seguir e faça o que se pede.

Para um brasileiro que chega pela primeira vez à Rússia sem conhecer a ortodoxia, algumas coisas chamam a atenção. Por exemplo, o luxo e a beleza das igrejas, vestuários e equipamentos utilizados em seus ritos. Seguindo a tradição grega bizantina, há uma grande preocupação com os rituais externos que compõem a liturgia da Igreja. [...]

Aos ocidentais que criticam o que consideram excesso de preocupação com os rituais externos, os padres ortodoxos costumam replicar com uma parábola sobre o assunto criada por Dostoievski. O escritor conta que havia pessoas simples de espírito que adoravam com grande fervor um vaso que continha um líquido precioso, vital. Críticos os acusavam de serem ignorantes, que o importante era o líquido (o conteúdo) e não o vaso, mero receptáculo. "Idólatras, joguem fora o vaso, adorem apenas o líquido vital e não o vaso." Tanto falaram que aquelas pessoas simples, convencidas, acabaram jogando fora o vaso para fugir da acusação de idolatria. O resultado? Após ser jogado fora o vaso, o líquido vital escorreu, desaparecendo sob o solo...

Angelo Segrillo. *Os russos*. São Paulo: Contexto, 2012. E-book.

a) Em sua opinião, por que o autor diz que um brasileiro, sem conhecer a ortodoxia, poderia ter sua atenção voltada para a forma e os ornamentos dos rituais?

b) Explique o que você compreendeu a respeito da parábola sobre idolatria.

2. A imagem ao lado, feita por um pintor francês em 1865, representa uma região do Império Otomano. Analise-a e faça o que se pede.

a) Descreva os elementos da imagem.

b) Tendo como base seus conhecimentos sobre os religiosos ortodoxos e a cena representada, explique qual era a importância dos ritos sacros no Império Otomano.

↑ Jean-Léon Gérôme. *A oração*, 1865. Óleo sobre tela, 49,9 cm × 81,2 cm.

DESAFIO

1. A cidade de Istambul, nome atual de Constantinopla, foi considerada Patrimônio Mundial pela Organização das Nações Unidas para a Educação, a Ciência e a Cultura (Unesco). Em sua opinião, por que a Unesco considera que essa cidade deve ser preservada? Pesquise o que é a Unesco; o que é um Patrimônio Mundial; como vestígios podem ser considerados Patrimônio Mundial; e quais cidades brasileiras pertencem a essa lista de patrimônios.

CAPÍTULO 4
Migrações para a Europa

No capítulo anterior, você estudou como ocorreu a divisão no cristianismo e a queda do Império Romano do Oriente. Neste capítulo, você vai estudar como aconteceram as migrações para a Europa, como cada povo se estabeleceu na região e como foi a interação entre os povos bárbaros e os romanos.

Entre os séculos III e V, grandes volumes populacionais que viviam fora do Império Romano do Ocidente deslocaram-se para dentro das fronteiras romanas. Tais movimentos ficaram conhecidos como invasões bárbaras, mas também são chamados de migrações bárbaras ou incursões nômades.

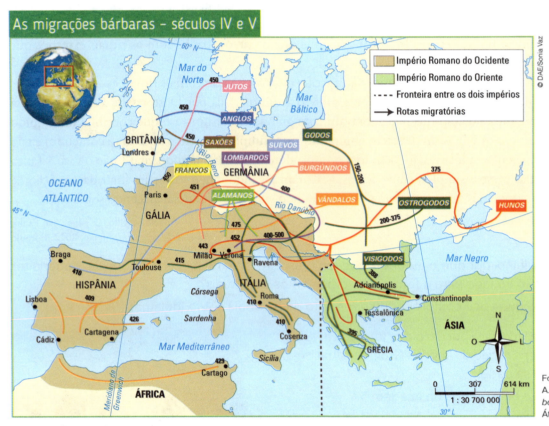

As migrações bárbaras – séculos IV e V

Fonte: José Jobson de A. Arruda. *Atlas histórico básico*. 17. ed. São Paulo: Ática, 2011. p. 12.

As populações que migraram para o Império Romano do Ocidente tinham origens diferentes, além de objetivos, ambições e aspirações distintas. Quanto à origem, é possível dividi-los nos seguintes grupos:

- escandinavos – anglos, saxões e jutos;
- germanos ocidentais – suevos, burgúndios, alamanos e francos;
- germanos orientais – godos, alanos, alamanos, vândalos e lombardos;
- eslavos – povos de origem **indo-europeia**, mas de etnias e culturas diferentes, como russos, croatas, tchecos, entre outros;
- hunos – de origem mongólica, provenientes da Ásia, eram nômades e pastoreavam o gado.

A maioria desses grupos era seminômade e tradicionalmente guerreira. Além disso, havia, entre os próprios romanos, quem não os considerasse invasores, mas libertadores. Na Gália, a população saudou os estrangeiros pelo fato de a terem libertado da administração romana.

GLOSSÁRIO

Indo-europeu: originário da Ásia central. Refere-se também a uma família de idiomas próximos.

As migrações: diferentes abordagens

Especialistas divergem sobre as migrações populacionais para o Império Romano do Ocidente. Alguns defendem que, até o século III, a entrada dessas populações no Império teria sido pacífica, mas que, a partir do século V, os movimentos se caracterizaram pela violência.

Outros pesquisadores rejeitam essa tese e lembram que romanos e outros povos, como os germânicos, coexistiram de diversas maneiras durante muitos séculos. De acordo com eles, a ideia de invasões de **hordas** bárbaras violentas e sedentas de sangue durante o século V teria surgido ainda naquela época e sido bastante reproduzida nos séculos seguintes. Mesmo assim, esses historiadores não negam que tenha havido momentos de violência.

É importante notar que, por aproximadamente dois séculos, os germânicos tinham vivido em relativa paz com os romanos. Nesse período, houve intercâmbio cultural e assimilação de costumes e tradições de ambas as partes. Um exemplo dessa mescla cultural é o fato de que parte das populações germânicas adotaram a religião cristã.

No entanto, a sociedade romana se mostrava menos receptível e manifestava até certo desdém pelas tradições e a cultura dos povos germânicos, referindo-se a eles como bárbaros.

> **GLOSSÁRIO**
>
> **Horda:** neste contexto, acampamento militar de tribos nômades, estabelecido na periferia do território do Império Romano ou próximo a ele.

→ Máscara germânica feita de prata, século V. Os conflitos se intensificaram ao mesmo tempo que as culturas se fundiam.

+ AQUI TEM MAIS

Povos bárbaros

Bárbaro é um termo que precisa ser utilizado com cuidado. Originalmente foi usado pelos gregos para diferenciar os que não sabiam falar o idioma grego. Durante a Roma Antiga, os romanos passaram a empregá-lo para nomear todos os que não partilhavam de sua cultura e organização política.

Uma das principais hipóteses de como a palavra tornou-se pejorativa relaciona-se à difusão no período do Renascimento; os renascentistas acreditavam que a invasão germânica teria sido o principal motivo do fim da sociedade greco-romana.

Na atualidade, bárbaro define comportamento antiquado e violento. Mas é importante ter em mente que as populações que viviam fora das fronteiras do Império Romano do Ocidente nem sempre tinham comportamento agressivo, e que o sentido dessa palavra, conforme explicado, sofreu alterações ao longo dos séculos.

Os diferentes povos

Suevos
Os suevos tiveram inúmeras ramificações. Aqueles que viviam na Península Ibérica fundaram um Estado que era instável e brutal, além de escravista. Em 585, eles foram anexados pelos godos.

Escandinavos
As ilhas britânicas foram sendo ocupadas por povos de origem escandinava. Saxões, jutos e anglos migraram para lá e colonizaram a região. Diversos reinos foram fundados, mas eles eram instáveis. Depois da morte de seus reis, eram dissolvidos. Lentamente, eles foram unificados, sobretudo por causa das ameaças de invasão de outros povos escandinavos no final do século VIII.

Celtas e anglo-saxões
Entre os povos da atual Grã-Bretanha estavam os celtas e os anglo-saxões. Os celtas, que ocupavam a parte oeste, formavam uma sociedade com base em mosteiros.
Os anglo-saxões escolhiam o mais rico dos aristocratas para ser o rei. Este era rodeado por homens que o serviam. Em troca, eles recebiam terras. Já os camponeses, agrupados em aldeias, eram submetidos à autoridade dos reis e aristocratas. Entre os reis anglo-saxões, as lutas pelo poder eram constantes, e esses conflitos afetavam a evangelização da ilha.

Capacete Celta encontrado em Agris, Charante, século IV a.C.

GLOSSÁRIO
Arianismo: com base nas ideias de Ário, esse ramo do cristianismo era considerado seita herética pelo papa, ou seja, contrária às ideias da Igreja. O arianismo era um elemento que fazia parte da identidade germânica.

Estepe: tipo de vegetação rasteira com predominância de gramíneas, comum em regiões frias e secas, como o norte da Europa e a Ásia.

JUTOS
ANGLOS
SAXÕES
LOMBARDOS
FRANCOS
ALAMANOS
VERONA
ROMA

1 : 11 600 000
0 — 116 — 232 km

IMPÉRIO ROMANO

Os godos

Os godos, os únicos povos que atravessaram o Império Romano de leste a oeste, foram os primeiros a fundar Estados duradouros dentro do Império. As relações entre romanos e godos eram tensas. Na Trácia (sudeste da Europa), os godos foram explorados pelos romanos e se revoltaram. Depois da Batalha de Adrianópolis (378), na qual os godos aniquilaram o exército romano, eles sitiaram Roma. Houve outros confrontos, nos quais os romanos precisaram contar com o apoio dos hunos. Em 408, Roma foi novamente ameaçada pelos visigodos, comandados por Alarico. Em 410, eles retornaram à capital romana e a saquearam.

Burgúndios

Formaram um Estado com duas capitais: uma em Lyon (atual França), e outra em Genebra (atual Suíça). Segundo as leis burgúndias, romanos e burgúndios tinham a mesma condição, podendo, até mesmo, casar-se entre si. Por sua localização estratégica, foram pressionados pelos godos e pelos francos, até que os francos conseguiram submetê-los.

Alamanos

Durante o século V vagaram pela Europa Ocidental e Norte da África. Parte deles se colocou aos serviços de Roma, parte se juntou aos vândalos na Espanha, enquanto outros seguiram diferentes destinos. A maioria dos alamanos da Gália se integrou ao exército romano para combater visigodos e hunos.

Vândalos

No século V ocuparam os territórios da atual Espanha e formaram um Estado com estruturas simples. Devido a suas habilidades marítimas, eles eram temidos nos mares e puderam explorar a África. Adotaram os costumes romanos, mas só se sustentaram no poder por meio do uso da força. Além disso, por serem arianos, entraram em conflitos religiosos com os romanos. Em meados do século VI, foram derrotados pelo Império Romano do Oriente.

Moeda de prata com efígie do rei Vândalo Guntemundo, 450-496.

Hunos

Estavam espalhados por vastas regiões do Leste Europeu e da Ásia. Estabeleceram relações pacíficas com o Império Romano do Oriente. No Ocidente, eles foram tanto aliados de Roma como inimigos.
Entre 425 e 434 formaram um Estado na região da Panônia (atual Hungria ocidental). Procuraram expandir seu império pela Europa, porém foram derrotados pelo Império Romano do Oriente, auxiliado pelos visigodos.
Com a desestruturação do Império Huno, alguns hunos passaram a prestar serviços ao Império Romano do Oriente, outros continuaram sob o domínio de Roma e outros ainda retornaram para as estepes orientais.

Eugène Delacroix. *Átila, o huno*. Estudo para afresco do Palácio Bourbon. Século XIX.

Trocas e assimilações entre romanos e estrangeiros

Nas regiões mais distantes de Roma, havia trocas comerciais e culturais entre as populações romanas e os estrangeiros. Desde o século II, germânicos já serviam nas tropas do exército imperial, de tal modo que, no começo do século V, o exército romano era composto de 30% ou 40% de germânicos.

A partir do século IV e durante o século V, visigodos, ostrogodos, burgúndios, além de exércitos compostos de vários outros povos, foram sendo fixados em territórios romanos. Estima-se que, no século V, dezenas de milhares de pessoas de cada grupo tenham cruzado as fronteiras e se deslocado ao longo do Império.

A elas foram oferecidas terras como resultado de acordos entre seus líderes e autoridades romanas. A existência de leis que permitiam esse tipo de negociação mostra que a própria legislação romana já aceitava esses povos como parte integrante do Império Romano.

Nessas terras, os recém-chegados tinham liberdade para preservar seus costumes, organização social e política. Em troca, eles forneciam proteção militar ao Império. Quanto aos germânicos, bem antes do final do século V, eles já haviam adotado vários costumes romanos.

Por muito tempo, o Império Romano do Ocidente manteve a unidade cultural. Aristocratas realizaram os mesmos rituais sociais e partilharam as mesmas ideias. Em consequência da crescente convivência, porém, eles se tornaram mais tolerantes com os estrangeiros que decidiam se instalar em terras romanas.

↑ Escultura de bronze de um soldado bárbaro que, montado em um cavalo, segura um escudo, séculos I-III.

Enquanto essas trocas aconteciam, o centro do Império deslocou-se do Ocidente para o Oriente, para as cidades gregas da Ásia Menor. Com essa mudança, a cultura romana foi influenciada tanto pela arte grega quanto pela arte e religião mesopotâmicas.

Ao mesmo tempo que ocorriam trocas, alguns aspectos da cultura romana foram desaparecendo, como as arenas e os anfiteatros usados para circos e jogos.

AQUI TEM MAIS

Migrar significa passar de uma região a outra, temporária ou permanentemente. O fluxo migratório pode ser desencadeado por diversos motivos: econômicos, culturais, religiosos, políticos, naturais (secas, terremotos, enchentes), além de grandes obras que geram o deslocamento de cidades inteiras – comum quando são construídas hidrelétricas, por exemplo.

Há outros dois conceitos utilizados para nomear os deslocamentos: imigração e emigração. Imigração é a entrada, em um país ou região, de indivíduos ou grupos cuja origem é outro país ou região. Emigração é a saída de indivíduos ou grupos do país de origem para se estabelecer em outro país.

1. Qual o termo utilizado para nomear uma família estrangeira que chega para se estabelecer no Brasil?

Veneza e o Estado de Toledo

Outro Estado criado pelos visigodos foi o Estado de Toledo, no centro-norte do que hoje é a Espanha. Com a conversão do rei visigodo Recaredo ao cristianismo, em 587, a unidade política começou a basear-se na unidade religiosa. O rei, então, passou a ser visto como instrumento da realização da vontade divina.

A monarquia de Toledo destacou-se pelo estímulo à vida intelectual. Foram criadas, nesse Estado, algumas das instituições típicas da Idade Média: a consagração, em 638, e a unção, em 672, ambas cerimônias religiosas que reforçavam o poder real. Surgia, assim, um novo rito político-religioso, que transformava o rei em figura sagrada.

Esse Estado durou até a invasão islâmica liderada por Tárik, em 711. Como os muçulmanos eram tolerantes, os cristãos puderam preservar sua fé. No decorrer do tempo, esses cristãos passaram a viver entre duas religiões, a cristã e a muçulmana, sendo chamados de moçárabes.

↑ Torre de San Martín de Teruel, Espanha, exemplo de arquitetura mudéjar. Resultado da mistura das culturas islâmica e gótica. Esse estilo artístico desenvolveu-se na Península Ibérica.

← Vista de Toledo, Espanha.

O comércio de Veneza consolidou-se no século VIII, em plena época de dominação árabe do Mar Mediterrâneo. Os comerciantes de Veneza vendiam cristãos eslavos escravizados e madeira para os árabes, em troca de sedas e especiarias. Os produtos de origem árabe eram revendidos para outras cidades italianas.

Por causa desse comércio ativo, com ampla circulação de ouro e mercadores profissionais, no sul da Itália surgiram diversas novas cidades.

↑ Vista aérea de Veneza, Itália, com destaque para a Basílica de Santa Maria della Salute.

Fim ou continuidade?

Em 476, uma tribo germânica liderada pelo rei Odoacro apossou-se de Roma e destronou o imperador Rômulo Augusto. Odoacro declarou-se rei da Itália, pondo fim, dessa forma, ao Império Romano do Ocidente.

No entanto, a estrutura social e política romana não terminou com a tomada de Roma. Os governos germânicos do próprio Odoacro (476-493) e de seus sucessores mantiveram os padrões do governo e da administração romana.

Com o progressivo recuo da cultura romana, as antigas culturas voltaram a se expandir. Isso aconteceu na Bretanha, na Gália e no Egito. Na Península Ibérica, desprovida de rede urbana, os camponeses conseguiram manter suas tradições pagãs de ritos, cultos e crenças.

A cultura da época final do Império Romano caracterizava-se por uma mistura de novos elementos e de antigas tradições. A sociedade romana havia se tornado tolerante, compreensiva e culturalmente rica. As famílias mais abastadas continuavam com seu estilo de vida, e as pequenas cidades ganhavam importância.

O elemento de continuidade mais significativo foi a Igreja cristã, que passou por todo o período de transição do Império Romano e chegou até a Idade Média. Isso não significa que a igreja não tenha passado por transformações.

Passou-se também a valorizar as expressões artísticas locais. Essa nova maneira de encarar a arte fomentou a rivalidade entre os homens ricos de cada cidade. Eles financiavam construções como aquedutos, estátuas, mosaicos, tapeçarias orientais etc., além de estimular a ciência, os talentos e a religião.

↑ Medalhão de ouro e vidro que retrata Héracles e um casal. Século IV.

O **latim vulgar** foi sendo difundido, o que causou o recuo das línguas locais e possibilitou, séculos mais tarde, o surgimento dos idiomas português, espanhol, italiano e francês.

GLOSSÁRIO

Latim vulgar: o latim falado pelo povo, que se distinguia do latim erudito.

Os pesquisadores que defendem a ideia de fim do Império Romano lembram que, nas áreas dominadas pelos germânicos, como a província romana da Germânia, as vilas foram abandonadas. No começo do século V, em certas regiões, os camponeses haviam desocupado suas terras e se unido aos germânicos.

Outros estudiosos afirmam que o fim político do Império Romano do Ocidente aconteceu somente no século VII, com as invasões árabes. Antes disso, apenas as instituições imperiais mais frágeis teriam desaparecido.

→ O Panteão de Agripa foi construído em 27 a.C., destruído em um incêndio em 80 d.C. e reconstruído em 125. É o único edifício da Roma Antiga que ainda hoje se encontra em perfeito estado de conservação.

ATIVIDADES

SISTEMATIZAR

1. Analise o mapa da página 210 e o infográfico das páginas 212 e 213 e faça o que se pede a seguir.

   a) Qual era a região originária dos povos godos e para quais regiões eles se deslocaram no período das migrações bárbaras? Explique o que aconteceu com esses povos durante o deslocamento.

   b) Que região da Europa atraiu a maior quantidade de povos nômades entre os séculos IV e V?

   c) Quais povos adentraram o Império Romano do Oriente e quais foram para o Império Romano do Ocidente?

   d) Elabore uma hipótese sobre como esses povos e suas diferentes culturas influenciaram a formação cultural dos países europeus da atualidade.

2. Quais são as principais teorias sobre os deslocamentos de populações estrangeiras para o Império Romano?

3. Os povos germânicos foram considerados invasores por toda a população que habitava o território romano? Por quê? Justifique sua resposta.

4. Por que alguns especialistas afirmam que é possível que o contato inicial entre romanos e germânicos tenha sido pacífico?

5. Explique como ocorreu o fim do Império Romano do Ocidente.

REFLETIR

1. Identifique no quadro a seguir os termos relacionados ao Império Romano durante o período das migrações bárbaras e, depois, elabore um texto utilizando-os.

> trocas culturais – exército romano
> religião mesopotâmica – intolerância
> leis romanas – bárbaros violentos – arte grega

2. Leia o texto a seguir e responda à questão.

> Entretanto, seria um engano crer que o fim do Império signifique a substituição completa das estruturas sociais e culturais de Roma por um universo importado, próprio dos povos germânicos. Mais do que isso, constata-se um processo de convergência e de mistura do qual as elites romanas locais são, sem nenhuma dúvida, os atores principais. Elas compreendem que lhes é possível manter suas posições sem o apoio de Roma, desde que consintam em compor minimamente com os chefes de guerra germânicos.
>
> É claro, custa-lhe negociar com esses "bárbaros", vestidos de peles de animais e de cabelos longos, que tudo ignoram do refinamento da civilização urbana. Mas o interesse prevalece e os chefes bárbaros recebem sua parte da riqueza – terras e escravos –, a ponto de tornarem-se membros eminentes das elites locais. Pouco a pouco, e inicialmente na Espanha e na Gália, as diferenças entre aristocratas romanos e chefes germânicos atenuam-se, e com maior intensidade ainda devido aos casamentos que, com frequência, unem suas linhagens.
>
> Assim, opera-se a unificação das elites, que terminam por partilhar um estilo de vida comum, cada vez mais militarizado, mas também fundado sobre a propriedade da terra e o controle das cidades.
>
> Jerome Baschet. *A civilização feudal*: do ano mil à colonização da América. São Paulo: Globo, 2006. p. 53.

- Segundo o autor, qual é a relação das elites romanas com os chefes de guerra germânicos?

DESAFIO

1. A mitologia germânica, também chamada de mitologia nórdica, difundiu-se paralelamente à mitologia romana e, aos poucos, foi se extinguindo devido ao crescimento do cristianismo. Ela teve origem nos contos e lendas dos povos escandinavos que se estabeleceram na região da atual Islândia. Faça uma pesquisa na internet sobre uma história da mitologia germânica e anote no caderno as informações encontradas.

217

A arquitetura do templo bizantino em São Paulo

Vista interna da Basílica de Santa Sofia, Istambul, Turquia.

Saiko3p/Dreamstime.com

Projetada nos moldes da Basílica de Santa Sofia (Istambul, Turquia), a Catedral Metropolitana de São Paulo é o maior templo bizantino da América do Sul.

A longa história da Basílica de Santa Sofia começa com a necessidade de conquista do imperador Justiniano I e da Igreja Católica de demonstrar seu poder durante o período do Império Bizantino. O imperador encomendou o prédio para lhe servir de **sé**, como um centro ecumênico para os rituais litúrgicos da Igreja Católica. O edifício foi a maior catedral do mundo por mais de mil anos. Vale destacar que esse prédio é a terceira versão da igreja no mesmo local, pois as outras duas foram destruídas durante revoltas populares.

Na maior parte de sua existência, o prédio serviu como sede da Igreja Ortodoxa, mas também foi mesquita, durante a ocupação muçulmana, sendo hoje um prédio público que abriga um grande museu, cujo conteúdo é o esplendor da própria história e um relevante acervo da arte bizantina.

GLOSSÁRIO

Sé: principal templo católico de uma diocese, de onde o bispo comanda as demais paróquias da região.

Catedral Metropolitana Ortodoxa de São Paulo.

A arquitetura bizantina é observada no equilíbrio de uma grande cúpula sobre uma base quadrada e na sucessão de janelas e arcos.

↑ Vista do interior da Catedral Ortodoxa de São Paulo durante um culto.

Na América do Sul, houve uma tentativa de reproduzir fielmente um edifício da magnitude de Santa Sofia. Mas a obra não pôde ser feita nas mesmas dimensões, pois o projeto entrava em conflito com as obras do metrô da cidade. Ainda assim, a Catedral Metropolitana da Igreja Ortodoxa de São Paulo é uma obra impressionante e cheia de riquezas da arte e da arquitetura de inspiração bizantina. Nela trabalharam artistas internacionais e foram importados materiais de variados países, de vitrais a ícones pintados em afrescos. Alguns atrativos dessa bela igreja são: a cúpula principal dourada, que abriga outras abóbadas centrais e mezaninos laterais; os vitrais e as telas que, repletos de afrescos, revestem as paredes internas; as fileiras de colunas de mármore e ornamentos dourados em estilo coríntio. O equilíbrio da cúpula central sobre sua planta quadrada destaca a intenção artística de sua arquitetura, pois lhe confere um caráter de leveza e simetria. Em seu interior, há uma sucessão de janelas e arcos, criando a sensação de amplitude espacial e espiritual.

Embora tenha apenas pouco mais de meio século (pois sua construção teve início na década de 1940) e capacidade para 500 pessoas, a Catedral Ortodoxa de São Paulo é um raro exemplar da capacidade humana em produzir belas obras de arte, podendo também ser entendida como um documento histórico e artístico de valor inestimável.

1. Você considera que alguns elementos artísticos podem contribuir para a difusão de determinada fé?

2. Observando as imagens, cite as semelhanças e as diferenças entre a Catedral Metropolitana Ortodoxa de São Paulo e a Basílica de Santa Sofia.

LABORATÓRIO DA HISTÓRIA

Código de leis

As leis regem a vida em sociedade no Brasil e no mundo. Sem elas, seria muito difícil conviver com tantas diferenças, incluindo os interesses dos indivíduos.

Leis sempre existiram na história da humanidade. Você se lembra da Lei de Talião dos mesopotâmicos, aquela que pregava que todos os crimes deveriam ser punidos "olho por olho, dente por dente"?

Entretanto, como vimos, foi o imperador bizantino Justiniano quem criou o primeiro código de leis, que determinava os direitos e os deveres de todas as pessoas, e no qual a atual sociedade ocidental se inspirou.

No Brasil, há vários códigos de leis, mas o maior, que rege os demais, chama-se Código Civil Brasileiro, um conjunto de leis que foi definido por todas as autoridades do país.

As leis nacionais estão em nosso dia a dia. Elas regem todas as formas de organização de nossa vida, em nossa casa, na casa dos colegas, na escola, na academia, no clube, no grupo religioso, na cidade, no estado, na sala de aula; enfim, em todos os lugares onde estamos ou por onde passamos e vivemos.

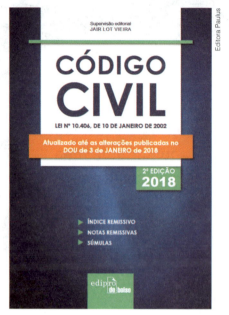

↑ O Código Civil Brasileiro recebe anualmente emendas em algumas leis; portanto, ele é constantemente atualizado.

↑ Votação da proposta de reforma política na Câmara dos Deputados. Brasília (DF), 2017.

Passo a passo

Para um código de leis existir num país, ele precisa ser elaborado pelo Poder Legislativo (senadores, deputados e/ou vereadores) e aprovado pelo Poder Executivo (presidente, governador e/ou prefeito). Uma comunidade menor, como a sala de aula, também pode ter um código de leis que regule o bem-estar de seus membros.

Vamos elaborar um?

1. Com o auxílio do professor, organize-se em grupo para a elaboração de um código de leis da turma.
2. Em seu grupo, converse com os colegas e discutam sobre quais regras (leis) devem ser rigidamente seguidas pela turma. Essa definição pode ser dividida entre direitos e deveres dos alunos.
3. Cada membro do grupo deve anotar no caderno as ideias e propostas comuns à equipe e redigir as leis respeitando a gramática normativa e procurando elaborar frases que não sejam muito extensas.
4. Em dia previamente determinado e de forma dialogada e coletiva, cada grupo deve apresentar ao professor e aos colegas as ideias de leis sugeridas, possibilitando que seja discutida a sua viabilidade.
5. Orientada pelo professor, a turma escolherá cinco direitos e cinco deveres que melhor se enquadram à organização das regras de uma sala de aula e que sejam praticáveis e respeitadas por todos.
6. Para a escolha dos direitos e deveres, vocês podem fazer uma votação. Anotem os escolhidos no caderno.

> Muito bem! Você exerceu um importante aspecto da cidadania: a participação política!

Finalização

- Com a ajuda do professor, elabore com os colegas um cartaz usando papel *kraft* ou sulfite, com os direitos e os deveres dos alunos, que deverá ficar exposto na sala de aula. É importante a participação de todos nesta etapa.
- Juntos, escolham o melhor lugar para o cartaz ser fixado, considerando que o código deve ser bem conhecido por todos e estar visível para quem dele se esquecer.
- É dever de todos fiscalizar se o código de leis criado pela turma está sendo exercido. Caso vocês percebam que não está sendo cumprido, com o auxílio do professor, organizem uma conversa com toda a turma para conhecerem os motivos que estão contribuindo para o não cumprimento das regras e, assim, verificarem de forma coletiva como solucionar essa questão.

Boa conduta!

> Pronto! Vocês já têm um código de leis da turma. Resta, agora, praticá-lo de forma séria, justa e correta, tal como devem ser seguidas as leis.

PANORAMA

FAÇA AS ATIVIDADES A SEGUIR E REVEJA O QUE VOCÊ APRENDEU.

1. Como era legitimado o poder do imperador no Império Romano do Oriente?

2. O direito romano é um dos maiores legados deixados pelos romanos. No Brasil, assim como na França, a forma do direito é baseada diretamente na tradição romana e se diferencia da prática jurídica conhecida como direito anglo-saxão, adotada na Inglaterra e nos Estados Unidos. Com base nessas afirmações, explique o que é e quando surgiu o direito romano.

3. Observe a imagem a seguir, leia atentamente sua legenda e, depois, faça o que se pede.

← Representação de Constantino e Justiniano com a Virgem Maria e o Menino Jesus ao centro. Mosaico bizantino do século X.

a) O que os imperadores estão entregando para a Virgem e o Menino? O que essa ação significa?

b) Estabeleça uma relação entre o poder da Igreja e o poder do imperador no Império Bizantino.

4. A cultura bizantina foi influenciada por outras culturas. Cite pelo menos duas delas.

5. Leia o texto a seguir e faça o que se pede.

> Foi no Direito, talvez, que o Estado imprimiu sua maior influência sobre a vida do povo. O corpo de leis revistas por Justiniano era mais romano do que cristão, em espírito; apesar da oposição da Igreja, o divórcio e a escravidão foram mantidos; ao mesmo tempo, as esposas, os filhos e os escravos tinham agora mais direitos. Em sua maioria, os pleitos eram julgados em tribunais inferiores, em Constantinopla e nas províncias. Mas as demandas mais importantes eram levadas a um tribunal superior, composto por 12 juízes, ou ao próprio imperador, que era o juiz supremo das apelações. Nos processos criminais, as penas consistiam em multas, confisco de propriedade, morte, ou perda de um olho ou de uma mão. A partir do século VIII, a pena de morte ficou reservada para homicídio, traição e deserção, e foi usada com frequência cada vez menor. Alguns assassinos foram até poupados com a condição de se tornarem monges e doarem metade dos bens aos herdeiros das vítimas.
>
> Philip Sherrard. *Bizâncio*. Rio de Janeiro: José Olympio, 1970. p. 117.

a) Estabeleça uma relação entre direito e poder do Estado no Império Bizantino.

b) Quem era o juiz supremo, que tomava as decisões mais importantes?

c) Por que o autor afirma que as leis eram mais romanas do que cristãs?

6. A fotografia a seguir retrata parede de um monastério na Romênia. Observe-a e faça o que se pede.

↑ *O cerco de Constantinopla*, 1537. Afresco no Monastério de Moldovita. Romênia.

a) A cena principal retratada na fotografia representa a conquista de Constantinopla pelos turcos otomanos em 1453. Qual foi a importância desse acontecimento na história do Império Romano do Oriente?

b) Levante hipóteses para explicar por que esse evento foi pintado em um monastério na Romênia.

7. O Império Bizantino, derivado da separação, ainda no Mundo Antigo, do Império Romano em duas porções, perdurou até 1453, quando foi conquistado pelos otomanos. Essa conquista significou o fim de uma estrutura social que havia surgido em 753 a.C., com a instituição da monarquia romana, e se modificado ao longo do tempo. Com base nessas informações, cite algumas causas do declínio do Império Bizantino.

8. As migrações dos povos compreendidos como bárbaros foram determinantes para a desestruturação e queda do Império Romano. Após refletir sobre essa afirmação, escreva um texto que explique o que você compreendeu a respeito da relação entre o fim do Império Romano e as invasões bárbaras.

DICAS

📖 **LEIA**

Arte bizantina, de Edna Ande e Sueli Lemos (Callis).
O livro apresenta uma arte majestosa em imagens que divinizam os imperadores, unindo-os ao sagrado como expressão de sua absoluta autoridade.

Mitologia nórdica, de Neil Gaiman (Intrínseca).
O livro apresenta uma coletânea de 15 contos, que começa com a narração da origem do mundo e mostra a relação conturbada entre deuses, gigantes e anões, indo até o *Ragnarök*, o assustador cenário do apocalipse.

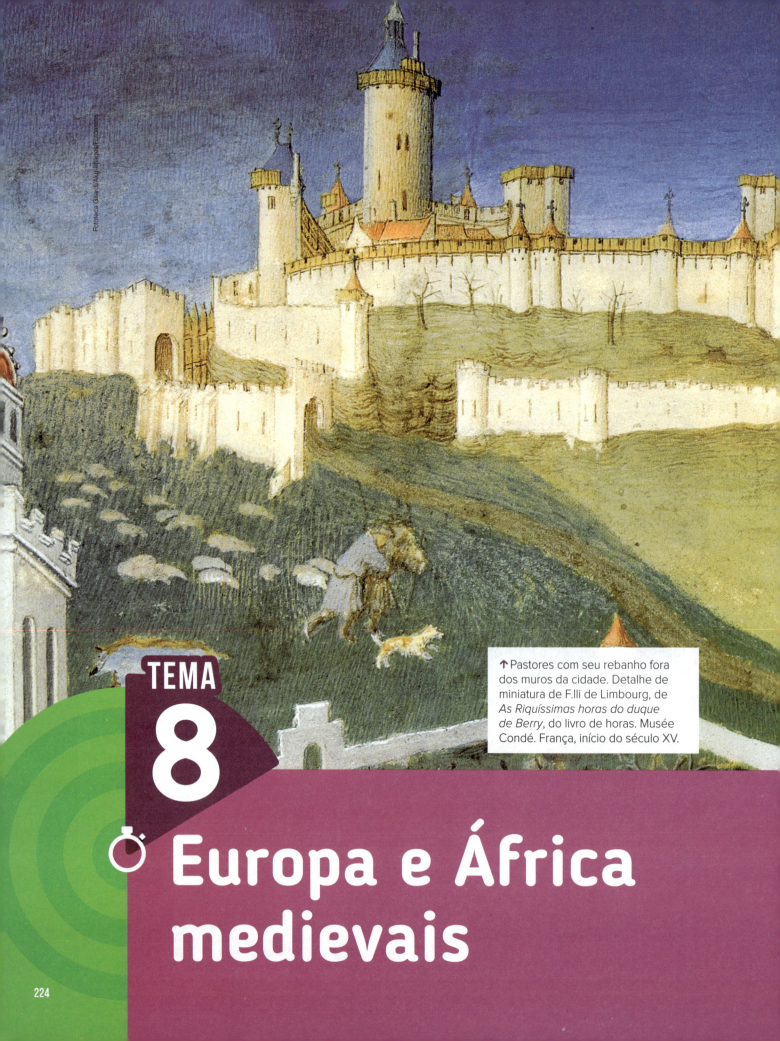

↑ Pastores com seu rebanho fora dos muros da cidade. Detalhe de miniatura de F.lli de Limbourg, de *As Riquíssimas horas do duque de Berry*, do livro de horas. Musée Condé. França, início do século XV.

TEMA 8
Europa e África medievais

NESTE TEMA
VOCÊ VAI ESTUDAR:

- as relações sociais entre os povos após o estabelecimento dos reinos na Europa;
- os aspectos socioculturais e as trocas culturais entre os povos da Europa ocidental;
- o feudalismo e a consolidação da Igreja Católica;
- os reinos africanos do Período Medieval.

Durante muito tempo, os historiadores procuraram caracterizar a sociedade medieval. Ao longo dos anos, descobriu-se que havia muitas sociedades medievais. Diversos povos, culturas, religiões e interesses desenvolveram-se nesse longo período e em diferentes regiões. Estudar o passado das sociedades nos faz conhecer que elas são bem menos distantes do que imaginávamos.

CAPÍTULO 1
Reino Franco e Império Carolíngio

Neste capítulo, você vai estudar a formação do primeiro reino germânico – o Reino Franco – e do Império Carolíngio. Vai estudar também a formação do feudalismo e o sistema de vassalagem.

Após o fim do Império Romano do Ocidente, alguns reinos não conseguiram resistir e acabaram dominados ou destruídos. Entre os povos que se destacaram pela importância que viriam a ter nos séculos seguintes, estão os francos, que começaram a dominar os territórios do norte da Gália, atual território da França.

Reino dos francos

Os francos foram os primeiros germânicos cujos líderes se converteram ao cristianismo. Em 496, o rei Clóvis (481-511), da dinastia **merovíngia**, tornou-se cristão. Na

↑ *Batismo de Clóvis*. Catedral Notre-Dame de Reims, França, século XIII.

época, o catolicismo era a religião da maioria de seus súditos e, ao se converter, Clóvis fortaleceu os laços entre os súditos romanos e os conquistadores germânicos.

No início do século VI, os francos conquistaram quase a totalidade da Gália, exceto a região nas margens do Mediterrâneo, e expulsaram os visigodos para a Espanha. Esse movimento expansionista prosseguiu até 534, ano em que os merovíngios alcançaram a máxima extensão territorial e se tornaram o povo com o reino mais poderoso da Europa.

Desde o reinado de Clóvis, a realeza franca foi legitimada pela Igreja romana, dando a entender que os reis cristãos governavam pela vontade de Deus. Segundo alguns historiadores, a conversão de Clóvis, num primeiro momento, teria provocado a resistência de alguns nobres francos, mas, progressivamente, o apoio da Igreja ajudou consideravelmente a estabilizar as dinastias.

Os merovíngios não tinham unidade administrativa. O território do reino era dividido por causa do sistema de doação de terras feito pelos reis, chamado *beneficium* (concessão de terras). No final do século VI, o Estado merovíngio enfraqueceu-se devido a alguns aspectos, dentre eles:

- disputas entre herdeiros;
- conflitos internos entre Nêustria e Austrásia, as duas regiões do Norte;
- desentendimentos entre reis e aristocratas locais;
- surgimento dos **prefeitos do palácio**, como Carlos Martel.

A diminuição do comércio, no século VII, reduziu a cobrança de impostos, base dos rendimentos do reino. O enfraquecimento do rei levou ao fortalecimento da aristocracia, especialmente na Nêustria, local em que a economia sofreu o maior impacto.

Com a desestruturação econômica, a vida urbana foi afetada. No sul da Gália, até a Igreja se desagregou. Nesse momento, surgiu uma nova dinastia na Europa ocidental: a Dinastia Carolíngia.

Fonte: Jeremy Black. *World history atlas*. Londres: Dorling Kindersley, 2008. p. 34-35.

Império Carolíngio

Os carolíngios vinham de uma família influente, proprietária de muitas terras no norte da Gália. Durante o reinado dos merovíngios, os carolíngios conseguiram conquistar o posto de prefeito do palácio na Austrásia. Aos poucos, eles foram expandindo seu poder para a Nêustria e a Burgúndia.

Carlos Martel foi prefeito do palácio durante o governo merovíngio. Posteriormente se tornou o primeiro rei da dinastia que, no futuro, seria chamada de carolíngia. Em 732, na Batalha de Poitiers, Martel venceu os árabes que se dirigiam para a Gália.

Em 751, Pepino III destronou o último rei merovíngio, foi coroado rei dos francos e fundou a Dinastia Carolíngia. Essa tomada do poder ocorreu com o apoio do pontífice, que o ungiu em 754. Pepino, filho de Carlos Martel, aliou-se a ele para combater os lombardos que atacavam Roma. Suas tropas expulsaram os invasores, e Pepino devolveu Roma ao papado, formando os Estados Pontifícios. Em troca, o rei franco recebeu a **investidura pontifícia** e foi nomeado protetor da Santa Sé.

GLOSSÁRIO

Investidura pontifícia: ato do papa de dar função ou cargo a alguém.

Merovíngio: primeira dinastia dos francos, povo que ocupou a região da atual França. O nome deriva-se do rei franco Meroveu.

Prefeito do palácio: cargo de poder político; era um tipo de realeza que rivalizava em poder com a dinastia real.

A partir de 768, Carlos Magno, filho de Pepino, levou o Reino Franco ao apogeu. Ele havia unificado grande parte da Europa ocidental, com exceção de poucos territórios na Península Ibérica.

No Natal de 800, Carlos Magno foi coroado e sagrado imperador Franco e imperador de Roma pelo Papa.

A sagração de Carlos Magno tornou-o, perante os católicos, o eleito de Deus para unificar a cristandade, até sua morte, em 814.

Desde essa época, todos os outros imperadores carolíngios passaram a seguir o rito da sagração e do coroamento pelo papa. Por meio dessa cerimônia, a Igreja transformou-se no fator mais importante da legitimidade dos soberanos.

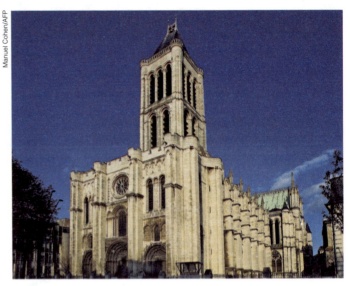

↑ A Catedral de Saint-Denis, na qual estão enterrados quase todos os reis e rainhas da França, foi importante centro de educação durante a época dos carolíngios. Paris, França.

A cultura carolíngia

Durante o governo de Carlos Magno houve intenso desenvolvimento cultural na Gália. Os monastérios tornaram-se os novos centros de ensino, as moedas voltaram a ser cunhadas, e foram estimuladas a literatura, a filosofia, as artes e a educação.

No Estado carolíngio, a necessidade de compor quadros administrativos mais eficazes estimulou a melhoria do sistema educacional. Como a Igreja era lugar privilegiado de cultura e conhecimento, os clérigos acabaram se destacando. Aos poucos, os centros do saber foram sendo difundidos pelo Reino Franco.

Esse período de desenvolvimento cultural costuma ser chamado de Renascimento carolíngio. Alguns historiadores usam essa expressão para diferenciar os carolíngios dos merovíngios, pois, ainda que os merovíngios tenham estimulado a cultura por meio da Corte, os carolíngios a fomentaram com o objetivo de compreender as Escrituras Sagradas e outras leituras cristãs, além de retomar parte dos valores greco-romanos.

← O Império Carolíngio tentou reconstruir o Império Romano não apenas na recomposição das fronteiras como também nos aspectos culturais. Exemplo disso pode ser encontrado na arquitetura de igrejas carolíngias, que reproduzia as romanas. Basílica de São Vital, Itália.

O processo de formação dos feudos

Ainda na primeira metade do século V, por meio de um tratado, os povos estrangeiros foram reconhecidos legalmente pelo Império Romano e passaram a ter o direito de estabelecer comunidades no território romano.

As comunidades que estabeleciam o tratado com Roma eram chamadas de *socii*, e com elas era feito um pacto especial, que se caracterizava pela garantia de *pax* (paz), *amicitia* (amizade) e *societas* (aliança).

No século VIII, o *beneficium* (concessão de terras) foi associado à vassalagem e, em consequência disso, todo indivíduo que recebesse terras deveria prestar serviços a quem lhe ofereceu o *beneficium*, ou seja, a um senhor.

Nesse contexto, em que a dependência dos indivíduos era a regra, a propriedade fundiária possuiu diferentes definições e configurações jurídicas. Ela era em si o senhorio, e não o feudo. E nem todo senhorio era feudo. De início, o feudo era a terra doada como remuneração por algum serviço, inclusive o de artesão. Mas, gradativamente, o termo foi se tornando algo a ser aplicado somente às doações importantes, para designar o senhorio dado como benefício à vassalagem, ou seja, uma doação do suserano para seu vassalo. Neste sentido, o feudo era uma propriedade privada dependente de laços políticos, enquanto o senhorio poderia ser qualquer forma de propriedade de terra.

Kalina Vanderlei Silva e Maciel Henrique Silva. *Dicionário de conceitos históricos*. 2. ed. São Paulo: Contexto, 2009. p. 153.

↑ Um senhor e seu vassalo. Pergaminho fino retirado de *Liber Feudorum Major*, século XII.

Na época dos carolíngios, o sistema de vassalagem foi ampliado. Homens livres buscavam, cada vez mais, colocar-se como vassalos de algum suserano. O objetivo era receber proteção ou mesmo vantagens materiais, como o *beneficium*.

Para controlar o vasto território conquistado por Carlos Magno, o Império Carolíngio foi dividido em 250 a 350 porções de terras, denominadas condados. Os condes (homens que recebiam os condados) tinham imunidade legal e isenção jurídica, características que viriam a formar a base do feudo. Ao mesmo tempo, o exército foi lentamente se transformando em **milícia** feudal, dominado pelos senhores proprietários de terras.

> **GLOSSÁRIO**
>
> **Milícia:** organização de pessoas armadas que não fazem parte de um exército e que, no caso, submetem-se à autoridade do senhor feudal.

> **Suserania** e **vassalagem** eram relações características da Idade Média que determinavam uma série de obrigações mútuas entre o suserano e o vassalo, ambos membros da nobreza.
>
> O vassalo prestava um juramento de lealdade ao suserano, a quem cabia sacramentar a relação. O suserano sempre se encontrava em um patamar superior de poder, fosse político ou econômico, em relação ao vassalo.

Os trabalhadores feudais

Ainda na época do Império Romano, os senhores foram concedendo aos escravos a chance de formar famílias livres, ligadas às suas terras. Os escravos tornaram-se lavradores e estabeleceram relações de trabalho com os antigos senhores.

Com o fim do império, a lei romana mudou e passou a considerá-los sujeitos à gleba, ou seja, ao feudo ao qual eles estavam associados. Os antigos colonos livres, por sua vez, foram rebaixados à condição de servos.

Durante o Império Carolíngio, a servidão foi ampliada e generalizada. Como resultado, configurou-se o chamado sistema senhorial, no qual a comercialização era realizada dentro das propriedades.

Os camponeses submeteram-se aos senhores de terras e ficaram cada vez mais dependentes deles, configurando-se o colonato. Nele, os camponeses eram obrigados a pagar taxas em produtos ou em dinheiro ao senhor. Em troca, recebiam o direito de explorar a terra e livravam-se do alistamento militar.

Eles deviam prestar serviços e obrigações ao dono das terras. Era permitido aos camponeses trabalhar em pequenas faixas de terras situadas entre as grandes propriedades.

Os homens livres, porém, estavam ligados ao monarca pelo juramento de fidelidade. Essas relações, de caráter pessoal, causaram uma transformação na concepção de Estado, desenvolvida na Antiguidade. Para os antigos, o Estado era uma instituição pública que deveria zelar pela unidade social. Ele foi substituído, nesse período, por relações de dependência pessoal e pela fragmentação territorial.

↑ Cavaleiros juram fidelidade a Carlos Magno. Iluminura de códice italiano do século XIV.

Desagregação do Império Carolíngio

A proliferação dos benefícios de caráter hereditário foi enfraquecendo o poder dos imperadores carolíngios ao longo dos séculos VIII e IX. Guerras civis de sucessão do poder imperial e o aprofundamento dos poderes regionais dos senhores de terra foram destruindo a unidade imperial.

Com isso, após a morte do monarca Luís, filho de Carlos Magno, seus filhos decidiram dividir o poder central. Em 843 foi assinado o Tratado de Verdun, que repartiu o Império Carolíngio em três faixas territoriais. Cada uma delas passou a ser comandada por um neto de Carlos Magno.

Essa medida não foi suficiente para impedir a desagregação interna do império e as invasões de **vikings**, **sarracenos** e **magiares**. Ao final do século IX, já existiam senhores regionais com poderes hereditários.

Dessa forma, senhores feudais, vassalos, cerimônias de juramento e feudos formavam a nova ordem social que predominaria em boa parte da Europa ocidental pelos séculos seguintes: o feudalismo.

GLOSSÁRIO

Magiar: grupo étnico que, durante a Idade Média, habitava a região correspondente à atual Rússia.

Sarraceno: nome dado pelos cristãos, durante a Idade Média, aos árabes e muçulmanos.

Vikings: normandos originários da Escandinávia, reconhecidos como hábeis navegadores.

LINK

Mitologia germânica

Nossa sociedade recebeu influência de diversas narrativas míticas, criadas pelos seres humanos para explicar o mundo e a existência humana. Entre elas está a mitologia germânica, também chamada mitologia dos povos nórdicos, por ter origem em países do norte da Europa – Suécia, Noruega, Finlândia, Dinamarca e Islândia.

Os mitos nórdicos eram contados pelos povos escandinavos, holandeses, ingleses e alemães. Como os nórdicos escandinavos foram os últimos a se converter ao cristianismo, seus mitos persistiram por mais tempo.

A presença desses mitos na atualidade pode ser exemplificada pelos nomes dados aos dias da semana em culturas anglo-saxãs. Os nomes dados à terça-feira – *Tuesday*, em inglês, e *Diennstag*, em alemão – são termos oriundos de Tyu, o deus nórdico da guerra. Os que nomeiam a quarta-feira – *Wednesday*, em inglês, *Woensdag*, em holandês, e *Onsdag*, em norueguês – são referências a Odin, o principal deus da mitologia nórdica. E a quinta-feira, em inglês – *Thursday* –, homenageia Thor, o deus do trovão. Mas a influência da cultura nórdica vai muito além disso, podendo ser encontrada na ficção científica, no cinema, na música, nos desenhos animados e nos *video games*.

Nas várias culturas do planeta, os deuses podem ser representações de corpos celestes ou de fenômenos da natureza. Por exemplo, Ishtar, entre os sumérios; Vênus, entre os romanos; Afrodite, entre os gregos; e Freya, entre os nórdicos, são todas deusas da beleza. Já Marduk, entre os babilônicos; Amon, entre os egípcios; Júpiter, entre os romanos; Zeus, entre os gregos; e Thor, entre os nórdicos, são representações de deuses senhores do relâmpago, da luz ou do Sol, fazendo referência direta às forças criadoras do Universo, pois, sem a luz do Sol, não existiria vida na Terra e, por isso, eles também são considerados, nas respectivas culturas, deuses criadores do mundo.

→ Personagens do filme *Thor: Ragnarok* (2017), baseados na mitologia nórdica. Da esquerda para a direita: Hela, deusa da morte; Thor, deus do trovão; e uma Valquíria.

1. De que modo as mitologias podem representar a vida real das pessoas e das comunidades humanas?

2. Que aproximação pode haver entre a mitologia germânica e a greco-romana?

ATIVIDADES

SISTEMATIZAR

1. O que causou o enfraquecimento do Estado merovíngio?

2. O Império Carolíngio e a Igreja Católica estabeleceram relações estreitas. Cite dois eventos que demonstram essa aliança.

3. Por que é possível afirmar que houve intenso desenvolvimento cultural durante o governo de Carlos Magno?

4. Qual foi a principal diferença entre o desenvolvimento cultural carolíngio e o merovíngio?

5. Observe o mapa a seguir e responda:

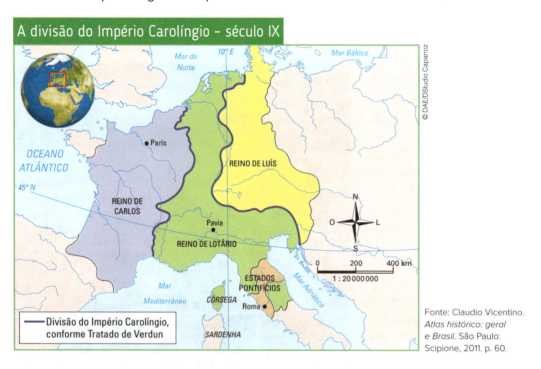

Fonte: Claudio Vicentino. *Atlas histórico: geral e Brasil*. São Paulo: Scipione, 2011. p. 60.

- Quais foram as repercussões políticas do Tratado de Verdun para o Império Carolíngio? Essa medida conseguiu salvar a dinastia? Justifique.

6. Explique com suas palavras o que significa cada um dos conceitos a seguir:

   a) *beneficium*;
   b) vassalagem;
   c) feudo;
   d) servo;
   e) sistema senhorial;
   f) colonato.

REFLETIR

1. No Estado carolíngio, a necessidade de compor quadros administrativos mais eficazes estimulou a melhoria do sistema educacional. Como a Igreja era lugar privilegiado de cultura e conhecimento, os clérigos acabaram se destacando. Pouco a pouco, os centros do saber foram sendo difundidos pelo Reino Franco, mesmo após a morte de Carlos Magno.

   a) Quem eram as pessoas mais aptas a ocupar os cargos no Estado carolíngio? Por quê?
   b) Atualmente, qual é o melhor local para receber educação formal?
   c) Em quais outros locais é possível adquirir conhecimento hoje?

2. Leia o texto e faça o que se pede.

> Roma, Natal do ano 800. [...] o rei franco Carlos Magno passava o inverno fora de casa. [...] Ele e seus homens foram à cidade eterna para reconduzir Leão III ao pontificado. Meses antes, o papa havia sofrido um sério atentado a mando da nobreza local. [...] Por isso, procurou abrigo na corte de Carlos, um fiel cristão que chegava a frequentar a igreja três vezes por dia. O monarca chegou a Roma com suas tropas, puniu os inimigos do papa e botou ordem na cidade. Em agradecimento, Leão III organizou uma celebração natalina especial. Tinha de presentear seu protetor e, de quebra, garantir sua segurança e a posição da Santa Sé por mais tempo. Naquele 25 de dezembro, o papa coroou Carlos como novo imperador de Roma, algo que a Europa não via desde a queda do Império Romano, em 476.
>
> Isabelle Somma. Carlos Magno: entre a cruz e a espada. In: *Aventuras na História*. São Paulo: Abril Cultural, 2004. p. 47.

a) Explique como ocorreu a coroação de Carlos Magno pelo papa Leão III.

b) Explique o que se pode concluir sobre a relação entre a Igreja e o Império Carolíngio com base no trecho lido.

3. Leia o trecho a seguir e faça o que se pede.

> Os francos adotaram o catolicismo diretamente com o batismo de Clóvis nos últimos anos do século V, depois de sua vitória sobre os alamanos. Aos poucos os anglo-saxões foram convertidos por missões romanas no século VII. Os visigodos na Espanha renunciaram ao arianismo com a conversão de Recaredo em 587. O reino lombardo aceitou o catolicismo em 653. Junto a estas mudanças, houve a assimilação por casamentos entrecruzados entre as duas classes proprietárias, romana e germânica, onde elas coexistiam. Este processo foi limitado na Itália pela exclusividade e pelo revanchismo bizantino, que unidos impediam qualquer pacificação duradoura da península, e o conflito daí surgido lançou as bases para a divisão secular do Norte e do Sul em épocas posteriores. Mas ele continuava com estabilidade na Gália sob o governo merovíngio; pelo início do século VII estava completado substancialmente, com a consolidação de uma única aristocracia rural, não mais senatorial ou partidária em sua feição. A correspondente fusão das linhas romana e germânica na Igreja levou um tempo mais considerável: os bispos da Gália continuaram a ser virtualmente romanos durante a maior parte do século VI e nenhuma fusão étnica completa ocorreu na hierarquia eclesiástica até o século VIII.
>
> Perry Anderson. *Passagens da Antiguidade ao feudalismo*. São Paulo: Brasiliense, 1991. p. 121.

a) A formação dos reinos germânicos ocorreu por meio de um processo sociocultural. De acordo com o trecho do historiador Perry Anderson, como isso ocorreu?

b) Considerando que o processo descrito no texto é intermediário e formador de algumas das características fundamentais do momento histórico posterior, chamado de Idade Média, explique como esse momento na Europa pode ser caracterizado quanto à religião.

DESAFIO

1. No Natal de 800, Carlos Magno foi coroado e sagrado imperador pelo papa Leão III. A sagração de Carlos tornou-o, perante os católicos, o eleito de Deus para unificar a cristandade. Há uma relação estreita entre Igreja e Estado em diversas regiões do mundo até os dias de hoje. Faça uma pesquisa sobre os países que utilizam leis baseadas em livros religiosos para organizar o Estado. Em seguida, elabore um texto sobre a importância de o Estado respeitar todos os cidadãos, independentemente de serem ou não religiosos.

CAPÍTULO 2

Nem "idade das trevas" nem época de sonhos

> No capítulo anterior, você estudou a formação do primeiro reino germânico. Neste capítulo, você vai estudar o mundo feudal e aspectos da cultura medieval.

A Idade Média é um período de tempo que vai do século V até o século XV. Nos anos posteriores, várias ideias foram criadas em torno da Idade Média. Um conceito muito difundido era o de considerar esse período como a "idade das trevas", ou seja, uma época de ignorância, violência e fanatismo religioso, reforçados pelo poder exercido pela Igreja Católica.

GLOSSÁRIO

Bucólico: referente à natureza, a tudo o que é campestre e rural, ao simples e puro.

Pieter Bruegel, o Velho. *O triunfo da morte*, c. 1562. Óleo sobre tela, 1,17 m × 1,62 m. O pintor representou a devastação causada pelos esqueletos, que assolavam os vivos e deixavam para trás uma paisagem de horror, morte e destruição. Rei, nobres, clero, camponeses, todos eram arrastados pela morte.

O surgimento de universidades e os inúmeros inventos criados no Período Medieval, além dos diversos filósofos que despontaram na época, fazem parte do processo que comprova que ele não pode ser considerado um período de "trevas".

Em contraposição à "idade das trevas", a Idade Média também é retratada muitas vezes de maneira **bucólica** e idealizada, como uma "idade dos sonhos", com príncipes, princesas e castelos em um reino encantado.

Atualmente, sabe-se que a Idade Média não foi nem um período de trevas nem de sonho. Os homens e as mulheres medievais enfrentaram graves problemas, mas também apresentaram soluções para muitos obstáculos e dificuldades característicos daquela época.

Edmund Blair Leighton. *O fim da canção*, 1902. Óleo sobre tela, 1,28 m × 1,47 m. Uma das características da arte do século XIX foi a idealização da Idade Média.

A Idade Média

O período compreendido como Idade Média teve início com a queda do Império Romano do Ocidente, em 476 d.C., estendendo-se até a queda de Constantinopla, em 1453. Os historiadores costumam dividir a Idade Média em três períodos, com base nas principais características de cada fase.

- Alta Idade Média, da metade do século V até o final do século X: formação do Império Carolíngio, recuperação econômica, aumento populacional e surgimento dos primeiros textos em língua vulgar.
- Idade Média Central, do século XI ao XIII: expansões populacionais e territoriais, incremento da economia e maior produção cultural.
- Baixa Idade Média, do século XIV ao século XV: desenvolvimento de novas estruturas sociais, econômicas, políticas e culturais, surgimento de outras formas de entender a religião e aprimoramento científico e tecnológico.

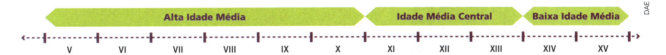

O predomínio das relações pessoais

As pessoas que viviam na Europa ocidental cristã estabeleciam rituais de confirmação de laços interpessoais de dependência e solidariedade. Por meio de cerimônias e ritos, os nobres constituíam as relações de vassalagem. O vassalo prometia lealdade a seu senhor, auxiliando-o militarmente, e o senhor feudal comprometia-se a não romper esse vínculo. Entre os habitantes dos centros urbanos também havia rituais semelhantes aos da vassalagem. Membros de um mesmo **ofício** uniam-se por meio de laços de solidariedade, aumentando gradativamente seu poder e influência.

Nem todos eram bem-vindos

Desde o século V, a influência da Igreja Católica Romana na sociedade tornou-se bastante intensa. A partir do século X, a Igreja passou a perseguir alguns grupos sociais – os judeus, por exemplo. A convivência entre eles e os cristãos costumava ser pacífica até o final do século XI, quando houve o primeiro **pogrom**, na atual Alemanha. No século XIII, a Igreja ampliou a perseguição aos judeus, expulsando-os de diversos locais da Europa.

Outro grupo que passou a ser perseguido pela Igreja foram os homossexuais. A partir do século XIII, a homossexualidade passou a ser condenada e a intolerância foi intensificada durante a Idade Média.

> **GLOSSÁRIO**
> **Herege:** aquele que professa ideias contrárias às geralmente admitidas pelo grupo dominante.
> **Ofício:** atividade especializada pela qual o trabalhador é remunerado.
> **Pogrom:** movimento violento contra grupos étnicos ou religiosos, em geral com massacre de populações.

Assim, muitas atitudes contrárias aos interesses da Igreja Católica foram consideradas heresia. No século XIV, os **hereges** passaram a ser vistos pela igreja como um grave problema e, para combatê-los, as autoridades eclesiásticas fizeram uso da tortura como forma de conseguir confissões. Além disso, a execução em fogueiras tornou-se uma forma de castigar aqueles considerados heréticos pela Igreja.

Michael Wolgemut. *Judeus acusados de hereges queimam em fogueira.* Xilogravura colorida publicada no livro *Crônica de Nuremberg*, de Hartmann Schedel, em 1493.

235

O feudalismo

↑ Representação da ordem social tripartite da Idade Média: *oratores* (aqueles que rezam), *bellatores* (aqueles que lutam) e *laboratores* (os que trabalham). Iluminura em pergaminho do livro *Li Livres dou Santé*, séc. XIII.

Com a desagregação do Império Carolíngio no século IX, gradualmente os senhores regionais, que estabeleciam relações de fidelidade, passaram a oferecer proteção em troca do trabalho servil. Assim, grandes proprietários de terra formaram unidades autônomas, porém interdependentes e dependentes do comando do rei, mesmo que distantes.

Esse sistema, o feudalismo, durou aproximadamente do final do século X até o século XV e, dependendo do local, assumiu diferentes configurações.

O feudo era a concessão de um direito. Podia ser o direito de uso da terra ou do controle **tributário** de uma passagem, como estrada ou ponte.

A economia feudal movimentava vários tributos: corveia – trabalho servil gratuito nas terras do senhor (em geral, três dias na semana); censo – pagamento em dinheiro ou espécie pelo usufruto da terra; mão-morta – imposto que incidia sobre as transferências hereditárias; percentual de produção – parte dos produtos dada ao senhor das terras; talha – imposto cobrado em troca de proteção militar; e banalidades – taxas cobradas pelo uso de moinhos, fornos, bosques, hospedagem e alojamento.

Na economia feudal também havia uma pequena parte da população que exercia trabalho escravo. Eles trabalhavam no cultivo da terra e nos afazeres domésticos.

Com crescente aumento da circulação de moeda na economia medieval, o sistema senhorial, com base na prestação de serviços e na relação de vassalagem, foi sendo descaracterizado. As relações comerciais monetárias aumentaram, tornando-se cada vez mais comuns.

> **GLOSSÁRIO**
>
> **Tributário:** que está sujeito a pagar imposto.

AQUI TEM MAIS

A divisão do feudo

Os mansos eram as áreas exploradas pelos camponeses, que pagavam ao senhor alguns produtos e moedas ao ano e prestavam muitos serviços. Eram a menor unidade produtiva do domínio senhorial. As maiores propriedades pertenciam aos reis, aos nobres poderosos e à Igreja.

→ Representação artística de um feudo.

O manso senhorial (ou domínio) era constituído das melhores terras do senhorio. Elas eram cultivadas pelos colonos estabelecidos no feudo.

A área de uso coletivo era o manso comum, que incluía pastagens para o gado, bosques para caça e extração de lenha.

O manso servil era a terra destinada aos colonos e submetida às regras do colonato.

ATIVIDADES

SISTEMATIZAR

1. A Idade Média costuma ser dividida em períodos. Identifique-os e cite algumas características de cada um.

2. Explique o vínculo entre o fortalecimento da aristocracia feudal e as relações de vassalagem.

3. Cite três tributos que os servos pagavam ao senhor feudal e explique o que eles determinavam.

4. Explique a relação entre o senhor feudal e o vassalo.

5. De maneira geral, o território de um feudo era dividido em manso senhorial, manso servil e manso comum. Explique o que era cada um deles.

REFLETIR

1. Na sociedade medieval, alguns grupos foram excluídos de certas regiões em determinadas épocas. Releia o texto "Nem todos eram bem-vindos", na página 235, e responda:
    a) De que forma a Idade Média pode ser comparada com os tempos atuais?
    b) Qual é sua opinião sobre essas perseguições durante a Idade Média na Europa e as que ocorrem atualmente no Brasil? Escreva um texto sobre esse assunto.

2. Analise a pintura ao lado e faça o que se pede.
    a) Descreva a imagem.
    b) Você acredita que essa obra foi feita durante a Idade Média? Por quê?
    c) Que tipo de visão da Idade Média essa imagem transmite?

3. Pensando na ideia de uma Idade Média como "idade das trevas" ou época de sonhos, qual das duas imagens representa melhor a era medieval: a imagem do quadro de Pieter Bruegel, o Velho, *O triunfo da morte* (p. 234), ou a imagem do quadro de Edmund Blair Leighton, *Costurando o estandarte* (ao lado)? Explique sua resposta.

→ Edmund Blair Leighton. *Costurando o estandarte*, 1911. Óleo sobre tela, 98 cm × 44 cm.

DESAFIO

1. A Idade Média apresenta interessantes elementos culturais e artísticos. Durante séculos, os medievais desenvolveram variadas expressões para representar seus anseios e necessidades. Com base nessas informações, forme dupla com um colega e, juntos, elaborem cartazes, *slides*, uma encenação teatral ou criem um texto ficcional com base no cotidiano medieval: o cavaleiro herói, o casamento idealizado, a natureza como manifestação divina e não **animista**, entre outros. Estabeleça uma ponte com o mundo atual: O que permanece? Quais fantasias ainda se mantêm? O que ressurgiu?

> **GLOSSÁRIO**
>
> **Animista:** relativo ao animismo, doutrina que considera como divindades os elementos da natureza.

CAPÍTULO 3
O cotidiano na Europa ocidental

No capítulo anterior, você estudou como se estruturavam a economia e a sociedade na Europa medieval. Neste capítulo, você vai estudar o fortalecimento da Igreja Católica durante a Idade Média e as influências culturais no cotidiano.

O papel da Igreja

A atuação da Igreja Católica foi marcante ao longo de toda a Idade Média. A religião regulava os horários das atividades diárias, determinava as principais celebrações do ano, interferia na vida cotidiana e inseria-se nos pensamentos e nas crenças das pessoas por meio de sermões e confissões.

Esse rígido controle não impedia — e muitas vezes até estimulava — o surgimento de doutrinas consideradas pela Igreja como heréticas ou leituras dos textos sagrados para os cristãos com base em interpretações pessoais que permitiam compreensões e práticas muito diferenciadas daquelas pregadas pela Igreja. Apesar dos amplos poderes da Igreja Católica medieval, ela não conseguiu controlar totalmente a maneira pela qual Deus era visto pelas pessoas.

→ O mês de setembro, a pisa da uva, do *Breviario di Ercole I D'Este*, do século XIV.

Riqueza e poder

↑ A súplica dos hereges em 1210. Iluminura de Jean Fouquet retirada de *Grandes Chroniques de France*, séc. XV.

A Igreja Católica recebia riquezas ofertadas por fiéis, como dízimos, doações por penitência, tributos feudais e ainda em razão de lutas por territórios.

Até mesmo os reis dependiam da Igreja para efetivar seu poder político. A administração do Estado ficava principalmente a cargo dos clérigos.

Como os membros da aristocracia tinham relações muito próximas com a Igreja, eles ocupavam os postos importantes na hierarquia eclesiástica; em geral, o segundo filho de um senhor de terras ingressava na Igreja. Ataques à ordem feudal transformavam-se, assim, em afrontas à própria Igreja.

Com o objetivo de combater as heresias e fortalecer seu poder na sociedade medieval, a Igreja Católica fundou o Tribunal do Santo Ofício, conhecido como Inquisição. Criado no início do século XIII, esse método de repressão atuou em algumas regiões da Europa até o século XIX. Para aumentar a eficácia da Inquisição, a Igreja estimulava a denúncia entre os fiéis. Os acusados eram encarcerados e, caso fossem julgados culpados, eram sentenciados à morte, em geral na fogueira.

O imaginário medieval

A cavalaria

O imaginário da cultura da Idade Média europeia até hoje desperta a curiosidade e a fantasia. No contexto do século XII, por exemplo, em que a nobreza feudal se fortalece diante dos reis, o cavaleiro surgiu, ao menos nos romances de cavalaria, como o novo herói, uma representação da aristocracia. Nesses romances, era ele quem assumia o protagonismo das ações, defendendo os mais fracos e lutando contra os infiéis.

Livros, filmes e séries que apresentam elementos da medievalidade ou esse padrão de personagem heroico costumam, até hoje, fazer bastante sucesso. Esse tipo de personagem nos oferece uma representação de valores e princípios.

Quanto aos jogos e torneios, eram momentos de grande envolvimento e celebração, seja pelo caráter simbólico que representavam, seja pela reiteração dos laços internos da nobreza.

O casamento

Na sociedade feudal, o casamento era uma instituição que visava assegurar a hereditariedade dos bens materiais e da honra e das glórias obtidas pela família aristocrática. No século IX, os clérigos começaram a participar das cerimônias de casamento e controlá-las. A partir do século XI, essas cerimônias passaram a ser realizadas no interior das igrejas.

Entre as classes populares, ainda perduravam práticas que fugiam do que era imposto pela Igreja Católica. Já na aristocracia, os casamentos eram arranjados, com o objetivo de garantir a manutenção e a ampliação dos poderes e da riqueza das famílias.

↑ O casamento. Iluminura francesa retirada de *Recueil de Traites de Devotion*, c. 1371-1378.

A filosofia

Durante parte da Idade Média, a natureza era considerada manifestação divina na ordem terrestre. Acreditava-se, naquela época, que os elementos naturais tinham significados ocultos e referências às manifestações de Deus.

No século XIII, o religioso Tomás de Aquino, integrante da escolástica, ajudou a superar essa forma de ver os elementos naturais, que começaram a ser conhecidos pelo que eram, e não mais pelo que representavam, o que possibilitou o estudo e a compreensão dos fenômenos da natureza. As consequências dessa mudança foram fundamentais para o posterior desenvolvimento científico europeu.

O poder dos reis

Durante a metade do século XIII, difundiu-se a crença de que os reis tinham poderes mágicos. Acreditava-se que o toque real tinha o poder de cura, inclusive da escrófula. Com isso, surgiu o ritual do toque, difundido sobretudo nas regiões onde atualmente estão França e Inglaterra.

Havia também a crença de que reis desaparecidos, considerados heróis, retornariam para ajudar seu povo, como o ocorrido na lenda do rei Artur, da Inglaterra; nos casos verídicos de Carlos Magno, da França; Dom Sebastião, de Portugal; entre outros.

A arte românica e gótica

Ao longo da Idade Média Central desenvolveu-se o estilo artístico conhecido como românico, caracterizado, na arquitetura, por construções de pedra, com poucas aberturas para o exterior. Menos preocupadas com a imitação das formas naturais, a pintura e a escultura românicas tinham forte caráter simbólico.

→ Igreja de San Martín de Tours de Frómista, Palência, Espanha. Com arquitetura em estilo românico, a igreja tem paredes com poucas janelas e uma cúpula octogonal.

A chamada arte gótica acarretou inovações na arquitetura que possibilitaram construções de templos religiosos maiores, nos quais caberiam mais fiéis. O estilo gótico influenciou também a pintura, a literatura e a estatuária, arte de criar estátuas.

→ Catedral de Milão, Itália. O estilo arquitetônico dessa catedral é predominantemente gótico.

AQUI TEM MAIS

O Trovadorismo e suas cantigas

O Trovadorismo, hoje compreendido como um movimento literário, foi um estilo surgido na Europa durante o século XI (a trova é um tipo específico de poesia, com rigorosas especificações técnicas). Dele faz parte o primeiro conjunto de manifestações da literatura em língua portuguesa.

Os trovadores eram poetas que compunham as cantigas (trovas acompanhadas de música). Por representar o imaginário das classes sociais, essa literatura constitui importante fonte histórica do Período Medieval. A leitura dos textos do Trovadorismo possibilita aos historiadores compreender melhor os elementos da cultura e da sociedade da época e como as pessoas pensavam.

1. Como os elementos das cantigas podem nos ajudar a compreender o período histórico no qual foram criadas?

O papel da mulher

Na Europa Medieval, as mulheres tinham funções sociais bem definidas. As mulheres da aristocracia deviam seguir regras rígidas de comportamento que eram determinadas pelas autoridades eclesiásticas. Naquela época, era considerada uma mulher exemplar aquela que se dedicasse à família e ao casamento e que se comportasse diante de convidados e familiares conforme as regras sociais. Essas atitudes contribuíam para a manutenção dos privilégios e riquezas acumulados pelos casamentos arranjados entre os grupos mais ricos.

O casamento, uma das instituições mais importantes do período, foi sendo moldado de acordo com os interesses dos grupos aristocráticos e da Igreja Católica. Na aristocracia, o casamento servia para preservar as riquezas e transmitir as heranças. Para a Igreja, ele auxiliava no controle dos desejos e das paixões.

Nas famílias camponesas, as mulheres exerciam outros papéis e tinham mais liberdade na escolha do marido, pois o objetivo era encontrar parceiros que contribuíssem para o sustento da família por meio do trabalho. Essa pode ser considerada uma permanência da época do Império Romano.

Ainda hoje, o papel social das mulheres difere entre culturas. Mas, sem dúvida, para a cultura ocidental, elas são protagonistas, pois não dependem mais de um casamento para serem aceitas na sociedade, por exemplo.

Mulheres atuantes

Mesmo com tantos controles e restrições, muitas mulheres da Idade Média se organizaram e coordenaram trabalhos e atividades. Da Alta Idade Média até o século XIII, as mulheres tinham alguns direitos garantidos, como o acesso a quase todas as profissões e à propriedade.

Mosteiros no norte do que hoje é a Espanha foram construídos sob as ordens de freiras, que também se encarregaram da organização e administração diárias. Em alguns lugares da atual França, as mulheres votavam e participavam de discussões que envolvessem a comunidade. Em cidades como Bolonha, havia mulheres formadas em Direito e em Medicina.

Muitas mulheres assumiam os negócios da família, faziam cálculos de impostos e entendiam as leis para poder realizar as trocas comerciais e se defender em tribunais.

Christine de Pizan foi uma mulher atuante na Idade Média. Ela viveu na primeira metade do século XIV, onde hoje é a França. Após a morte do marido, Christine sustentava a si e aos filhos escrevendo livros, poesias e compondo músicas. Considerada a primeira escritora feminina, ela defendia também que as meninas pudessem frequentar as escolas, assim como os meninos.

→ A imagem mostra Christine de Pizan (à direita), poetisa francesa que viveu entre os séculos XIV e XV, autora de *O livro da cidade das mulheres* (1405), em que estimulava as mulheres a serem ativas na sociedade em que viviam.

O trabalho e as relações comerciais

Na Europa ocidental, durante a Idade Média, o isolamento das pessoas nos feudos e nas proximidades dos castelos dos grandes senhores contribuiu para o enfraquecimento do comércio. Nesse novo estilo de vida, as pessoas consumiam praticamente apenas os produtos feitos no local. Mesmo assim, havia a comercialização dos excedentes produzidos nos mansos senhoriais.

Ao lado dos domínios, sobreviveram muitas pequenas e médias propriedades que mantinham, em seu conjunto, um sistema de trocas de mercadorias, pois elas não produziam tudo que era necessário para seus moradores.

Servos e burgueses

↑ Mercado em Florença, Itália. Xilogravura, séc. XV.

As relações de trabalho na Idade Média eram fundamentadas no trabalho servil, uma vez que ele garantia a exploração econômica das terras e o poder político dos senhores.

No sistema servil, os senhorios ofereciam suas terras aos camponeses em troca do recebimento de tributos pagos por eles. Assim, os camponeses habitavam lotes de terras dos senhores e trabalhavam nelas, garantindo a produção agrícola e pastoril do local.

A partir do final do século IX e começo do X, houve aumento populacional na Europa. A monetarização começou a se difundir, consolidando o pagamento de impostos e as trocas comerciais por meio da moeda.

Nesse novo contexto, o comércio foi impulsionado, levando ao desenvolvimento dos grupos mercantis. Como resultado de seu enriquecimento, eles demandavam mais poderes políticos. As vilas e cidades onde viviam e praticavam seu comércio começaram a crescer e aumentar sua influência econômica, dando origem aos burgos.

Ao mesmo tempo, esses comerciantes começaram a se organizar em **guildas** e corporações de ofício, regulamentando e vigiando os trabalhos feitos por seus integrantes. Com maiores poderes, esses grupos, chamados de burgueses, incentivaram a autonomia de alguns núcleos urbanos, diminuindo gradualmente o poder dos senhores sobre eles.

Comércio e cultura

As redes comerciais interligavam as regiões da Europa. Ao se expandirem, elas conectavam o continente com outras áreas, como África, Ásia e Oriente Médio. Além das trocas comerciais, havia trocas culturais. Os mercadores que cruzavam essas rotas entravam em contato com diversos povos. Esse processo facilitou a difusão de novos saberes na Europa, como obras da Antiguidade Clássica que haviam desaparecido da Europa.

Ainda assim, esse intercâmbio cultural não afetou o controle que a Igreja Católica exercia sobre a economia medieval europeia.

GLOSSÁRIO

Guilda: associação profissional que reúne membros do mesmo setor.

ATIVIDADES

SISTEMATIZAR

1. Quais eram as obrigações sociais das mulheres na Europa Medieval?

2. Qual foi a consequência da coexistência dos domínios com propriedades menores?

3. Por que a servidão era importante para a estrutura social e econômica medieval?

4. Como as mudanças demográficas impactaram a economia medieval na Europa?

5. Explique a relação entre comércio e cultura na Idade Média.

REFLETIR

1. Analise a imagem a seguir.

↑ Benção em feira medieval. Iluminura francesa, século XIV.

a) Que tipo de lugar é mostrado na imagem?
b) Quais grupos sociais estão representados?
c) Explique o destaque dado aos personagens do centro da imagem.

2. Como os elementos das cantigas medievais podem nos ajudar a compreender o período histórico no qual foram criadas?

↑ Músicos tocam violino e pandeiro. Iluminura retirada de *Chansonnier des Nobles*, séc. XIII.

3. Avalie a relação entre o desenvolvimento de uma cidade como a mostrada abaixo e as mudanças sociais que envolviam seus habitantes.

↑ Gravura do século XVII, que representa a cidade de Saintes, França, no século XII.

DESAFIO

1. No Brasil atual, o papel exercido pela Igreja Católica sobre a sociedade é bem diferente do exercido na Idade Média na Europa. Converse com os colegas e reflita a respeito do papel das instituições mantidas pela Igreja hoje e das necessidades que tornam sua permanência válida para a sociedade.

CAPÍTULO 4
Os reinos africanos

No capítulo anterior, você estudou o fortalecimento da Igreja Católica e as influências culturais. Neste capítulo, você vai conhecer alguns reinos do continente africano que existiram nesse mesmo período.

Desde a Antiguidade, diversas sociedades organizadas habitaram o continente africano. Havia intensa atividade comercial entre elas, principalmente ao redor das rotas que atravessavam o Deserto do Saara.

As rotas de comércio seguiam em direção à região oeste do continente africano, em busca de ouro. Graças a elas, as comunidades que serviam de ponto de intermediação de comércio se transformaram em centros urbanos maiores e organizados. As principais mercadorias transportadas pelas **rotas transaarianas** eram ouro, pessoas escravizadas e sal, também utilizado como moeda nas trocas comerciais.

Os povos que viviam no Sahel (território de **savanas** ao sul do Deserto do Saara) eram chamados de sudaneses, pois essa região havia sido nomeada pelos árabes de Sudão (em árabe, "terra de negros"). A formação de reinos organizados nessa região iniciou-se com o comércio transaariano. Os principais reinos sudaneses foram: Gana, Mali, Songai, Tecrur, Kanem e Bornu, dos quais os três primeiros tiveram maior destaque.

GLOSSÁRIO

Rota transaariana: rota que atravessa o Deserto do Saara.
Savana: vegetação tropical seca, caracterizada por grama, arbustos rasteiros e árvores esparsas.

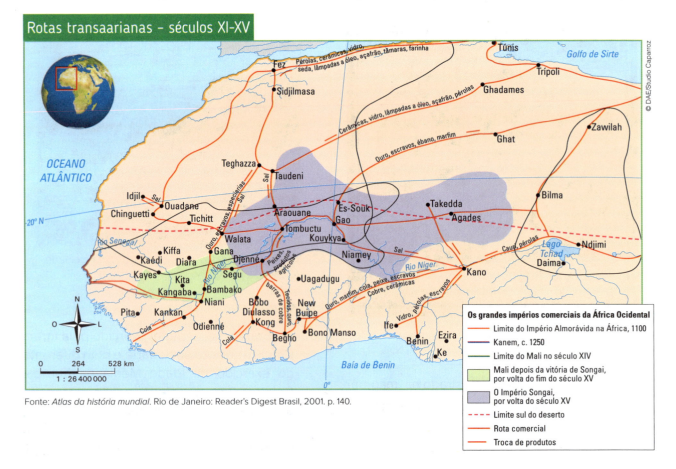

Fonte: *Atlas da história mundial*. Rio de Janeiro: Reader's Digest Brasil, 2001. p. 140.

244

Reino de Gana

O Reino de Gana foi o reino sudanês de mais longa duração, do século IV ao século XIII. Sua sociedade estava dividida em nobres, população pobre, servos e escravos. Em termos políticos, a sociedade era subordinada ao gana, soberano e líder militar. Ele era o representante maior dos costumes ancestrais e defensor dos ritos tradicionais das entidades de culto de seu povo.

O gana era respeitado pela população, que lhe atribuía um caráter divino. A sucessão do poder real era passada pela linhagem feminina, ou seja, o sucessor do trono era o sobrinho mais velho, filho da irmã do rei.

Dessa forma, as mulheres eram consideradas muito importantes na sociedade de Gana. Todos os homens politicamente influentes deveriam ter pelo menos uma irmã, pois o poder de sua família seria transmitido ao filho mais velho que ela concebesse. Com isso, a concepção – isto é, o ato de dar vida a outros seres – era um símbolo fundamental do poder feminino.

O Reino de Gana ficou conhecido como o reino do ouro, graças às minas de Bambuk, localizadas entre os rios Falemé e Senegal. Até mesmo os tributos cobrados na região eram pagos em ouro.

Tão valioso quanto o ouro, o sal também era comercializado pelas rotas transaarianas. De acordo com estudiosos, no século XII, o Reino de Gana tinha total poder sobre o comércio na região do Sudão.

O declínio do Reino de Gana iniciou-se com a invasão de um grupo de muçulmanos ortodoxos, os almorávidas, que causou a fragmentação do reino. Assim, o Reino de Gana foi superado pelo Império Mali, antiga província ganesa, no século XIII.

↑ Estátua que representa uma mulher amamentando sua criança, feita de terracota, no antigo Reino de Gana.

Império Mali

Em 1235, o conquistador **mandinga** Sundiata Keita derrotou o gana e fundou um novo império. Seus sucessores converteram-se ao islamismo, estendendo a religião para todo o reino. Mesmo assim, algumas populações de camponeses não se converteram e, aos poucos, o governo foi perdendo o controle sobre esses povoados.

> **GLOSSÁRIO**
>
> **Mandinga:** indivíduo pertencente ao povo que vive na parte norte da África Ocidental.

O poder do imperador de Mali estendia-se a Tombuctu e Djenné, importantes cidades para o comércio transaariano. Amplamente povoadas, elas se desenvolveram por meio das movimentações comerciais de sal, ouro e marfim. Com a crescente islamização do reino, mesquitas, bibliotecas e escolas foram construídas nessas cidades.

A sociedade de Mali dividia-se hierarquicamente. No topo, estava o imperador, seguido da linhagem real – o clã dos Keita –, do reino mandinga e dos demais reinos do império. Os reinos eram compostos de famílias reais, nobres, trabalhadores livres (como ferreiros, carpinteiros etc.), servos e pessoas escravizadas. O sucessor do rei poderia ser seu filho ou seu irmão.

Ao final do século XIV, o Império Mali entrou em declínio em razão das disputas internas pelo poder e rebeliões de diversos povos, entre eles os tuaregues. Já no século XV, os songais – habitantes de uma das províncias de Mali – dominaram a região e tomaram o poder, formando um imenso reino, territorialmente maior que o de Mali.

Reino de Songai

O Reino de Songai surgiu em meados do século XV e se expandiu ao longo do Vale do Rio Níger, sendo um dos mais fortes Estados do Sudão.

Songai era liderado pelo ásquia (chefe supremo), que dominou e conquistou cidades do Império Mali. As cidades songais mantinham certa autonomia, mas tinham que pagar tributos ao ásquia. As mais importantes, como Tombuctu, Jenné, Walata e Gao, eram centros de contato dos mercadores, o que possibilitou a expansão territorial de Songai, já que mantinha um comércio mais organizado.

O comércio de ouro no Saara, que sustentou os reinos da região, começou a decair no século XV por causa da presença dos portugueses na costa atlântica da África, quando a comercialização do ouro passou a ter como rota o mar.

O conflito com Marrocos pelo controle das fontes de sal no Saara central proporcionou o fim do Reino de Songai. No século XVI, os sultões de Marrocos reivindicaram a posse da região das salinas, tomando conta das fontes de ouro. Essas questões geraram uma guerra que facilitou que exércitos marroquinos invadissem e conquistassem Songai em 1591.

Mesquita Djinguereber (Djingareyber), Mali, 2016. Localizada na cidade de Tombuctu, região que ainda preserva sua importância histórica e que, por isso, foi inscrita pela Unesco na lista de Patrimônio Mundial, em 1988.

Reinos de Ifé e Benin

Na região correspondente à atual Nigéria habitavam, por volta do ano 1000, povos iorubás que não se converteram ao islamismo. Esses povos formavam reinos ligados ao comércio de ouro, noz-de-cola, marfim e pessoas escravizadas. Desses reinos, Ifé foi, entre os séculos XI e XV, um importante centro religioso e comercial.

Reino de Ifé

Localizada próximo ao Oceano Atlântico, Ifé era uma cidade bastante urbanizada. No início, não existia um poder centralizado. Com o passar do tempo, os núcleos formaram uma cidade-Estado com poder centralizado nas mãos de um rei.

O Reino de Ifé ficou conhecido pelo trabalho com metalurgia. Foram produzidas cabeças humanas em tamanho natural, feitas de latão, cobre e bronze, com riqueza de detalhes que até hoje impressionam pela perfeição.

Escultura de metal da cultura de Ifé. Bronze, 36 cm. Acredita-se que seja a representação de Oni, personalidade respeitada como rei e divindade.

Reino de Benin

O Reino de Benin foi formado anos depois de Ifé, por volta do século XII, na região onde hoje é o sul da Nigéria. Ocupado pelo povo edo, Benin foi bastante influenciado por Ifé. Segundo a tradição local, Benin teria sido criado por descendentes de um rei de Ifé.

Assim como Ifé, Benin era um ponto de encontro de mercadores, que utilizavam como moeda manilhas de cobre e pedaços de ferro. Seus reis eram chamados de obás. Esses reis fortaleceram seu poder conquistando mais de 200 cidades e aldeias a partir do século XV, o que foi possível, principalmente, graças ao poderoso exército local. Após as conquistas, os soberanos ergueram muralhas e construíram um palácio rico e imponente. Os obás eram também responsáveis pelos cultos religiosos, e seu poder era considerado divino. Em Benin, como as mulheres tinham direito à participação política, algumas chegaram a ocupar a posição de obá. A rainha-mãe tinha grande prestígio e era venerada pelos súditos.

A influência dos iorubás no Brasil

Com a destruição de reinos iorubás por grupos islâmicos, houve uma grande dispersão da população, o que facilitou a captura e a escravização de grande parte desse povo. A maioria foi aprisionada e comercializada como escrava no continente americano.

Dessa forma, grupos iorubás foram vendidos aos colonos que viviam no território das atuais regiões Sudeste e Nordeste brasileiras para o trabalho com cana-de-açúcar.

As influências dessas culturas são encontradas até hoje no Brasil, por exemplo, nos rituais religiosos de matriz africana.

Alguns dos mitos iorubás nos ajudam a conhecer um pouco de sua história. O mito a seguir conta uma das histórias de Ogum, orixá da metalurgia e da guerra, muito cultuado em nosso país. Por meio dele, podemos perceber, entre outras características, que na sociedade iorubá era muito importante conhecer bem os recursos naturais dos territórios e dominar a metalurgia para poder manter o reino seguro contra os inimigos.

 **AQUI TEM MAIS**

Mito de Ogum

Alguns processos – como o domínio do fogo, a fundição de metais ou o preparo de alimentos – são fundamentais para as culturas humanas. Para representar a importância de tantos elementos, as diversas culturas desenvolveram histórias alegóricas em forma de mitos, necessários para expressar esses saberes.

Na cultura iorubá, existe um grande mestre ferreiro, chamado Ogum, senhor do fogo, dos metais, da guerra, de conquistas. Ele domina a sabedoria da construção de ferramentas para a guerra e para a agricultura. Ele teria ajudado no desenvolvimento das sociedades ensinando-as a dominar o fogo e construir instrumentos com metal.

1. O significado do mito de Ogum para a cultura iorubá pode ser associado à vida desses povos? Como?

Reino de Axum

O Reino de Axum conta com mais de mil anos de história, embora poucos registros sejam conhecidos. Para alguns historiadores, foi com o declínio de Méroe e o enfraquecimento dos reinos da Arábia do Sul que os etíopes passaram a controlar o comércio de ouro, marfim e produtos trazidos do Oceano Índico, criando uma condição favorável à formação do reino axumita, em torno do século I.

Assim, o Reino de Axum unificou as populações da região onde hoje é a Etiópia. Com o apoio do comércio de marfim, o reino consolidou-se; no século VI, Axum era um importante entreposto comercial, por onde passavam muitos comerciantes que negociavam objetos bizantinos, gado, sal, especiarias e ferro em troca de ouro.

Axum era uma potência econômica regional que, por meio do Porto de Adulis, conectava-se com o Mar Vermelho e o Oceano Índico. O comércio marítimo enriqueceu o reino e promoveu a urbanização, possibilitando o surgimento de cidades populosas e densas. Nessas redes comerciais, o ouro tinha importante papel. Com o dinamismo comercial, Axum tornou-se o primeiro reino africano a cunhar moedas, facilitando as trocas comerciais com povos vindos de outras regiões.

A cristianização de Axum

A conversão do Reino de Axum ao cristianismo ocorreu durante o reinado de Ezana, no século IV, tornando-o o primeiro reino cristão do continente africano. Acredita-se que Frumêncio, um jovem comerciante de origem fenícia, foi quem levou o cristianismo para a região; mais tarde, foi nomeado bispo de Axum. No século seguinte, a chegada de monges bizantinos consolidou a evangelização do reino. Os templos pagãos foram, então, convertidos em igrejas. Ainda hoje, a Etiópia é um país predominantemente cristão.

O cristianismo de Axum incorporou elementos das religiões politeístas locais e caracterizou-se pela presença do esoterismo, criando rituais específicos. Após a conversão de Ezana, todas as moedas do reino foram marcadas com o símbolo da cruz.

A cristianização facilitou o comércio com reinos cristãos, como comprovam ânforas de cerâmica produzidas no Mediterrâneo. Todavia, o domínio exercido pelos persas na Península Arábica, no final do século VI, afetou negativamente o comércio de Axum, pois fechou os mercados consumidores cristãos.

No século VII, a expansão muçulmana pela península e pelo Mar Vermelho fez declinar, de vez, o comércio marítimo de Axum e as atividades exercidas pelo Porto de Adulis. O Reino de Axum iniciou um processo de declínio até seu desaparecimento no século seguinte.

→ Igreja cristã em Axum, na atual Etiópia, com influências de antigas religiões locais.

ATIVIDADES

SISTEMATIZAR

1. Embora o comércio do ouro tenha estruturado inúmeros reinos na região do Saara, outro produto teve um destaque comparável a ele. Qual era esse produto e por que era tão valioso?

2. Embora na maioria dos casos de linhagem real a transmissão fosse feita de pai para filho, no Reino de Gana era diferente. Explique como a linhagem real era estruturada nesse reino.

3. Explique os motivos da expansão do islamismo nos reinos africanos.

4. Sobre o Reino de Gana, responda às questões. Se necessário, pesquise.
   a) Qual era a importância do Reino de Gana?
   b) Como o Reino de Gana estava estruturado politicamente?
   c) De onde provinha o sustento econômico de Gana?

5. Como podemos situar o Reino de Axum nas redes comerciais internacionais dos séculos VI e VII?

6. Por que a igreja mostrada na página 248 é bastante diferente das igrejas católicas da Europa?

REFLETIR

1. Na África, a oralidade e a ancestralidade têm grande valor, sendo bastante respeitadas. Leia o texto a seguir e faça o que se pede.

Até os dias atuais, a maior parte das sociedades africanas subsaarianas dá grande importância à oralidade, ao conhecimento transmitido de geração para geração por meio das palavras proferidas com cuidado pelos tradicionalistas – os guardiões da tradição oral, que conhecem e transmitem as ideias sobre a origem do mundo, as ciências da natureza, a astronomia e os fatos históricos.

Nessas sociedades de tradição oral, a relação entre o homem e a palavra é a mais intensa. A palavra tem um valor sagrado, sua origem é divina. A fala é um dom, não podendo ser utilizada de forma imprudente, leviana. Ela tem o poder de criar, mas também o de conservar e destruir. Uma única palavra pode causar uma guerra ou proporcionar a paz.

Regiane Augusto de Mattos. *História e cultura afro-brasileira*. São Paulo: Contexto, 2007. p. 19.

a) Qual é a importância da palavra para as sociedades africanas que ainda praticam a transmissão do conhecimento pela oralidade?

b) Peça a seus pais ou avós que contem uma história interessante sobre a origem da família. Registre-a no caderno.

2. Durante milênios a sabedoria dos povos africanos foi mantida e transmitida oralmente. Entre os transmissores estão os griôs ou *griots*, também chamados de bardos pelos malineses do passado. Os griôs foram muito importantes na preservação da memória histórica. Reflita sobre o assunto e responda às questões.

a) Por que a transmissão oral da história é importante para um povo?

b) Você conhece alguém que tenha esse tipo de função ou profissão em sua localidade? Se necessário, faça uma pesquisa para encontrar a resposta.

DESAFIO

1. Faça uma pesquisa e elabore um texto abordando como os mitos podem nos ajudar a entender a história das diversas culturas humanas. Justifique com exemplos.

2. Em uma conferência realizada em 2009, a escritora nigeriana Chimamanda Adichie falou sobre "o perigo das histórias únicas sobre a África, que transmitem apenas imagens de fome, aids, conflitos sem sentido, além da ideia de que os africanos estão esperando um branco estrangeiro para salvá-los." Com base nessas informações, explique o comentário da autora.

Banquetes medievais

Os castelos eram imponentes construções de pedra, onde residiam as famílias nobres medievais e seus servos mais próximos. Os senhores feudais eram as autoridades máximas das comarcas e, frequentemente, organizavam banquetes para homenagear seus principais aliados e fiéis guerreiros. No salão de refeições, reproduzia-se a organização hierárquica da sociedade: na mesa principal, mais elevada, sentavam os anfitriões e os religiosos mais chegados; e, nos locais mais distantes, vassalos de menor importância. Uma bênção religiosa precedia a ingestão dos alimentos. Quando o senhor dava a ordem, os servos começavam a oferecer os pratos e as bebidas a todos os presentes.

Refeições que unem

Os banquetes eram comuns em tempos de paz, para celebrações dos membros da família que vivia no castelo e, em tempos de guerra, como maneira de estabelecer estratégias com aliados militares. A sobrevivência das famílias cortesãs dependia da qualidade das relações estabelecidas com a nobreza guerreira. Portanto, o principal objetivo dos banquetes era estabelecer laços de lealdade militar, além de demonstrar poder e riqueza.

Hospitalidade no castelo

Os senhores feudais recebiam seus convidados com grandes banquetes em seus castelos. As refeições consistiam geralmente de uma sopa de entrada e um segundo prato de carne ou peixe assados acompanhados de legumes. Pão, laticínios e ovos eram alimentos essenciais da dieta e eram produzidos nos campos vizinhos. O vinho costumava ser a única bebida.

1 Mobília
As mesas eram feitas com tábuas de madeira apoiadas em cavaletes. A mesa principal tinha toalha e louça refinada.

2 Entretenimento
Os banquetes podiam estender-se por horas ou dias. Músicos e artistas entretinham os convidados com apresentações.

3 Com as mãos
Colheres e facas já eram conhecidos, mas costumava-se despedaçar os alimentos diretamente com as mãos.

4 Para o brinde
O vinho era a principal bebida, mais do que a água. Era aromatizado com um pouco de mel, tomilho ou pimenta.

Hierarquias
Geralmente a mesa principal era montada sobre um estrado elevado.

BOAS MANEIRAS
Era prática comum compartilhar as taças de vinho e o pão, além de passar as travessas para oferecer comida a quem estivesse ao lado, na mesa. A religiosidade extrema da época proibia jogar comida fora, as sobras deveriam ser doadas aos pobres.

ALIMENTAÇÃO E PROTEÇÃO
Os camponeses pagavam tributos em comida aos senhores feudais em troca de proteção militar. Em seus quintais criavam faisões, galinhas, patos, porcos e cabras que depois levavam para os depósitos do castelo.

1. Qual era o principal objetivo dos banquetes na época medieval?

2. Por que as especiarias eram consideradas produtos de luxo? Para que serviam? Realize uma pesquisa e elabore um texto sobre o assunto.

Decoração
Armas, escudos e tapeçarias eram usados para enfeitar as paredes de pedra.

Ambientes escuros
Para facilitar a defesa, os castelos tinham poucas janelas.

CARNES E ESPECIARIAS
As carnes eram o prato mais apreciado, uma vez que, por tradição religiosa, seu consumo era restrito. As especiarias aromatizavam os pratos e eram consideradas produtos de luxo. Entre as mais comuns estavam a pimenta-do-reino, a canela e o cominho.

EXPLORANDO A TIRA EM QUADRINHOS

Hagar, o Horrível

O personagem Hagar, o Horrível, conversa com seu filho, Hamlet, sobre a divisão do mundo entre "bárbaros" e "não bárbaros". Hagar conta a seu perspicaz filho que só existem dois tipos de pessoa e Hamlet o ouve, atentamente. Quando o filho lhe pergunta quem havia determinado essa distinção, Hagar afirma, com toda a certeza, que foram os "não bárbaros".

Com isso, Hagar deixa claro que a divisão do mundo em "bárbaros" e "não bárbaros" tinha sido criada por aqueles que se consideram superiores a eles, dando a entender que ele se orgulha de ser quem é, ou seja, um guerreiro *viking* (ainda que, sabidamente, o personagem seja preguiçoso e beberrão).

Os *vikings* foram os povos originários do norte da Europa que, apesar de terem características variadas, dominavam as técnicas de navegação e dispunham de embarcações tecnicamente muito desenvolvidas. Entre os séculos VIII e XI, esses povos deixaram suas terras de origem em busca de outras terras, escravos, ouro e prata. Em razão de seus ataques rápidos e eficientes, passaram a ser temidos em toda a Europa.

A tirinha traz à luz a questão da nomenclatura **bárbaro**, dada pelos romanos a todos os invasores do império que tinham cultura diferente e que, por isso, para eles, eram mais atrasados ou rudes. Sabe-se que tal nomenclatura é questionável, pois se trata do ponto de vista dos romanos na época e não dos próprios "bárbaros". Portanto, não é correto afirmar que os povos hoje conhecidos como "bárbaros" eram, de fato, culturalmente inferiores, violentos ou grosseiros.

- **Personagem:** Hagar, o Horrível
- **Criador:** Dik Browne
- **Atual quadrinista:** Chris Browne (filho de Dik Browne)
- **País de origem:** Estados Unidos
- **Primeira publicação:** 4 de fevereiro de 1973
- **Circulação:** 56 países, em 12 línguas*

*Dados de 2013.

Contextualizando a tirinha

Os quadrinhos de Hagar, o Horrível, foram criados pelo cartunista americano Dik Browne, em 1973. Neles, Browne ironiza a figura do "bárbaro" *viking* e o mundo medieval. O personagem central, Hagar, é um guerreiro satirizado pelo cartunista como preguiçoso e beberrão. Ele tem uma esposa, Helga – que sempre discute com ele sobre suas atitudes, muitas vezes, infantis –, um filho, Hamlet – um jovem estudioso, crítico, que procura ser alguém na vida –, uma filha, Honi – jovem e solteirona para os padrões da época retratada nos quadrinhos. Além da pata Kvack e do cachorro Snert.

As tirinhas de Browne são muito famosas no mundo todo e, há mais de 40 anos, são publicadas no Brasil em jornais de grande circulação nacional.

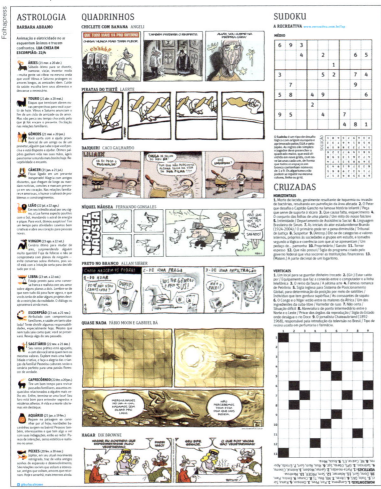

Reprodução parcial da página C9 do jornal *Folha de S.Paulo*, publicada em 16 abr. 2016. A tira de jornal ou tirinha, como a de Hagar, é um gênero textual bastante difundido. De modo geral, nos jornais encontramos tirinhas com temáticas humorísticas, satíricas ou de cunho social e político.

Refletindo sobre a tirinha

1. Descreva, detalhadamente, o quadrinho da página anterior.

2. Explique a crítica feita no quadrinho à denominação "bárbaro".

3. Pesquise em um dicionário os significados hoje atribuídos à palavra **bárbaro**, e compare-os com o significado originalmente dado pelos romanos a essa palavra.

253

PANORAMA

FAÇA AS ATIVIDADES A SEGUIR E REVEJA O QUE VOCÊ APRENDEU.

1. Relacione o casamento com a organização social na Idade Média europeia.

2. O trecho do Texto I é o início de uma famosa história medieval, composta no século XII, sobre o casal Tristão e Isolda. O Texto II é um poema escrito entre o final do século XII e começo do XIII, enquanto a imagem foi produzida no século XIV. Analise-os para responder às questões.

Texto I

Quereis ouvir, senhores, um belo conto de amor e de morte? É de Tristão e Isolda, a rainha.

Ouvi como em alegria plena e em grande aflição eles se amaram, depois morreram no mesmo dia, ele por ela, ela por ele.

Em tempos passados, o rei Marc reinava nas Cornualhas. Ao saber que seus inimigos lhe faziam guerra, Rivalen, rei de Loonnois, transpôs o mar para levar-lhe ajuda. Serviu-o pela espada e pelo conselho, como teria feito um vassalo, tão fielmente, que Marc lhe deu em recompensa a bela Blanchefleur, sua irmã, que o rei Rivalen amava com um amor maravilhoso. Ele desposou-a no mosteiro de Tintagel. Mas assim que a esposou chegou-lhe a notícia de que seu velho inimigo, o duque Morgan, ao atacar Loonnois, arruinava seus burgos, seus campos, suas cidades. Rivalen equipou suas naus às pressas e levou Blanchefleur, que estava grávida, para sua terra distante. Aportou diante do seu castelo de Kanoël, confiou a rainha à guarda de seu marechal Rohalt, que, por sua lealdade, todos chamavam por um belo nome, Rohalt, o Defensor da Fé; depois, tendo reunido seus barões, Rivalen partiu para fazer sua guerra.

Joseph Bédier. *O romance de Tristão e Isolda*. Trad. Luis Claudio de Castro e Costa. 5. ed. São Paulo: Martins Fontes, 2012. p. 1.

Texto II

Tanto me desorientei,
que este Verão todas as raparigas que encontro
tenho que as olhar profundamente nos olhos.
Talvez alguma venha a ser minha; então, as minhas tristezas desaparecerão.

Walther von der Vogeweide. In: Clemens Schmidlin e Caroline Eva Gerner.
O gótico. Potsdam: H. F. Ullmann, 2009. p. 268. (Coleção Art Pocket).

Imagem

Conde Kraft III, de Toggenburgo. *Codex manesse*, 1315-1340. Manuscrito.

a) Quais elementos do Texto I podem ajudar a reconhecer que a obra foi elaborada na Idade Média?

b) Como é possível relacionar a expressão do Texto I "serviu-lhe pela espada e pelo conselho" com os estudos deste tema?

c) De que trata o Texto II? A qual gênero literário ele pertence?

d) O trecho do Texto I tem alguma relação com o Texto II?

e) Descreva a imagem. Em sua opinião, o que ela representa?

f) De que maneira é possível associar os três documentos?

3. Como o comércio ajudou a transformar as relações de trabalho e o equilíbrio do poder político na Idade Média?

4. Identifique como a Igreja Católica atuava em relação a:
   a) casamento;
   b) práticas comerciais.

5. Copie o quadro a seguir no caderno e preencha-o corretamente.

	Reino de Gana	Império Mali	Reino de Songai	Reinos de Ifé e Benin	Reino de Axum
Duração					
Práticas comerciais					
Causas para o declínio					

6. Observe a imagem ao lado.
   a) O que ela retrata?
   b) Relacione a construção dessa edificação com as mudanças estruturais do Império Mali.

→ Grande Mesquita de Djenné, Mali.

7. A fotografia abaixo representa uma máscara *gelede* de tradição iorubá. Esse tipo de máscara é usado por homens e mulheres para cultuar os poderes dos ancestrais femininos: fertilidade da terra, fecundidade e bem-estar da comunidade. Os homens a utilizam para incorporar a ancestralidade das mulheres. Em 2001, a Unesco proclamou a sociedade *gelede* Patrimônio Cultural Oral e Imaterial da Humanidade. Com base nisso, elabore uma redação sobre a participação feminina na cultura iorubá e a importância dessa prática ter sido declarada um patrimônio da humanidade pela Unesco.

← Máscara *gelede* de madeira pintada, século XIX.

DICAS

📖 LEIA

A formação da Europa – A Alta Idade Média, de Marco Antônio de Oliveira Pais (Atual).
O livro analisa a formação do continente abordando a queda do Império Romano e as invasões bárbaras; o processo de constituição e desenvolvimento das novas sociedades no território europeu; a cultura dos mosteiros (preservação das obras clássicas); a propagação da religião cristã; a descentralização do poder; e o sistema de relações pessoais como bases do feudalismo. Documentos, ilustrações e mapas completam o estudo do período.

O melhor de Hagar, o Horrível, de Dik Browne (L&PM Editores).
Hagar é um guerreiro mais preocupado em salvar sua pele nas batalhas do que vencê-las. Sempre com seu escudo à mão, ele volta para casa das duras guerras para obedecer à mulher, Helga, uma legítima mulher bárbara de pulso firme.

Referências

ACKER, Teresa Van. *Grécia*: a vida cotidiana na cidade-Estado. São Paulo: Atual, 1994.

ADAMS, Richard E. W.; MACLEOD, Murdo (Ed.). *Mesoamerica*. Cambridge: Cambridge University Press, 2000. v. II. (The Cambridge History of the Native Peoples of the Americas).

ANDERSON, Perry. *Passagens da Antiguidade ao feudalismo*. Porto: Afrontamento, 1982.

BANNIARD, Michel. *A Alta Idade Média ocidental*. Lisboa: Publicações Europa-América, 1980.

BELTRÃO, Claudia. *O mundo bizantino*: para conhecer melhor. São Paulo: FTD, 2000.

BETTING, Graziella. *Antiguidade*. Rio de Janeiro: Duetto, 2009. v. 1. (Coleção História de A a Z).

BIRX, H. James. *Encyclopedia of time*: science, philosophy, theology, and culture. Califórnia: SAGE Publications, 2009. v. 1.

BULFINCH, Thomas. *O livro de ouro da mitologia*: histórias de deuses e heróis. Trad. David Jardim. 34. ed. Rio de Janeiro: Ediouro, 2006.

CARDOSO, Ciro Flamarion. *A cidade-Estado antiga*. São Paulo: Ática, 1985.

_____. *Antiguidade oriental*: política e religião. São Paulo: Contexto, 1997.

_____. *Sociedades do antigo Oriente Próximo*. São Paulo: Ática, 1995.

CUNHA, Sonia Ortiz da; GONÇALVES, José Henrique Rollo. *Cuxe*: o resgate histórico de um antigo reino núbio. Disponível em: <www.diaadiaeducacao.pr.gov.br/portals/pde/arquivos/2546-8.pdf>. Acesso em: jan. 2019.

DE LIMA, Mariza Antunes; MARTINS, Clóvis J.; CAPRARO, André Mendes. Olimpíadas Modernas: a história de uma tradição inventada. *Pensar a Prática*, v. 12, n. 1, abr. 2009.

DONADONI, Sergio (Dir.). *O homem egípcio*. Lisboa: Editorial Presença, 1994.

GIBBON, Edward. *Declínio e queda do Império Romano*. São Paulo: Cia. das Letras, 2005.

GOFFART, Walter. *Barbarians and romans (a.d. 418-584)*: the techniques of accommodation. Princeton: Princeton University Press, 1980.

HAMNETT, Brian R. *A Concise History of Mexico*. 2. ed. Cambridge: Cambridge University Press, 2006.

HART-DAVIS, Adam. *Enciclopédia Ilustrada de História*. São Paulo: Duetto Editorial, 2009. v. 4 (Coleção História Viva).

KI-ZERBO, Joseph (Ed.). *História geral da África, I*: metodologia e Pré-História da África. 2. ed. Brasília: Unesco, 2010.

LENZENWEGER, Josef et al. (Ed.). *História da Igreja Católica*. São Paulo: Edições Loyola, 2006.

LIMA, Marinalva Silveira. Reflexões sobre a plenitude do poder papal. In: SIMPÓSIO NACIONAL DE HISTÓRIA, 25., 2009, Fortaleza. Anais... Fortaleza: ANPUH, 2009.

MCKITTERICK, Rosamond. *The Early Middle Ages*. Oxford: Oxford University Press, 2001.

_____. *The Frankish kingdoms under the Carolingians*, 751-987. Londres; Nova York: Routledge, 1983.

MELLO, José Guimarães. *Negros e escravos na Antiguidade*. 2. ed. São Paulo: Arte e Ciência Editora, 2003.

MOKHTAR, Gamal (Ed.). *História geral da África, II*: África antiga. 2. ed. rev. Brasília: Unesco, 2010.

OLIVEIRA, Terezinha. Considerações sobre o trabalho na Idade Média: intelectuais medievais e historiografia. *Revista de História*, São Paulo, n. 166, jan./jun. 2012.

PINSKY, Jaime. *100 textos de História Antiga*. São Paulo: Contexto, 1998.

ROSE, Michael R. *O espectro de Darwin*: a teoria da evolução e suas implicações no mundo moderno. Rio de Janeiro: Jorge Zahar Editor, 2000.

SACKS, David. *Encyclopedia of the Ancient Greek World*. 2. ed. Nova York: Facts on File, 2005.

SECCO, Carmen Lucia Tindó; SALGADO, Maria Teresa; JORGE, Silvio Renato (Org.). *Pensando África*: literatura, arte, cultura e ensino. Rio de Janeiro: Fundação Biblioteca Nacional, 2010.

SILVA, Kalina Vanderlei; SILVA, Maciel Henrique. *Dicionário de conceitos históricos*. 2. ed. São Paulo: Contexto, 2009.

TUCÍDIDES. *História da Guerra do Peloponeso*. Brasília: Editora UnB; Instituto de Pesquisa de Relações Internacionais; São Paulo: Imprensa Oficial do Estado, 2001.

VIEIRA, Fábio Antunes. O Império e o Renascimento Carolíngio: uma abordagem. *Unimontes Científica*, Montes Claros: Unimontes, v. 12, n. 1-2, jan./dez. 2010.

WEBER, Max. As causas sociais do declínio da cultura antiga. In: COHN, Gabriel (Org.). *Weber: Sociologia*. (Coord.). Florestan Fernandes. São Paulo: Ática, 1997. (Coleção Grandes Cientistas Sociais).

WHITROW, Gerald James. *O tempo na História*. 2. ed. Rio de Janeiro: Jorge Zahar Editor, 1993.